महिलाओं की स्वास्थ्य संबंधी मिथ्यक धारणाएँ

डॉ. प्रकाशचंद गंगराड़े

वी एण्ड एस पब्लिशर्स

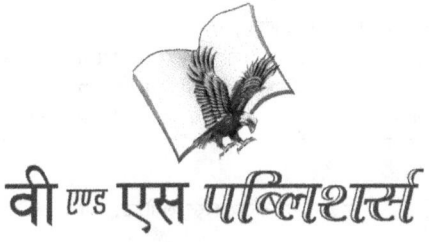

प्रकाशक

वी एण्ड एस पब्लिशर्स

F-2/16, अंसारी रोड, दरियागंज, नई दिल्ली-110002
☎ 23240026, 23240027 • फैक्स: 011-23240028
E-mail: info@vspublishers.com • *Website:* www.vspublishers.com

क्षेत्रीय कार्यालय : हैदराबाद
5-1-707/1, ब्रिज भवन (सेन्ट्रल बैंक ऑफ इण्डिया लेन के पास)
बैंक स्ट्रीट, कोटी, हैदराबाद-500 095
☎ 040-24737290
E-mail: vspublishershyd@gmail.com

शाखा : मुम्बई
जयवंत इंडस्ट्रिअल इस्टेट, 2nd फ्लोर - 222,
तारदेव रोड अपोजिट सोबो सेन्ट्रल मॉल, मुम्बई - 400 034
☎ 022-23510736
E-mail: vspublishersmum@gmail.com

फ़ॉलो करें:

हमारी सभी पुस्तकें **www.vspublishers.com** पर उपलब्ध हैं

© **कॉपीराइट:** वी एण्ड एस पब्लिशर्स

संस्करण: 2017

भारतीय कॉपीराइट एक्ट के अन्तर्गत इस पुस्तक के तथा इसमें समाहित सारी सामग्री (रेखा व छायाचित्रों सहित) के सर्वाधिकार प्रकाशक के पास सुरक्षित हैं। इसलिए कोई भी सज्जन इस पुस्तक का नाम, टाइटल डिजाइन, अन्दर का मैटर व चित्र आदि आंशिक या पूर्ण रूप से तोड़-मरोड़ कर एवं किसी भी भाषा में छापने व प्रकाशित करने का साहस न करें, अन्यथा कानूनी तौर पर वे हर्जे-खर्चे व हानि के जिम्मेदार होंगे।

मुद्रक: रेप्रो नॉलेजकास्ट लिमिटेड, ठाणे

स्वकथन

वर्तमान युग में बहुत सी महिलाएँ स्वास्थ्य सम्बन्धी ग़लतफ़हमियों में फंसकर अपना और अपने परिवारजनों का नुकसान कर रही हैं। इन ग़लतफ़हमियों की तह में जाकर उनका वैज्ञानिक कारण ढँढ़ने की जगह, वे आँखें मूँदकर आसानी से इस पर विश्वास कर लेती हैं। दरअसल में, वे इसे अपने माता-पिता या बुजुर्गों से प्राप्त बचपन से संस्कार के रूप में स्वीकार करती चली आ रही हैं। इसलिए आज भी उन्हें स्वास्थ्य सम्बन्धी ये ग़लतफ़हमियाँ सच जैसी प्रतीत होती हैं। जबकि यथार्थ यह है कि ये ग़लतफ़हमियाँ सच जैसी अवश्य प्रतीत होती हैं, लेकिन यथार्थ से इसका दूर-दूर तक कोई नाता नहीं होता है।

वास्तव में, देखा जाए तो स्वास्थ्य सम्बन्धी ये ग़लतफ़हमियाँ हमारे संदेह की वृति की परिचायक हैं। अज्ञानतावश हम उचित को अनुचित और अनुचित को उचित मानने की बड़ी भूल कर बैठते हैं। यह भी कहा जा सकता है कि संदेह द्वारा उत्पन्न की हुई मानसिक गुत्थी ही हमारे मन में ग़लतफ़हमियों का रूप धारण कर लेती है। प्रस्तुत पुस्तक में महिलाओं के बीच प्रचलित 109 ग़लतफ़हमियों की असलियत बतायी गई है। इनकी सच्चाई जान लेने पर महिलाओं के बीच में फैली ग़लतफ़हमियाँ यदि कुछ हद तक दूर होकर, उन्हें लाभान्वित कर सकी तो हमारा यह प्रयास सफल सिद्ध होगा।

मैं आशा करती हूँ कि अपने और अपने परिवार के स्वास्थ्य के प्रति जागरूक महिलाएँ इस पुस्तक को पढ़कर अवश्य लाभ उठाएँगीं।

विषय-सूची

1. रक्तदान करने से कमजोरी आती है ? 9
2. टॉनिक का नियमित सेवन करने से सेहत बनती है?..................................11
3. जलने पर ठंडा पानी नहीं डालना चाहिए ? 13
4. पालतू जानवर और पक्षियों से हमारे स्वास्थ्य को कोई खतरा नहीं ?.................14
5. कॉन्टेक्ट लेंस हमेशा लगाए रखने से कोई नुकसान नहीं होता ?........................16
6. रोना स्वास्थ्य के लिए हानिकारक होता है ?...18
7. दांतों के गड्ढों में चांदी भरवाना नुकसानदेह होता है ?................................20
8. फ्लोराइड, जैल-युक्त टूथपेस्ट दांतों के लिए फायदेमंद होता है ?....................21
9. दांतों की सफाई किसी भी टूथब्रश से और कैसे भी करना लाभदायक है ?..........23
10. नाइट शिफ्ट की ड्यूटी करने से सेहत को कोई नुकसान नहीं होता ?................24
11. बार-बार एक्स-रे की जांच करवाते रहने से कोई हानि नहीं होती ?.................27
12. संगीत केवल मनोरंजन के लिए ही होता है ?...29
13. सिगार पीना स्वास्थ्य के लिए हानिकारक नहीं ?..31
14. सिगरेट का धुआं सूंघने वाले व्यक्ति को उससे कोई नुकसान नहीं पहुंचता ?..32
15. मानसिक या शारीरिक कार्य करने से ही थकान पैदा होती है ?......................34
16. किसी भी दिशा में सिर या पैर रखकर सोने से स्वास्थ्य पर कोई फर्क नहीं पड़ता ?..36
17. काजल या सुरमा लगाने से नेत्र ज्योति बढ़ती है ?..37
18. अकेले रहने की प्रवृत्ति से हमें कोई नुकसान नहीं होता ?............................39
19. नींद न आने से आंखों के नीचे काले घेरे हो जाते हैं ?...............................40
20. मच्छर मारने वाली अगरबत्ती, मेट्स आदि हमारे लिए नुकसानदेह नहीं हाती ?..42
21. चूल्हे या अगरबत्ती के धुएं से आंखों को कोई नुकसान नहीं पहुंचता ?.............43
22. हाई हील के जूते-चप्पल पहनने से पैरों को कोई हानि नहीं होती ?.................45
23. रोजाना मल्टी विटामिंस की गोलियां खाई जाएं, तो फल-सब्जियां खाना जरूरी नहीं है ?..46
24. नकली कांच, प्लास्टिक के रंगीन चश्मे पहनने से आंखों को कोई नुकसान नहीं होता ?..48
25. यज्ञ करने से सिर्फ वातावरण की ही शुद्धि होती है ?....................................49
26. वीडियो गेम्स खेलने से बच्चों के स्वास्थ्य को कोई नुकसान नहीं होता?.. 51

27. ज्यादा टी.वी. देखने से नजर कमजोर अवश्य हो जाती है, लेकिन स्वास्थ्य पर कोई विपरीत प्रभाव नहीं पड़ता ?.................53
28. तिलक लगाना धार्मिक कृत्य भर है, इसका स्वास्थ्य से कोई संबंध नहीं ?.................54
29. रोग दवा से दूर होते हैं, पथ्य-अपथ्य का कोई खास महत्त्व नहीं होता ?..........55
30. प्राकृतिक वेगों को रोकने से शरीर को कोई हानि नहीं होती ?.................57
31. मोबाइल फोन का इस्तेमाल करने से कोई नुकसान नहीं होता ?.................59
32. प्रार्थना करने से मन को शांति मिलती है और कोई लाभ नहीं होता ?...............60
33. एल्युमिनियम के बर्तनों में चाय, भोजन बनाना नुकसानदायक नहीं ?.................62
34. उपवास करने से कमजोरी आती है ?.................64
35. अविवाहित की अपेक्षा विवाहित स्त्री-पुरुष कम स्वस्थ रहते हैं और कम आयु पाते हैं ?.................65
36. गरमा-गरम चाय, सूप, कॉफी पीना लाभदायक होता है ?.................67
37. भोजन करते समय टी.वी. देखना नुकसानदायक नहीं होता ?.................68
38. चॉकलेट का सेवन हानिकारक होता है ?.................69
39. मांसाहार से शरीर में बल बढ़ता है ?.................71
40. दिन में एक बार भरपेट भोजन करना लाभदायक होता है ?.................73
41. शिशु को दूध पिलाने से मां की फिगर खराब हो जाती है ?.................74
42. मां के दूध से अधिक गुणकारी डिब्बा-बंद शिशु आहार होता है ?.................76
43. बच्चों को निप्पल से दूध पिलाने और प्लास्टिक के खिलौनों से खेलने देना हानिकारक नहीं ?.................78
44. चाय पीना स्वास्थ्य के लिए हानिकारक है ?.................79
45. कॉफी का सेवन सेहत को नुकसान पहुंचाता है ?.................81
46. सुबह का नाश्ता जरूरी नहीं है ?.................83
47. अधिक भोजन करने से सेहत बनती है ?.................84
48. पान खाना हानिकारक होता है ?.................86
49. चाय, कॉफी, कोल्ड ड्रिंक्स, दूध, शराब, जूस दिन-भर पीते रहने से अतिरिक्त पानी पीने की जरूरत नहीं होती ?.................88
50. मछली खाना स्वास्थ्य के लिए हानिकारक होता है ?.................89
51. अधिक प्रोटीनयुक्त आहार से शरीर की शीघ्र वृद्धि होती है ?.................91
52. चटपटा, तीखा, मिर्च-मसालेदार भोजन हानिकारक होता है ?.................92
53. शीतल पेयों (कोल्ड ड्रिंक्स) के पीने से एनर्जी मिलती है ?.................93
54. सैकरीन का सेवन करने से कोई हानि नहीं होती ?.................94
55. च्युइंगम चबाते रहना हानिकारक होता है ?.................95
56. डबलरोटी (ब्रेड) का सेवन नुकसानदेह है ?.................96

57. एक दूसरे का जूठा खाने से प्यार बढ़ता है ?....................98
58. अल्प मात्रा में रोजाना शराब पीना लाभदायक होता है ?...........99
59. फाइबर (रेशायुक्त) आहार न लेने से कोई नुकसान नहीं होता ?......101
60. खाद्य पदार्थों में मिलाए जाने वाले रंग हानिकारक नहीं होते ?.........103
61. घूमना, टहलना मात्र व्यायाम नहीं है ?..........................104
62. व्यायाम खासकर जॉगिंग सभी के लिए लाभदायक है ?...........107
63. शरीर की तेल मालिश करना हमेशा लाभदायक होता है ?.........109
64. हेयर डाई लगाते रहने से बालों को कोई नुकसान नहीं होता ?.......110
65. अधिक परेशानियों एवं चिंता से बाल सफेद हो जाते हैं ?...........111
66. बालों में नियमित तेल लगाने और कंघी करने से नुकसान होता है ?.......112
67. एंटी बैक्टीरियल साबुन त्वचा के लिए लाभप्रद होते हैं ?...........114
68. बाजार में मिलने वाले सभी साबुन त्वचा के लिए लाभदायक
    होते हैं ?..115
69. टैल्कम पाउडर लगाने से कोई नुकसान नहीं होता ?................117
70. लिपस्टिक लगाते रहने से होंठों व शरीर को कोई हानि नहीं होती ?....118
71. कृत्रिम रेशों से बने वस्त्र पहनने पर कोई दुष्प्रभाव नहीं पड़ता ?........119
72. सेंट, परफ्यूम, स्प्रे के इस्तेमाल से हमें कोई नुकसान नहीं पहुंचता ?.....121
73. मांग में सिंदूर लगाना सुहाग का प्रतीक है, उससे और
    कोई लाभ नहीं ?.......................................122
74. ठंडे पानी में नहाने, भीगने, ठंडी हवा लगने से सर्दी-जुकाम
    हो जाता है ?..123
75. पीलिया के रोगी को पीली चीजें नहीं खानी चाहिए ?..............125
76. शरीर को कंबल या रजाई से ढकने से बुखार जल्दी उतर जाता है ?...127
77. ज्यादा मीठी चीजें खाते रहने से मधुमेह का रोग हो जाता है ?.........128
78. मिट्टी खाने से पथरी बन जाती है ?..............................130
79. इंजेक्शन लगवाने से रोग जल्दी ठीक होता है ?.....................131
80. चुंबन प्रेम प्रकट करने का तरीका है, इससे कोई हानि नहीं होती ?.....133
81. अनियमित मासिक धर्म होने से स्त्री के स्वास्थ्य पर कोई
    विपरीत प्रभाव नहीं पड़ता ?..............................134
82. शराब के सेवन से महिलाओं में सेक्स क्रियाशीलता बढ़ती है ?........136
83. स्त्री की संतुष्टि के लिए शिश्न का बड़ा और मोटा होना जरूरी है ?....137
84. संभोग की अवधि कुछ मिनटों की न होकर लंबे समय की होती है ?...140
85. मासिक धर्म के दौरान संभोग से परहेज करना चाहिए ?.............141
86. 10वें दिन से 17वें दिन तक की अवधि गर्भधान के लिए ज्यादा
    अनुकूल होती है ?......................................143

87. गर्भावस्था में कुछ भी काम न करके सिर्फ आराम करना चाहिए ?................144
88. संतान उत्पन्न न होने में केवल स्त्री ही दोषी होती है ?........................146
89. गर्भ निरोधक गोलियां खाना हानिकारक है ?.....................................148
90. कंडोम का प्रयोग करने से सेक्स रोगों के होने की संभावना खत्म
    हो जाती है ?..149
91. गर्भावस्था में संभोग करना छोड़ देना चाहिए ?..................................151
92. बड़ी उम्र में मां बनने से कोई फर्क नहीं पड़ता ?................................152
93. सिंथेटिक, नॉयलोन, फोमयुक्त ब्रा पहनने से स्तनों को कोई
    नुकसान नहीं होता ?...154
94. हृदय रोगियों को संभोग से परहेज करना चाहिए ?.............................157
95. एड्स रोगी व्यक्ति के स्पर्श, उसके कपड़े, बर्तन आदि के संपर्क या
    चुंबन आदि से फैलता है ?...158
96. हार्मोंस का सेवन करने से कैंसर हो जाने का खतरा होता है ?................160
97. शोर-शराबे के माहौल में रहने से स्वास्थ्य पर कोई विपरीत
    प्रभाव नहीं पड़ता ?..161
98. अंगुली कट जाने पर उसे चूसना या मिट्टी डाल लेनी चाहिए ?................163
99. मानसिक तनाव से स्वास्थ्य पर कोई बुरा प्रभाव नहीं पड़ता ?................164
100. होली के रंगों से हमें कोई नुकसान नहीं होता?................................166
101. वातानुकूलित (एयरकंडीशंड) वातावरण में रहने से
     स्वास्थ्य पर कोई विपरीत प्रभाव नहीं पड़ता?..................................168
102. बच्चे को उछालने, झकझोरने या उलटा लटकाने से उसे
     कोई नुकसान नहीं होता?..169
103. आयुर्वेदिक दवाएं स्वास्थ्य के लिए हानिकारक नहीं होतीं?...................170
104. शरीर के मोटापे से स्वास्थ्य पर कोई विपरीत प्रभाव नहीं पड़ता?..........172
105. डायटिंग करने से स्वास्थ्य को कोई नुकसान नहीं होता?.....................173
106. कंप्यूटर पर लगातार ज्यादा देर बैठने से सेहत पर कोई
     फर्क नहीं पड़ता?..175
107. केवल महिलाओं में रजोनिवृत्ति (मोनोपॉज) अवस्था आती है,
     पुरुषों में नहीं?..177
108. तंग कपड़े पहनने से स्वास्थ्य पर कोई कुप्रभाव नही पड़ता ?...............
109. हंसने से केवल मनोरंजन या टाइम पास होता है ?..........................

1. रक्तदान करने से कमजोरी आती है?

ग़लतफ़हमी का आधार

जब कभी किसी व्यक्ति को रक्त की जरूरत पड़ती है, तो उसके अनेक रिश्तेदार, मित्र एवं परिचित इस भय से कि कहीं उन्हें रक्तदान न करना पड़े, अकसर वहां से चुपके से चले जाते हैं। इसका कारण यह है कि आम लोगों के मन में यह ग़लतफ़हमी है कि रक्तदान करने से शरीर में कमजोरी आती है, जो लंबे समय तक महसूस होती है।

वास्तविकता

वास्तविकता यह है कि रक्तदान करना एक हानि रहित प्रक्रिया है, जिसमें कोई दर्द नहीं होता और न किसी प्रकार की कमजोरी आती है। सामान्य खुराक लेते रहने से दिए गए रक्त की पूर्ति 4 से 6 हफ्तों में हो जाती है।

रक्त का विकल्प नहीं

रक्तदान के लिए किसी व्यक्ति को बाध्य नहीं किया जा सकता। इसीलिए लोगों से स्वेच्छा से रक्तदान करने की अपील की जाती है। मानव रक्त का कोई विकल्प नहीं है। यह कोई औषधि नहीं है, जिसे किसी प्रयोगशाला या कारखाने में बनाया जा सके अथवा बाजार से खरीदी जा सके। जानवरों का रक्त भी मनुष्य के काम में नहीं आता।

रक्त का निर्माण और कार्य

रक्त हमारे शरीर की अस्थिमज्जा, लीवर और तिल्ली में बनता है। यह शरीर के भिन्न-भिन्न अवयवों को पोषण आदि की दृष्टि से और एक दूसरे से संपर्क बनाए रखने वाला प्रधान वाहक है। इसी के माध्यम से सारे शरीर में ऑक्सीजन और पोषक तत्व पहुंचते हैं। शरीर में जो तापमान विद्यमान होता है, वह रक्त प्रवाह के कारण उत्पन्न होने वाली ऊष्मा का ही परिणाम है। अत: रक्त के माध्यम से सारे शरीर की गतिविधियां प्रभावित होती हैं। आमतौर पर एक स्वस्थ व्यक्ति के शरीर में 4 से 5 लीटर रक्त

होता है। रक्तदान में एक बार में 250 से 350 मिलीलीटर ही रक्त लिया जाता है।

रक्तदान की आवश्यकता

शरीर में रक्त देने की जरूरत प्रायः निम्नलिखित स्थितियों में पड़ती है—आकस्मिक दुर्घटना में जब शरीर से अधिक मात्रा में रक्तस्राव हो चुका हो, गर्भपात, प्रसव के बाद, मासिक धर्म के दौरान, आमाशय व आंतों के अल्सर रोग में, हीमोफिलिया में, आपरेशन में जब अधिक रक्तस्राव हो चुका हो, स्तब्धता (शॉक) और निपात (कोलेप्स) की मरणासन्न अवस्था में, ऑपरेशन के पहले जब रक्त में हीमोग्लोबिन और लाल रक्त कण 40 प्रतिशत से कम संख्या में रह गए हों, रक्तगत तीव्र संक्रमण में, उग्र रूप से जल जाने पर तथा रोगी के घातक रक्ताल्पता से पीड़ित होने पर।

रक्तदान में सावधानियां

रक्तदान करने वाले व्यक्ति की उम्र 18 वर्ष से कम और 60 वर्ष से अधिक नहीं होनी चाहिए। उसे क्षय, मलेरिया, सिफलिस, गोनोरिया, एड्स, दमा और अन्य संक्रामक रोगों से पूर्णतया मुक्त होना चाहिए। एक बार रक्तदान करने के बाद तीन माह बाद ही दूसरी बार रक्तदान करना चाहिए। रक्तदान के बाद चाय, कॉफी, फलों का रस, दूध, अंडा सेवन कर कुछ समय आराम करना चाहिए। रक्तदान गर्भावस्था के दौरान, रक्त की कमी (एनीमिया), हेपैटाइटिस बी व सी, गुप्त रोगों से पीड़ित होने, नॉरकोटिक दवाओं के आदी होने पर नहीं करना चाहिए।

रक्तदान के लाभ

अमरीकी शोधकर्ताओं के मतानुसार रक्तदान करने से दिल के दौरे की आशंका कम हो जाती है। दिल की अन्य बीमारियों के होने की संभावना भी कम होती है। डॉ. डेविस मेयस के अध्ययन से यह तथ्य भी प्रकाश में आया है कि रक्तदान करने वालों से रक्तदान न करने वालों को दिल के दौरे की दोगुनी आशंका रहती है। अतः आप मौका पड़ने पर या यूं ही स्वेच्छा से रक्तदान करने में संकोच न करें। आपके रक्त की एक-एक बूंद अमूल्य है, जो किसी के जीवन को बचा सकती है। स्वस्थ व्यक्ति द्वारा रक्तदान करने पर कोई नुकसान नहीं होता, अपितु शरीर में खून की

कमी को पूरा करने के लिए मस्तिष्क 'रक्त' उत्पादक अंगों को और अधिक सक्रिय कर देता है, जिससे इन अंगों की क्रियाशीलता बढ़ जाती है और ये स्वस्थ बने रहते हैं। अत: स्वस्थ व्यक्ति को रक्तदान करना चाहिए।

2. टॉनिक का नियमित सेवन करने से सेहत बनती है?

ग़लतफ़हमी का आधार

आजकल के भाग-दौड़, चकाचौंध-भरे कृत्रिम जीवन में अपनी तंदुरुस्ती कायम रखने और सेहत बनाने के लिए लोग टॉनिक के नाम से मिलने वाली रंगबिरंगी गोलियों, कैप्सूलों और सीरप की शीशियों में पैक दवाओं पर तेजी से निर्भर होते जा रहे हैं। उनका मानना है कि इनके नियमित सेवन करने से शरीर में शक्ति और उत्साह पैदा होकर सेहत बनती है।

वास्तविकता

सच्चाई तो यह है कि इन टॉनिकों से उतना फायदा नहीं होता है, जितना इनका प्रचार किया जाता है। दूसरे, यदि कुछ फायदा होता भी है, तो उसके ढेर सारे दुष्प्रभाव भी होते हैं। आवश्यकता से अधिक सेवन किए गए विटामिंस, हार्मोंस, आयरन, ग्लिसरोफास्फेट्स, अल्कोहल से विषाक्त लक्षण भी पैदा हो सकते हैं।

टॉनिक अधिक मात्रा में लेने से नुकसान

विटामिन 'ए' की अधिक मात्रा निरंतर लेते रहने से 'हाइपर विटामिनोसिस ए' रोग होने से गुर्दे और तिल्ली क्षतिग्रस्त होने लगते हैं। हड्डियों में धीरे-धीरे सूजन बढ़ती चली जाती है। परिणामस्वरूप भूख न लगना, अपच, अनिद्रा, घबराहट की शिकायतें होने लगती हैं।

लुधियाना के एक विशेषज्ञ द्वारा किए गए अध्ययन के अनुसार पानी में घुलने वाले विटामिन जैसे—बी कांपलेक्स और विटामिन सी स्वास्थ्य पर विपरीत असर भी करते हैं। विटामिन बी-1 से एलर्जी, अनिद्रा, सिर

दर्द और हृदय की धड़कन में तेजी जैसी शिकायतें सामने आई हैं। इसी प्रकार विटामिन बी-3 के अधिक उपयोग से दस्त लगना, शरीर में पानी जमा होना या न्यूरो मस्क्यूलर अवरोध हो जाता है। विटामिन बी-6 की अधिक मात्रा सेवन करने से नाड़ी तंत्र को नुकसान पहुंचता है। गर्भवती महिलाओं को गर्भपात होने का खतरा भी हो सकता है।

अमेरिका के यूनिवर्सिटी ऑफ सदर्न कैलीफोर्निया के एक अध्ययन के निष्कर्षों के अनुसार 500 मिलीग्राम विटामिन सी का प्रतिदिन सेवन करने वाले अधेड़ उम्र के लोगों के हृदय की धमनियां सामान्य की तुलना में ढाई गुना तेजी से मोटी होती हैं। शोधकर्ताओं ने पाया कि धूम्रपान करने वालों के मामले में यह दर पांच गुनी तेज थी। विटामिन सी का काम कोशिकाओं को नष्ट होने से रोकना है, लेकिन हारवर्ड स्कूल ऑफ पब्लिक हेल्थ के डॉ. मीर स्टेंफर के अनुसार लौह तत्वों की उपस्थिति में विटामिन सी कोशिकाओं को नष्ट भी कर सकता है। इसके अलावा मूत्र में यूरिक एसिड की मात्रा बढ़ जाती है।

इसी प्रकार विटामिन 'डी' की अधिकता से गुर्दे में पथरी, उलटी, मितली, पेट में दर्द, प्यास की अधिकता, भूख की कमी और कब्जियत की शिकायत उत्पन्न होने लगती है। विटामिन 'ई' की अधिक मात्रा सेवन करने से शरीर की विटामिन 'ए' तथा 'के' को सोखने की क्षमता कम हो जाती है। इससे रक्त का पतला होना और असामान्य रक्तस्राव होने का खतरा बढ़ जाता है। इसके अलावा मितली, सिर दर्द, चक्कर आने की शिकायतें होती हैं। 15 मिलीग्राम फोलिक एसिड अगर रोज खाया जाए, तो इससे चिड़चिड़ापन तथा अनिद्रा रोग हो जाता है। नायसिन के अधिक प्रयोग से उलटी, पेट दर्द और दस्त की शिकायतें सामने आई हैं। अगर दमा के मरीज को यह दिया जाए, तो सांस लेने में कठिनाई होती है। इसके अलावा यकृत के रोग तथा त्वचा पर खुजली आदि का खतरा भी रहता है।

फिनलैंड के कुओपिया यूनिवर्सिटी के वैज्ञानिकों के मतानुसार शरीर में एकत्रित लौह की अधिक मात्रा हृदय के लिए घातक हो सकती है। इन वैज्ञानिकों के अनुसार हृदयाघात का सबसे बड़ा कारण धूम्रपान माना जाए, तो दूसरा बड़ा कारण शरीर में एकत्रित लौह है। शरीर में लौह तत्व ज्यादा होने से हीमोक्रोमेटोसिस नामक बीमारी हो जाती है। इसके अलावा सिरोसिस ऑफ लीवर, गठिया, शुक्राणुओं की कमी, हाजमा बिगड़ना, आमाशय में पीड़ा, वमन आदि तकलीफें भी हो सकती हैं।

हार्मोंस की अधिकता से नुकसान

ग्लिसरोफास्फेट्स के विषाक्त लक्षण धीरे-धीरे प्रकट होते हैं। आमाशय व आंत्र शोथ तथा यकृत की विकृति ग्लिसरोफास्फेट्स के आधिक्य से होती है। हार्मोंस के अधिक प्रयोग करने से महिलाओं को दाढ़ी-मूंछ आना। भूख बढ़ाने में स्ट्रिकनीन का प्रयोग करने से शारीरिक दुष्प्रभाव। वजन बढ़ाने के लिए एनाबलिक स्टेरायड लेने से गुर्दे संबंधी अनेक विकार उत्पन्न हो जाते हैं। अधिक मात्रा में कैल्शियम लेते रहने से किडनी में पथरी होने का खतरा पैदा हो जाता है। जिंक की अधिकता से पेट में दर्द, गैस की तकलीफ, प्रतिरोधक क्षमता में कमी, उलटी होना, किडनी फेल होना आदि दुष्परिणाम हो सकते हैं। अतः बिना आवश्यकता के एवं बग़ैर डॉक्टरी परामर्श के टॉनिकों का नियमित सेवन न करें।

3. *जलने पर ठंडा पानी नहीं डालना चाहिए?*

ग़लतफ़हमी का आधार

आम लोगों के मन में यह ग़लतफ़हमी है कि जली हुई त्वचा का पानी से संपर्क होने पर फफोले पड़ जाते हैं तथा उनके फूटने से जख्म बन जाते हैं। इसलिए जले हुए अंग पर पानी नहीं डालना चाहिए।

वास्तविकता

त्वचा रोग विशेषज्ञों का कहना है कि जलने का सबसे अच्छा प्राथमिक उपचार यह है कि जलन खत्म होने तक जख्म पर ठंडा पानी डालते रहना चाहिए। यदि संभव हो, तो ठंडे पानी में जले हुए भाग को तुरंत डुबोकर तब तक रखें, जब तक कि जलन बंद न हो जाए। जले हुए अंगों पर ठंडे पानी में भिगोया हुआ साफ कपड़ा भी लपेट सकते हैं। फिर इस पर बार-बार ठंडा पानी डालकर तर करते रहें।

जले पर ठंडे पानी के लाभ

जले हुए अंग पर तुरंत ठंडा पानी डालने से न केवल जलन में आराम

मिलेगा, बल्कि त्वचा पर फफोले नहीं पड़ेंगे। अतः जले का निशान भी नहीं पड़ेगा।

जब हमारी त्वचा जलती है, तो उसके आसपास का तापमान बढ़ जाता है। ऐसे में डाला गया ठंडा पानी जलन का दर्द कम करके त्वचा के भीतर उत्पन्न होने वाली गरमी को फैलने नहीं देता, जिससे भीतरी टिश्यू कम क्षतिग्रस्त होते हैं। उल्लेखनीय है कि जले अंग पर ठंडा पानी डालना मात्र एक प्राथमिक उपचार है। यह पर्याप्त उपचार नहीं है।

आमतौर पर देखा गया है कि किसी भी जख्म पर पानी लगने से उसके पक जाने की पूर्ण संभावना रहती है, क्योंकि जख्म की नमी कीटाणुओं को फलने-फूलने का पूर्ण मौका देती है। अतः जख्म को यूं ही खुला न छोड़ें। मामूली जलने पर कच्चे आलू को पीसकर बनाया लेप लगाएं या नमक की परत चढ़ा दें और अच्छी तरह ढक दें, ताकि हवा न लगे। इन उपायों से जलन तुरंत शांत होकर फफोले नहीं पड़ेंगे। चिकित्सक की राय से जख्म पर न्यूओस्पिरिन एंटीबायोटिक पाउडर या सोफ्रामाइसिन क्रीम लगा सकते हैं।

4. पालतू जानवर और पक्षियों से हमारे स्वास्थ्य को कोई खतरा नहीं?

ग़लतफ़हमी का आधार

इसमें कोई दो मत नहीं कि लंबे समय तक साथ रहने के कारण पालतू पशु, पक्षी भी घर के सदस्य जैसे ही बन जाते हैं। क्या बच्चे, क्या जवान या बूढ़े सभी इन्हें बच्चों की भांति हाथ में उठाते हैं, खिलाते हैं, उनके साथ खेलते हैं, उनकी देखभाल करते हैं, यहां तक कि साथ में सुलाते भी हैं। यह पशु-पक्षियों के प्रति मानव के स्वाभाविक प्रेम का परिचायक है। इसी कारण इस बात की ओर कोई भी गंभीरता से नहीं सोचता कि इनसे परिवार के स्वास्थ्य को नुकसान भी पहुंच सकता है, घातक बीमारियां भी हो सकती हैं।

पशु-पक्षियों के संपर्क से होने वाली घातक बीमारियां

आपको यह जानकर आश्चर्य होगा कि पशु-पक्षियों से फैलने वाली कम से कम 100 बीमारियां ऐसी हैं, जिनका सीधा असर मनुष्य के स्वास्थ्य पर पड़ता है। इनमें से कुछ तो इतनी घातक होती हैं कि पीड़ित व्यक्ति देखते ही देखते मर जाता है और डॉक्टर उसकी पहचान भी नहीं कर पाते। गायों से फैलने वाला रोग मेडकाउ तथा चूहे, कुत्ते, सुअर, गाय, भैंस आदि से फैलने वाला लेप्टोस्पाइरोसिस ऐसे ही जानलेवा रोग हैं, जिनसे बचाव के लिए आम लोगों में जागृति लाना जरूरी है।

कुत्ते की गिनती इनसान के सबसे वफादार प्राणी के रूप में की जाती है, लेकिन बहुत कम लोग इस बात को जानते होंगे कि मनुष्य की सेहत के लिए वह खतरा भी साबित हो सकता है। इसके मूत्र से लेप्टोस्पाइरोसिस नामक घातक रोग फैलता है। समय पर सही इलाज न मिल पाने के कारण मरीज की किडनी और लीवर को क्षति पहुंचने से जान भी खतरे में पड़ सकती है। आमतौर पर यह रोग बारिश में फैलता है। इसके अलावा कुत्ते के काट लेने से रेबीज जैसी जानलेवा बीमारी भी हो सकती है। उल्लेखनीय है कि मानव के लिए घातक ये विषाणु अपने आश्रयदाता को कोई नुकसान नहीं पहुंचाते। यह विषाणु संबंधित जीव-जंतु के मूत्र के माध्यम से सदैव बाहर निकलते रहते हैं। यह मनुष्य की कटी-फटी, छिली या गली हुई त्वचा के जरिए शरीर में प्रवेश करते हैं। हां, जिन व्यक्तियों की त्वचा कटी-फटी न हो, उनके शरीर में ये विषाणु प्रवेश नहीं कर पाते हैं।

अधिकांश जानवरों के मल में कैंफिलोबैक्टर बैक्टीरिया होते हैं। ये बैक्टीरिया इन पशुओं की त्वचा व बालों के माध्यम से मनुष्यों में संक्रमण फैलाते हैं। जब हमारे शरीर में ये बैक्टीरिया पहुंच जाते हैं, तो फेफड़ों में तीव्र वेदना, दस्त और ज्वर जैसी तकलीफें पैदा करते हैं।

गाय, भैंस व अन्य दुधारू पशुओं के दूध को कच्चा ही पीने से टी. बी. ब्रुसेला बीमारी हो सकती है। यह रोग पशु-पालन का व्यवसाय करने वालों को भी होने की आशंका रहती है।

मांसाहार से बचें

मांसाहार करने वाले व्यक्तियों को मुर्गियों और पशुओं का मांस खाने से सालमोनेलोसिस रोग हो सकता है। पालतू पशुओं से एंथ्रेक्स रोग भी फैलता

है। यह प्राणघातक होता है। तोते के संपर्क में रहने वाले व्यक्ति को सिटाकोसिस बीमारी हो सकती है, जिसमें तेज बुखार और भयंकर सिर दर्द होता है। इसी तरह बिल्लियों के संपर्क से लार्वा माइग्रांस और खरगोश से ट्यूलारेमिया रोग हो सकते हैं।

पशु-पक्षियों के संपर्क से बचें

पशु-पक्षियों द्वारा फैलने वाली बीमारियों से बचने के लिए यह जरूरी है कि इनकी साफ-सफाई की ओर पूरा ध्यान दिया जाए। इन्हें घर के बाहर ही रखें। घर में प्रयोग होने वाले बर्तनों को चाटने न दें। इनके खाने के बर्तन अलग ही रखें। इन्हें रोगों से बचाव के टीके समय-समय पर अवश्य लगवाएं। कीटाणुनाशक घोल से इनकी त्वचा व बालों की सफाई करते रहें। इनके बैठने की जगहों, पिंजरों, टोकनियों की सफाई का पूरा ध्यान रखें। बच्चों को इनके अति संपर्क में न रहने दें।

5. कॉन्टेक्ट लेंस हमेशा लगाए रखने से कोई नुकसान नहीं होता?

ग़लतफ़हमी का आधार : फैशन

दृष्टिदोष दूर करने के लिए अब युवक-युवतियां आंखों पर चश्मा लगाना पसंद नहीं करते, क्योंकि इससे उनके चेहरे की सुंदरता प्रभावित होती है। इसीलिए दिन पर दिन कॉन्टेक्ट लेंस लगाने का प्रचलन काफी बढ़ता जा रहा है। दूरदर्शन की अनेक उद्घोषिकाएं और समाचार वाचिकाएं, मशहूर फिल्मी सितारे और तारिकाएं भी कॉन्टेक्ट लेंस का प्रयोग करती हैं। लेकिन अधिकांश लोगों को इसके सही उपयोग की जानकारी नहीं होती।

कॉन्टेक्ट लेंस का प्रचलन

प्रारंभ में हार्ड लेंस का ही चलन हुआ था। अब नवीनतम तकनीकी सुधारों से सेमी सॉफ्ट लेंस के अलावा रेग्यूलर और डिस्पोजेबल लेंस भी मिलने लगे हैं। ये गैस परमिएबल लेंस होने के कारण इनसे कॉर्निया को ऑक्सीजन मिलते रहने से वे स्वस्थ रहते हैं। रेग्यूलर लेंस को जहां हर साल बदलना

पड़ता है, वहीं डिस्पोजेबल लेंस को भी एक निश्चित अवधि तक ही प्रयोग में लिया जा सकता है। इनके काफी मंहगे होने के कारण हार्ड लेंस और सेमी सॉफ्ट लेंस का ही अधिक लोग इस्तेमाल करते हैं।

अधिक समय तक लेंस लगाए रहने के नुकसान

लेंसेट मेडिकल जर्नल पत्रिका में प्रकाशित एक वैज्ञानिक शोध में कहा गया है कि एक बार में 24 घंटों से भी अधिक समय तक लगातार कॉन्टेक्ट लेंस पहनने से माइक्रोबियल केराटाइटिस, जलन एवं आंख की बाह्य दीवार में संक्रमण जैसी बीमारियां हो सकती हैं, जिनके परिणामस्वरूप आंखों की रोशनी जाने से व्यक्ति हमेशा के लिए अंधा भी हो सकता है। इसलिए लंदन के रोटरडम आई हास्पिटल के डॉ. केमचेंग का कहना है कि इन बीमारियों से बचने के लिए रात में कॉन्टेक्ट लेंस उतार कर सोना चाहिए।

क्यों होता है लेंस से नुकसान

उल्लेखनीय है कि जब आप जाग रहे होते हैं, तो हवा के द्वारा और जब निद्रावस्था में होते हैं, तो पलकों के टिश्युओं के माध्यम से कॉर्निया को ऑक्सीजन मिलती रहती है। जो व्यक्ति 24 घंटे या उससे भी अधिक समय तक लगातार कॉन्टेक्ट लेंस आंखों में लगाए रखते हैं, उनके कॉर्निया को ऑक्सीजन प्राप्त करने में बाधा पहुंचती है, जिससे वह मजबूरन नई रक्तवाहिनियों को जन्म देकर ऑक्सीजन की पूर्ति का प्रयास करता है। यद्यपि इससे दृष्टिदोष को तो कोई हानि नहीं पहुंचती, फिर भी रोशनी छीन लेने वाले बैक्टीरिया पैदा होने या संक्रमण होने की पूर्ण आशंका बनी रहती है। अतः इन नुकसानों से बचने के लिए रात में या दिन में सोने से पहले कॉन्टेक्ट लेंस को निकालकर सुरक्षित रख दें, ताकि आंखों को ऑक्सीजन मिल सके।

लेंस के बारे में आधुनिक खोजें

हाल ही में यूनिवर्सिटी ऑफ टेक्सास के साउथ वेस्टर्न मेडिकल सेंटर के शोधकर्त्ताओं ने कॉन्टेक्ट लेंस लगाने वाले 178 व्यक्तियों का साल भर तक अध्ययन करने के बाद यह निष्कर्ष निकाला है कि हाइपर ऑक्सीजन ट्रांसमिसिबल पदार्थ से बने लेंस आंखों में होने वाले संक्रमण से बचाते हैं। शोधकर्ता डॉ. एच. ड्वाइट केवेनाग के मतानुसार बॉउस एंड लॉम्ब के सॉफ्ट लेंस और मेनिकल के रिजिड लेंस ये दोनों ही लेंस इसी नए

पदार्थ से बने हैं। अतः इन्हें लंबी अवधि तक बिना किसी परेशानी के आसानी से पहना जा सकता है।

डॉ. केवेनाग के शोध से यह तथ्य भी प्रकाश में आया है कि इनसे कॉर्निया में बैक्टीरिया का जमाव काफी कम होता है, चाहे इनका उपयोग छह रातों तक किया जाए या फिर 30 रातों तक। लंबी अवधि तक इन्हें पहने रहने के कारण आंखों में एक अजीब तरह का सुधार भी दृष्टिगोचर हुआ है। इसके अलावा यह पता चला है कि सॉफ्ट लेंस की अपेक्षा रिजिड लेंस का इस्तेमाल करना आंखों के लिए अधिक अच्छा होता है, क्योंकि इससे आंखों की सफाई भी होती रहती है। ये लेंस आंसुओं को कॉर्निया तक जाने देते हैं, जिससे वहां जमी गंदगी और बैक्टीरिया धुल जाते हैं और ऑक्सीजन की भी ज्यादा आपूर्ति होती रहती है।

6. *रोना स्वास्थ्य के लिए हानिकारक होता है?*

ग़लतफ़हमी का आधार

हमारी परंपराओं ने महिलाओं को तो खुलकर रोने की आजादी दे रखी है। बचपन से ही लड़कों को यह समझाया जाता है कि रोना बु ादिली है, इसलिए उन्हें कभी रोना नहीं चाहिए। अपनी भावनाओं पर नियंत्रण रखना चाहिए। यही कारण है कि बड़े होने पर पुरुष अपने रोने की स्वाभाविक प्रक्रिया को दबाकर रखने के आदी हो जाते हैं।

आंसू-रोकने से होने वाले नुकसान

जो व्यक्ति होश संभालने के बाद कभी नहीं रोते, वे सांस की तकलीफ, दमा या फिर बदन पर फोड़े-फुंसी का शिकार हो जाते हैं। ऐसे लोगों को उच्च रक्तचाप, भगंदर जैसी बीमारियां होने की पूर्ण आशंका होती है। जो व्यक्ति मानसिक आघातों को चुपचाप सहन कर लेते हैं, वे पागल भी हो सकते हैं। कभी-कभी आंसू रोक लेने से अनेक बीमारियां जैसे—नजला, जुकाम, आंख के रोग, हृदय में पीड़ा, सिर दर्द, चक्कर आना, गरदन का अकड़ना, भोजन करने की इच्छा न होना आदि हो सकती हैं।

लाभकर है कभी-कभी रोना

चिकित्सा विशेषज्ञों के मतानुसार कभी-कभार रोना स्वास्थ्य की दृष्टि से लाभदायक होता है। इससे किसी भी प्रकार की हानि नहीं होती, अपितु आंसुओं के साथ तनाव के रासायनिक तत्व शरीर से निकल जाते हैं, जिससे मन हलका महसूस करता है। आंसू दुख, चिंता, क्लेश तथा मानसिक आघातों से मुक्ति दिलाने तथा मन को हलका कर आकस्मिक मनोव्यथाओं को सहने में सहायता पहुंचाते हैं। उल्लेखनीय है कि रोने से आंसुओं के साथ मस्तिष्क में एंड्रांफिंस नामक हार्मोन स्रावित होता है, जिससे अच्छा महसूस होता है।

डॉक्टरों का कहना है कि जी भर कर रो लेने से मानसिक तनाव से तो मुक्ति मिलती ही है, साथ ही हाई ब्लड प्रेशर, भगंदर, अल्सर, बड़ी आंत की सूजन, हृदय रोग आदि में राहत मिलती है।

अमेरिका के बायोकेमिस्ट विलियम एच. फ्रेन ने एक सर्वेक्षण में ज्ञात किया है कि महिलाएं पुरुषों की तुलना में पांच गुना अधिक रोती हैं। बच्चों की तरह कहीं भी और कभी भी रो लेने के कारण स्त्रियां कम तनावग्रस्त, ज्यादा सहनशील, ज्यादा स्वस्थ और ज्यादा दिनों तक जीवित रहने वाली होती हैं।

आंखों को खूबसूरत बनाते हैं आंसू

अमेरिका के वैज्ञानिकों ने यह सिद्ध कर दिया है कि रोने से आंखों की खूबसूरती बढ़ती है। यही कारण है कि महिलाओं की आंखें पुरुषों से अधिक आकर्षक होती हैं। आंखों के कॉर्निया की परत कंजक्टाइवा को लेक्रीमल ग्रंथि द्वारा आंसुओं से नम कर देने के कारण, आंसुओं में मिले क्षारीय तत्वों द्वारा सुंदरता निखर जाती है। आंसुओं के निकलने पर हारडेरियन ग्रंथि से एक तैलीय द्रव निकलता है, जिसकी मदद से कॉर्निया नम और गहरा बन जाता है। इससे आंखें सुंदर और स्वस्थ रहती हैं।

आंसू को एक कीटाणुनाशक बताने वाले वैज्ञानिक एलक्जेंडर फ्लेमिंग का कहना है कि हर आदमी को कभी-कभार रोकर आंसू बहा लेना चाहिए। आंसू से बेहतर कोई कीटाणुनाशक उपचार नहीं है। हम सब जानते हैं कि कष्टों में निकले आंसुओं को पोंछने जब दूसरे व्यक्ति आते हैं, तो इससे सामूहिक सुरक्षा तथा मानसिक शांति मिलती है और आत्मिक बल प्राप्त होता है।

7. दांतों के गड्ढों में चांदी भरवाना नुकसानदेह होता है?

ग़लतफ़हमी का आधार

सामान्यत: लोगों में यह ग़लतफ़हमी है कि दांतों में चांदी भरवाने से अनेक रोग हो सकते हैं। ये लोग तर्क देते हैं कि खोखले दाढ़ में सिल्वर अमैल्गम फिलिंग्स का इस्तेमाल 100 वर्ष से भी ज्यादा अरसे से सफलतापूर्वक किया जा रहा है, लेकिन अमेरिका अकेडमी ऑफ बायोलाजिकल डेंटिस्ट्री के मतानुसार सिल्वर अमैल्गम फिलिंग्स में जो मरक्युरी (पारा) उपस्थित होता है, उससे थकान, जोड़ों की सूजन, दर्द (आर्थराइटिस) और मुंहासे पैदा हो सकते हैं। संस्था के विचार से मरक्युरी हमारे शरीर के लिए विषकारी होता है। अत: इसके भयानक खतरे पैदा हो सकते हैं।

वास्तविकता

अमेरिकन एसोसिएशन के ही एक प्रवक्ता जे. रोडवे मेकर्ट के मतानुसार दांतों में भरने के लिए प्रयुक्त सिल्वर अमैल्गम फिलिंग्स में उपस्थित मरक्युरी बिल्कुल हानिकारक नहीं होता। सन् 1905 से अब तक मरक्युरी से एलर्जिक प्रतिक्रिया के मात्र 50 केस ही प्रकाश में आए हैं, वो भी मसूड़ों के आसपास लालिमा आने के ही। जोड़ों के दर्द, सूजन (आर्थराइटिस) से पीड़ित होने का कोई केस नहीं मिला। मरक्युरी से भरपूर बहुत सा सी-फूड खाते रहने की प्रवृत्ति के कारण बहुत से यूरोपियन और स्कैंडिनेवियन देशों ने सिल्वर अमैल्गम फिलिंग्स पर बंदिश लगा दी है।

वैसे आजकल बच्चों के मामले में ग्लास आयनोमर बेस्ट फिलिंग मैटेरियल्स का इस्तेमाल किया जाता है, जिसमें फ्लोराइड होता है। यह दांतों को अतिरिक्त सुरक्षा प्रदान करता है। इसी प्रकार दांत के नैचुरल स्ट्रक्चर को बनाए रखने वाला कनसर्वेटिव रेसिन बेस्ड फिलिंग मैटेरियल्स का आजकल काफी प्रयोग होने लगा है, जो दांत के ही रंग का होता है। इसे दाढ़ के गड्ढे में भरने के पूर्व गहरा गड्ढा बनाने की जरूरत नहीं होती, क्योंकि यह आसानी से भरकर दांत की सतह पर फैलकर सख्त हो जाता है।

क्यों बनते हैं दांतों में गड्ढे?

हमारे दांतों के बीच लंबे अर्से तक खाद्य-कणों, मीठी चीजों के फंसे रहने से बैक्टीरिया इन कणों को तोड़कर एसिड का निर्माण करते हैं। यही एसिड दांत के एनामेल को नष्ट कर दाढ़ों में गड्ढे (कैविटी) बना देता है, जिससे खाई हुई चीजें इनमें भर जाती हैं और दर्द होने लगता है। जैसे-जैसे दाढ़ के गड्ढे गहरे होते जाते हैं, दर्द की तीव्रता बढ़ती जाती है। ऐसे में दाढ़ में फंसी चीज को सींक आदि से बाहर निकालने पर राहत मिलती है। दांतों के खोखला होने के प्रारंभिक स्तर पर उसमें चांदी भरने से क्षय को भरा जा सकता है, ताकि भोजन चबाने में किसी प्रकार की तकलीफ न हो।

जब दाढ़ में गड्ढा काफी गहरा हो गया हो और दर्द लगातार एक धड़कता-सा (थ्रोबिंग) होने लगे, तो रूट कनाल ट्रीटमेंट या क्राउन की सहायता से उसे बचाया जा सकता है, ताकि उसे तुरंत निकलवाने की जरूरत न पड़े।

8. फ्लोराइड, जैलयुक्त टूथपेस्ट दांतों के लिए फायदेमंद होता है?

ग़लतफ़हमी का आधार

अधिकांश लोग यह समझते हैं कि फ्लोराइड, जैल युक्त टूथपेस्ट का उपयोग नियमित रूप से करते रहने से वे दांतों के रोगों से बचे रहेंगे। यह मात्र एक भ्रम है। वास्तविकता तो यह है कि दांतों के रोग बैक्टीरिया के हमले के कारण होते हैं और फ्लोराइड, जैलयुक्त टूथपेस्ट दांतों पर एक परत-सी बनाकर उन्हें बैक्टीरिया के दुष्प्रभाव से बचाते हैं। अतः टूथपेस्ट का फ्लोराइड बैक्टीरिया से सीधे तौर पर नहीं लड़ता। इंडियन सोसाइटी ऑफ पेरियोडोंटिक्स एंड प्रीवेंटिव डेंटिस्ट्री की अध्यक्षा डॉ. शोभा कुरियाकोस के मतानुसार जैलयुक्त टूथपेस्ट के साथ-साथ फ्लोराइडयुक्त टूथपेस्ट का भी इस्तेमाल छोटे बच्चों के लिए नुकसानदेह होता है। यहां तक कि बड़े बच्चों में भी इनका प्रयोग सोच-समझकर करना चाहिए। पेस्ट की मात्रा उतनी ही लेनी चाहिए, जितने की जरूरत हो, अन्यथा इसकी अतिरिक्त

मात्रा पेट में जाकर नुकसान पहुंचा सकती है। आवश्यकता से अधिक मात्रा में जब फ्लोराइड शरीर में पहुंचने लगता है, तो यह न केवल दांतों को नुकसान पहुंचाता है, बल्कि अस्थितंत्र को भी प्रभावित कर घुटने, कोहनियों तथा रीढ़ की हड्डी में दर्द पैदा कर देता है। शरीर की हड्डियां कमजोर हो जाती हैं। इसका रोग फ्लोरोसिस के नाम से जाना जाता है।

दांतों के रोग बैक्टीरिया की देन

दिन भर हम कुछ न कुछ खाते-पीते रहते हैं। इससे मुंह में रहने वाले बैक्टीरिया लैक्टिक एसिड पैदा करते हैं और साथ ही एसिटिक एसिड व प्रापियानिक एसिड का निर्माण भी करते हैं। इन तीनों अम्लों के असर से दांतों का चमकने वाला पदार्थ इनामेल नष्ट होना शुरू हो जाता है। इससे न केवल दांतों की चमक चली जाती है, बल्कि उनकी जड़ें भी कमजोर हो जाती हैं। जड़ें कमजोर होने से दांत जगह-जगह से विशेषकर मध्य भाग से खोखले होने लगते हैं।

भोजन और पानी से पर्याप्त फ्लोराइड मिल जाता है

हम लोगों को दैनिक जीवन में फ्लोरीन नामक पदार्थ पानी, चाय, दूध, पनीर, मछली, मिर्च-मसालों, खाद्य पदार्थों आदि से इतनी मात्रा में आसानी से मिल जाता है, जितनी कि स्वस्थ दांतों के लिए आवश्यक होती है। उल्लेखनीय है कि शरीर में दांतों और हड्डियों में विद्यमान फ्लोरीन तत्व उनके स्वस्थ विकास के लिए जरूरी होता है।

हमारे देश में जहां कुएं का पानी अधिक प्रयोग में लिया जाता है, वहां फ्लोराइड का काफी प्रभाव दिखाई पड़ता है। घरों में नलों के पीए जाने वाले पानी में भी पर्याप्त फ्लोराइड रहता है। ग्रामीण इलाकों में जहां नदी, तालाब, हैंड पंप व कुछ ऐसे कुओं, जिनके पानी में फ्लोराइड नहीं होता, वहां के लोगों के लिए फ्लोराइड युक्त टूथपेस्ट दंतक्षय से बचाव का उत्तम साधन होता है। खान-पान में फ्लोराइड की उपस्थिति से दंत गुहा में कार्बनिक अम्लों का बनना कम होकर दांतों को खोखला होने से बचाने में मदद पहुंचाता है। दांतों में मौजूद हाइड्रोक्सीएपेटाइड से फ्लोराइड संयोग कर फ्लोराएपेटाइड बनाता है, जो अम्लों की तीव्रता को घटा देता है। इस प्रकार दांतों का क्षय या खोखलापन शुरू ही नहीं हो पाता और वे स्वस्थ बने रहते हैं। अत: जहां तक संभव हो फ्लोराइड की पूर्ति खान-पान से करें बाहर से फ्लोराइड न लें।

9. दांतों की सफाई किसी भी टूथब्रश से और कैसे भी करना लाभदायक है?

ग़लतफ़हमी का आधार

टी.वी. आदि के खूबसूरत विज्ञापनों के कारण सामान्यत: लोग यह मानते हैं कि ब्रश करना दांतों के लिए लाभकारी है। टूथब्रश के ब्रश दांतों की सफाई भी करते हैं और मसूड़ों की मालिश भी। अत: जैसे भी हो मंजन टूथब्रश से ही करना चाहिए।

वास्तविकता

आपको यह जानकर आश्चर्य होगा कि बच्चे ही नहीं बड़ों को भी वैज्ञानिक तरीके से ब्रश करना नहीं आता है। नियमित ब्रश करने वाले ज्यादातर व्यक्ति ब्रश करने का मतलब किसी भी प्रकार से ब्रश को दांतों पर ऊपर-नीचे, चारों दिशाओं में घुमाकर, 5-10 मिनट तक रगड़ कर दांत चमकाना ही मानते हैं। ब्रश की बनावट कैसी होनी चाहिए, इससे भी उन्हें कोई मतलब नहीं होता।

दांतों पर ब्रश का प्रेशर अधिक न दें

अमेरिकन एकेडेमी ऑफ पीरियोडेंटोलाजी के अध्यक्ष माइकल के.मकनागर के मतानुसार सख्त ब्रशों से दांतों पर जरूरत से ज्यादा प्रेशर डालने से बहुत ज्यादा सफाई नहीं होती। टूथब्रश के सही चुनाव में बरती गई लापरवाही से दांतों को काफी नुकसान पहुंच सकता है। सख्त टूथब्रश से दांतों के एनामेल को सबसे ज्यादा हानि होने का खतरा होता है। दांतों के सेंसेटिव हो जाने से उनमें गर्म या ठंडा पानी लगना, दांतों में दर्द होना, मसूड़ों में जलन होना या उनका लाल होना, मसूड़ों में दर्द, खून आना, उनका ढीले पड़ना जैसी तकलीफें भी सख्त टूथब्रश के इस्तेमाल से होती हैं।

सही टूथब्रश का चुनाव करें

इसमें कोई संदेह नहीं कि दांतों की सही सफाई करने में सही टूथब्रश का चुनाव करना काफी महत्त्व रखता है। बाजार में सॉफ्ट और हार्ड दो प्रकार के टूथब्रश मिलते हैं। हमेशा सॉफ्ट ब्रिसल्स के टूथब्रश ही प्रयोग करें। हार्ड ब्रिसल्स के टूथब्रश दांतों और मसूड़ों को नुकसान पहुंचाते हैं।

एंग्युलर यानी दांतों के आकार के हिसाब से मुड़े हुए या लचीले टूथब्रश का प्रयोग करना ज्यादा लाभप्रद होता है। बच्चों के लिए छोटे आकार के सॉफ्ट ब्रश खरीदें। एक-दो माह इस्तेमाल करने के बाद जब ब्रिसल्स टेढ़े-मेढ़े हो जाएं या इंडीकेटर युक्त ब्रश बेरंग के या गुलाबी हो जाएं, तो टूथब्रश बदल दें।

ऐसे करें टूथब्रश

टूथब्रश पर टूथपेस्ट लगाने के बाद उसके हैंडिल को 45 अंश के कोण पर झुकाते हुए मुंह में प्रवेश कराएं। दो या तीन दांतों पर ब्रुश चलाना शुरू करके उसे ऊपर-नीचे फिराते हुए छोटी गोलाइयों में घुमाएं। फिर बारी-बारी से दांतों का पिछला और बाहरी भाग धीरे-धीरे साफ करें। जोर लगाकर दांतों को न घिसें। ब्रिसल्स मसूड़ों पर कठोरता से न चलाएं, बल्कि बहुत हल्के से घुमाएं। सफाई का कार्य जल्दबाजी में कुछ सेकंडों में न निपटाकर आराम से 3 से 5 मिनट लगाएं। फिर ब्रश को अच्छी तरह धोकर सुरक्षित स्थान पर रखें। स्वयं ब्रश का प्रयोग करते हुए बच्चों को ब्रश करने का सही ढंग सिखाएं। एक दूसरे का टूथब्रश भूलकर भी इस्तेमाल न करें।

10. *नाइट शिफ्ट की ड्यूटी करने से सेहत को कोई नुकसान नहीं होता?*

ग़लतफ़हमी का आधार

प्राय: लोगों का यह मानना होता है कि दिन की अपेक्षा रात्रि के शांत वातावरण में एकाग्रचित्त होकर अधिक और अच्छा कार्य किया जा सकता है। चिंतक, वैज्ञानिक और लेखक आदि तो प्राय: रात के समय ही विचार प्रधान कार्य करते हैं। सामान्य कामकाज करने वाले कुछ लोग यह भी सोच लेते हैं कि शाम या रात के समय नौकरी करके पूरे दिन अपने आपको स्वतंत्र रखा जा सकता है और इस प्रकार बचे हुए समय का सदुपयोग किया जा सकता है।

नींद का महत्त्व

इसमें कोई संदेह नहीं कि हमारे शरीर और मन को स्वस्थ व सक्रिय बनाए रखने के लिए नींद का उतना ही महत्त्व है, जितना कि पौष्टिक आहार लेने व व्यायाम करने का। आयुर्वेद शास्त्र में कहा गया है कि अनुचित रात्रि जागरण करने, निद्रा के वेग को रोकने से जम्हाई, अंगों में पीड़ा, आलस्य, मस्तिष्क के रोग, आंखों में भारीपन, वात के प्रकोप से शरीर में रूक्षता बढ़ना आदि लक्षण पैदा हो जाते हैं।

नींद की कमी से होते हैं अनेक रोग

नाइट शिफ्ट की ड्यूटी करने वालों के पूरी नींद न लेने के कारण स्नायु संस्थान पर बहुत बुरा असर पड़ता है। इससे उनके स्वभाव में चिड़चिड़ापन, बैचेनी, झगड़ालू स्वभाव, क्रोध आना, हाथ-पैर लड़खड़ाना, मस्तिष्क की कार्यक्षमता कम होना, एकाग्रता की कमी, किसी काम में मन न लगना, याददाश्त का कमजोर होना, पूरे शरीर में आलस्य, शरीर टूटने की अनुभूति, बदन दर्द, सिर दर्द, भूख कम लगना, भ्रम उत्पन्न होना, काम करने की क्षमता घटना, थकान, शरीर दुर्बल होना, आंखें लाल होकर उनसे पानी गिरना, आंखें भारी होना, उत्साह की कमी, खून की खराबी से त्वचा बेनूर होना, त्वचा पर झुर्रियां, दाग-धब्बे पड़ना, अजीर्ण, माइग्रेन, हृदय रोग होना आदि परेशानियां होती हैं और बुढ़ापा जल्दी आता है।

नींद और रोगों पर वैज्ञानिक शोध : तनाव और हृदय रोगों का खतरा

मास्ट्रिच यूनिवर्सिटी, वाशिंगटन के डॉ. लुडोविक वैन एमेलस्वूर्ट के मतानुसार रात्रि की पाली में काम करने से भारी तनाव पैदा होता है। हृदय की गति खतरनाक ढंग से बढ़ जाती है। यही असामान्य गति हृदय रोग का प्रारंभिक लक्षण होता है, जो भविष्य में हृदय रोगों का कारण बनता है। ये निष्कर्ष उन्होंने रात की पाली में ड्यूटी करने वाले 49 लोगों का अध्ययन करने के बाद पाए।

महिलाओं में स्तन कैंसर

डेनमार्क में हुए एक अध्ययन से यह भी पता चला है कि जो महिलाएं रात्रि पाली (नाइट शिफ्ट) में काम करती हैं, उन्हें स्तन कैंसर होने का खतरा ज्यादा रहता है। अध्ययन के मुताबिक जिन महिलाओं ने 6 साल

से ज्यादा रात्रि पाली में काम किया, उनमें स्तन कैंसर होने की संभावना 70 प्रतिशत ज्यादा पाई गई।

आंतों में अल्सर का खतरा

उत्तरी इंग्लैंड स्थित न्यूकैसल यूनिवर्सिटी के डॉक्टरों द्वारा किए गए एक अध्ययन में यह बात सामने आई है कि रात्रि में काम करने, जागने, भरपूर नींद न लेने से पेट में अल्सर होने का खतरा रहता है। उल्लेखनीय है कि पाचन के लिए जरूरी सिडिक गैस्ट्रिक जूस के तेजाबी असर से छोटी आंत की सतही परत को जो नुकसान होता है, उसकी मरम्मत रात को सोते समय ही होती है। मरम्मत करने वाला रसायन टी.एफ.एफ-2 का निर्माण रात में सोते समय सबसे अधिक और दिन में काम के दौरान सबसे कम होता है।

मधुमेह का खतरा

शिकागो यूनिवर्सिटी के शोधकर्ताओं ने 23 से 42 वर्ष के 27 स्वस्थ व्यक्तियों का अध्ययन कर बताया कि 8 घंटे से कम सोने वाले व्यक्तियों में इंसुलिन प्रतिरोधकता बढ़ जाती है, जो मधुमेह का खतरा बढ़ाती है। इस अध्ययन में साढ़े पांच से छह घंटे सोने वाले व्यक्तियों में 8 दिन बाद किए गए ग्लूकोज टालरेंस टेस्ट में इंसुलिन के प्रति संवेदनशीलता 40 प्रतिशत कम देखी गई। शोधकर्ता ब्राइस मैंडर के मतानुसार कम सोने से स्वस्थ व्यक्ति की इंसुलिन कार्यक्षमता प्रभावित होती है।

त्वचा रोगों का खतरा

यूनिवर्सिटी ऑफ पेनसिल्वेनिया मेडिकल स्कूल के त्वचा रोग विशेषज्ञ अलबर्ट क्लिगमैन के मतानुसार जब हम गहरी नींद में होते हैं, तो हमारे शरीर में इस्ट्रोजेन और प्रोजेस्ट्रेरोन हार्मोंस का निर्माण भी सामान्य से कहीं ज्यादा होता है। कम सोने वालों की त्वचा पर दाग, धब्बे, झुर्रियां, मुंहासे वगैरह सामान्य से ज्यादा नजर आने का मुख्य कारण उनके शरीर में इन हार्मोंस की कमी ही होती है। ज्यादा भरपूर नींद लेने वालों की त्वचा शानदार होती है, क्योंकि रात के समय त्वचा को दिन भर में हुए नुकसान की भरपाई करने का पूर्ण मौका मिल जाता है।

शक्तिहीनता और बुढ़ापा

म्यूनिख, रोगेंस्बर्ग के नींद विशेषज्ञ जुएर्गनत्सुन्ने का कहना है कि कम सोने वाले लोग जल्दी बूढ़े हो जाते हैं। उल्लेखनीय है कि हमारी दिन भर की गतिविधियों से जुड़े तथ्यों को मस्तिष्क सोते समय ही व्यवस्थित कर पाता है। हमारे शरीर में मेलाटॉनिन नामक एक महत्त्वपूर्ण हार्मोन केवल नींद की अवस्था में ही स्रावित होता है, जो शक्तिदायक एंटी-आक्सीडेंट तथा एंटी-एजिंग असर रखता है। अत: कम सोने से हम इस महत्त्वपूर्ण, शक्तिदायक हार्मोन के लाभ से वंचित रह जाते हैं। शरीर को तरोताजा व स्वस्थ बनाए रखने के लिए रोजाना रात्रि को 8 घंटे की नींद अवश्य लें। रात्रि पाली में काम करने वाले व्यक्ति सुविधानुसार बीच-बीच में झपकी लेते रहें और दोपहर में अच्छी नींद ले लें, तो इन परेशानियों से बच सकते हैं।

11. *बार-बार एक्स-रे की जांच करवाते रहने से कोई हानि नहीं होती?*

ग़लतफ़हमी का आधार

शरीर में थोड़ी-सी भी परेशानी होते ही कुछ लोग तुरंत एक्स-रे करा लेते हैं। एक्स-रे से रोग का निदान करने में तो आसानी हो जाती है, किंतु इन किरणों के शरीर पर दूरगामी घातक प्रभाव पड़ते हैं। अत: जब तक एक्स-रे कराने की जरूरत न हो, तब तक एक्स-रे नहीं कराना चाहिए, क्योंकि बार-बार एक्स-रे करवाते रहने से न सिर्फ शरीर के उस भाग की कोशिकाओं को भारी क्षति हो सकती है, बल्कि कैंसर जैसा घातक रोग भी हो सकता है। यों तो एक्स-रे से हड्डियों, फेफड़ों, गुर्दों, पाचन संस्थान, मस्तिष्क, हृदय की बीमारियों, कैंसर आदि रोगों की जांच में बहुत सहायता मिलती है और रोग का सही निदान करने में महत्त्वपूर्ण तथ्य प्रकाश में आते हैं। आमतौर पर इन जांचों के दौरान रोगी को विकिरण की मात्रा नहीं के बराबर लगती है, लेकिन मामूली बीमारी में भी बार-बार एक्स-रे कराना स्वास्थ्य के लिए निश्चित ही हानिकारक होता है। एक्स-रे के संचयित हानिकारक प्रभाव पड़ते हैं।

अधिक एक्स-रे के नुकसान

परमाणु ऊर्जा नियमन बोर्ड के मतानुसार एक्स-रे के अधिक उपयोग से आंखों और त्वचा को गंभीर क्षति पहुंचाने वाले दुष्परिणामों के अलावा कोशिकाओं में उत्परिवर्तन तक हो सकता है। इन उत्परिवर्ती कोशिकाओं के फलस्वरूप बच्चों में आनुवंशिक विकृतियां हो सकती हैं।

महिलाओं में रेडियोधर्मी किरणों (रेडियेशन) के प्रति अति संवेदनशीलता होने के कारण स्तन का एक्स-रे कराने से स्तन कैंसर का खतरा काफी बढ़ जाता है, जो 25 वर्षों बाद भी विकसित हो सकता है। बच्चों में होने वाले रक्त कैंसर में 6 प्रतिशत का कारण गर्भावस्था में एक्स-रे कराना है। उल्लेखनीय है कि एक्स-रे प्रक्रिया में रेडियो सक्रियता वाले आइसोटोप सूक्ष्म मात्रा में भी रक्त कैंसर की स्थिति उत्पन्न कर सकते हैं।

एक्स-रे विकिरण किसी न किसी प्रकार से जैव विकास को प्रभावित करता ही है और अंग विशेष पर ये किरणें कोशिकाओं को इस सीमा तक क्षतिग्रस्त कर सकती हैं कि उन्हें पुनः स्वस्थ नहीं किया जा सकता। इसके दुष्परिणामस्वरूप शारीरिक शक्ति का ह्रास, बालों का क्षय, प्रजनन संबंधी क्षमता में कमी, शिशु का विकृत होना, नासूर, जी मिचलाना, उलटी आना, शरीर में गर्मी महसूस होना, सिर दर्द, त्वचा का क्षय, त्वचा में जलन, छाले पड़ना, त्वचा का चित्तीदार होना, त्वचा का घाव, आंखों में मोतियाबिंद, रक्त का कैंसर (ल्यूकेमिया), खून की कमी, उम्र से पहले बुढ़ापा आदि तकलीफें तत्काल या धीरे-धीरे प्रकट होना शुरू होती हैं। अतः बेवजह बार-बार एक्स-रे कराने से बचने में ही भलाई है।

12. संगीत केवल मनोरंजन के लिए ही होता है?

ग़लतफ़हमी का आधार

आमतौर पर लोगों के मन में अभी तक यह धारणा बनी हुई है कि संगीत महज वक्त काटने या मनोरंजन करने का साधन है।

वास्तविकता

चिकित्सा विशेषज्ञों, वैज्ञानिकों के शोधों से ज्ञात हुआ है कि मानसिक और शारीरिक रोगों के इलाज में संगीत का उपयोग काफी लाभदायक है। अब मन के बोझ, निराशा, उद्विग्नता, हताशा आदि को कम करने और अन्य अनेक मनोविकारों से छुटकारा दिलाने में संगीत चिकित्सा का एक अच्छा साधन बन गई है।

स्वास्थ्य, शांति और आनंद में संगीत की भूमिका

इसमें कोई संदेह नहीं कि संगीत में शरीर और मन को उत्तेजित, आंदोलित करने तथा उसे शांत रखकर स्वस्थता प्रदान करने की शक्ति है। इसी कारण संगीत शास्त्र के प्राचीन भारतीय आचार्यों ने विभिन्न राग-रागिनियों की अद्भुत सामर्थ्य से मन पर पड़ने वाले आश्चर्यजनक परिणाम दिखाए थे।

संगीत से रोगोपचार

राग-रागिनियां मनोदशाओं को प्रभावित करती हैं। ये मनुष्य में रसानुभूति का संचार तो करती ही हैं, अनेक शारीरिक, मानसिक बीमारियों से भी छुटकारा दिलाती हैं। रागों के गायन से जहां आयु, बुद्धि, धन-धान्य आदि की वृद्धि होती है, वहीं शोक-संताप भी दूर होते हैं।

रागों की अपनी-अपनी विशिष्टता है और उसी के अनुसार वे शरीर पर प्रभाव डालते हैं। जैसे—दीपक राग गर्मी उत्पन्न करता है। पूर्ण राग के गायन से आयु और बुद्धि बढ़ती है। राग मालकौष सद्भावना का गुण उत्पन्न करता है। औडव राग से शारीरिक, मानसिक बीमारियों को दूर करने में सहायता मिलती है। जैजैवंती राग से प्राणऊर्जा का अभिवर्द्धन होता है। कालिंगडा राग गाने-बजाने से गायक और श्रोताओं के दिल की धड़कने बढ़ने लगती हैं। पीलू राग के प्रभाव से रोने की इच्छा बढ़कर आंखों से आंसू निकल आते हैं।

प्रसिद्ध वायलिन वादक कुन्नाकुडी वैद्यनाथन के मतानुसार राग आनंद भैरवी सुनने से कई संगीत प्रेमियों का उच्च रक्तचाप सामान्य हो जाता है। शंकर भरमणम राग से अल्प उदासीनता दूर हो जाती है। दक्षिण भारत की माताएं बच्चों को जो एक लोरी गा-गाकर सुनाती हैं, वह राग नीलांबरी

में संगीतबद्ध है। इसको सुनकर न केवल बच्चे रोना बंद कर देते हैं, बल्कि शीघ्र ही सो जाते हैं।

मैसूर निवासी स्वामी गणपति सच्चिदानंद अनेक प्रकार के मानसिक और शारीरिक रोगों का उपचार शास्त्रीय संगीत से करते हैं। हमारे देश में अब अनेक मनोचिकित्सालयों में म्यूजिक थैरेपी यानी संगीत चिकित्सा का प्रयोग होने लगा है। संगीत से रोगों का उपचार करने की पद्धति को चिकित्सा विज्ञान की भाषा में 'सोनोथेरापी' कहते हैं।

तेजी से लोकप्रिय हो रही है संगीत चिकित्सा

विदेशों में भी संगीत चिकित्सा पर अनेक शोध हो रहे हैं। यूनिवर्सिटी ऑफ क्लीवलैंड हास्पिटल के मुताबिक संगीत न केवल मन को शांति पहुंचाता है, बल्कि आपकी सेहत को भी बेहतर बना सकता है। अपनी मन पसंद धुनें सुनने से एस-आई. जी. ए. का स्तर बढ़ जाता है। इससे हमारा इम्यून सिस्टम शक्तिशाली बनकर स्वास्थ्य को सुरक्षा प्रदान करता है।

जेम्स पेनीबेकर ने अपने अनुसंधानों से यह सिद्ध किया है कि वाद्य संगीत के द्वारा रोगी को आनंदमयी अनुभूति होती है। इस मनोविशेषज्ञ के मतानुसार संगीत से उच्च रक्तचाप, सिर दर्द और नींद न आने जैसी बीमारियों को नियंत्रित किया जा सकता है।

ब्रिटेन की संगीत चिकित्सा सोसाइटी का यह दावा है कि दमा से पीड़ित रोगियों के फेफड़ों पर संगीत की ध्वनि से श्वास-प्रश्वास की गति सही तथा सक्रिय हो सकती है। वाशिंगटन में दो अस्पतालों के आई. सी. यू. में धीमा-धीमा मधुर संगीत बजाया गया, तो पाया कि हृदय की बीमारी के शिकार रोगियों का रक्तचाप कम हुआ और उन रोगियों के तनाव व व्यग्रता का स्तर घटा। यह भी पता चला है कि संगीत हमारे मस्तिष्क से निकलने वाले दर्द निवारक रसायन एंडोमार्फिन के उत्पादन को तेज कर देता है। इससे शारीरिक तनाव, बेचैनी और दर्द में राहत मिलती है।

उपर्युक्त लाभों के अलावा मनपसंद संगीत सोते समय सुनने से नींद आना, दांत उखड़वाते या प्रसव के समय संगीत सुनने से दर्द की अनुभूति कम होना आदि लाभ भी लिए जा सकते हैं।

13. सिगार पीना स्वास्थ्य के लिए हानिकारक नहीं?

ग़लतफ़हमी का आधार

आम लोगों में यह ग़लतफ़हमी फैली हुई है कि सिगरेट पीने की तुलना में सिगार पीना अपेक्षाकृत ज्यादा सुरक्षित होता है। ऐसे लोगों का तर्क होता है कि सिगरेट में इस्तेमाल होने वाला कागज और रासायनिक प्रक्रिया से बना तंबाकू अधिक नुकसानदायक है, जबकि सिगार में न तो कागज का प्रयोग होता है और न ही उस तंबाकू पर रासायनिक तत्वों की अधिक क्रिया की जाती है। यही तर्क सिगरेट की अपेक्षा बीड़ी पीने के बारे में दिया जाता है।

वास्तविकता

अमेरिकन कैंसर सोसाइटी के डॉक्टर इरिक जे. जेकब्स के मतानुसार हृदय रोग के कारणों में से एक सिगार पीना भी है। सिगार में भी सिगरेट की तरह ही हानिकारक तत्व पाए जाते हैं। सिगार का धुआं कितना कम या ज्यादा फेफड़ों में जाता है, उससे कोई खास फर्क नहीं पड़ता, क्योंकि थोड़ा-सा भी धुआं अपना हानिकारक प्रभाव जरूर डालता है। उन्होंने यह भी पाया है कि सिगार पीने से रक्त कण आपस में चिपककर थक्कों का रूप धारण कर लेते हैं। इससे हृदय को रक्त पहुंचाने वाली धमनियों में रुकावट पैदा होती है। परिणामस्वरूप हृदय का दौरा (हार्ट अटैक) या हृदय रोगों का जन्म होता है। जो लोग रोजाना एक सिगार पीते हैं, उन्हें सिगार न पीने वालों की तुलना में हृदय रोग होने का खतरा 30 फीसदी तक बढ़ जाता है।

धूम्रपान छोड़ना ही बेहतर

अमेरिकन हृदय एसोसिएशन के 55वें अधिवेशन में डलास, मेसाचुसेट्स के एक अध्ययन की रिपोर्ट में यह तथ्य बताया गया कि फिल्टर सिगरेट भी अन्य सिगरेटों से बेहतर नहीं होती, क्योंकि इससे सिगरेट तंबाकू में कार्बन मोनोआक्साइड कम नहीं होता। यही तत्व दिल की बीमारियों का कारण है। इस प्रकार देखें तो कोई भी सिगरेट या सिगार सुरक्षित नहीं

होती। अत: सिगार या फिल्टर सिगरेट पीने के बजाय बेहतर यही होगा कि आप इनको पीना ही छोड़ दें।

निकोटिन ड्रॉप

हाल ही में ड्यूक यूनिवर्सिटी के डॉ. इरिक वेस्टमैन ने एक ऐसी निकोटिन ड्रॉप विकसित की है, जिसे धूम्रपान करने वालों में जब कभी भी धूम्रपान की तलब उठे, तो वे इस ड्रॉप का प्रयोग कर सकते हैं। इस ड्रॉप को दिन में कई बार लिया जा सकता है। इसका उद्देश्य प्रयोगकर्ता को बिना धूम्रपान किए ही निकोटिन प्राप्त कराना है। ताकि उसकी धूम्रपान की तलब जाती रहे। यह ड्रॉप बबलगम की तरह ही निकोटिन का दूसरा रूप है, परंतु उसके मुकाबले इसके अधिक संभावित लाभ हो सकते हैं।

14. सिगरेट का धुआं सूंघने वाले व्यक्ति को उससे कोई नुकसान नहीं पहुंचता?

ग़लतफ़हमी का आधार

सामान्यत: व्यक्ति यह समझता है कि यदि वह सिगरेट पी रहा है, तो धुआं उसी के फेफड़ों में जा रहा है। अत: हानि भी उसी को होगी। उसके मुंह से जो धुआं निकल रहा है, उससे दूसरों को कोई खास नुकसान नहीं होता है। ऐसा इसलिए भी लगता है कि सिगरेट पीने वाले व्यक्ति को अपनी जरूरत के कारण धुआं अच्छा लगता है। उसे उसमें न कोई खराबी लगती है और न बदबू ही आती है, जबकि सिगरेट न पीने वालों को इस धुएं से घुटन भी होती है और तीव्र दुर्गंध भी आती है।

वास्तविकता

सिगरेट के धुएं से परिवार के लोगों को नुकसान के बारे में वाशिंगटन के नेशनल कैंसर इंस्टीट्यूट के एक अध्ययन में यह तथ्य उजागर हुए हैं कि जो पति अपने घरों में धूम्रपान के दौरान अपनी पत्नी के मुंह पर धुएं के छल्ले उड़ाते हैं, उनकी पत्नियों में कैंसर की संभावना सामान्य महिलाओं से 5 से 6 गुना अधिक होती है। ऐसी औरतों के मूत्र परीक्षण

से पता चला कि इनके मूत्र में कैंसर पैदा करने वाले तत्वों की संख्या बहुत अधिक पाई गई। ये औरतें अपने पति के धूम्रपान के आदी होने के कारण सेकेंड हैंड स्मोक का शिकार हुई हैं।

मिनिओसटा यूनिवर्सिटी में कैंसर निदान के प्रोफेसर स्टीफन एस हेथ का कहना है कि जो पति धूम्रपान करते हैं, उनकी पत्नियों के मूत्र परीक्षण में कैंसर पैदा करने वाले तत्व अधिक मात्रा में पाए गए, जिससे बायोकैमिकली यह सिद्ध होता है कि ऐसी औरतों ने वातावरण से कैंसर पैदा करने वाले तत्वों का अधिक मात्रा में अवशोषण किया।

वैज्ञानिकों के मतानुसार सिगरेट का धुआं अंदर खींचने से बीमारी का खतरा केवल धूम्रपान करने वाले को ही नहीं होता, वायु में छोड़े गए धुएं को सांस के साथ अंदर लेने वालों को भी हो सकता है। यदि दिन में दो पैकेट सिगरेट पीने वाले और एक न पीने वाला व्यक्ति साथ-साथ रहते हों, तो समझिए कि धुएं के असर से दूसरे व्यक्ति ने भी तीन सिगरेट तो पी ही ली।

सिगरेट के धुएं में विषैले पदार्थों का शरीर पर कुप्रभाव

रासायनिक परीक्षणों से सिद्ध हो चुका है कि सिगरेट का तंबाकू जलने से जो धुआं निकलता है, उसमें 19 प्रकार के विष होते हैं। जिस कागज से सिगरेट बनती है, वह एक प्रकार के घोल द्वारा बनाया जाता है। इसमें संखिया का मिश्रण होता है। जब यह कागज तंबाकू के साथ जलता है, तो वह फरफेराल नामक विष उत्पन्न करता है, जो हमारे मस्तिष्क के ज्ञान तंतुओं पर धीरे-धीरे तथा लंबे समय तक प्रभाव डालता रहता है। कार्बनमोनोआक्साइड शरीर को प्राप्त होने वाली ऑक्सीजन की मात्रा को कम करती है, जो हमारे जीवन के लिए आवश्यक है और इसकी कमी से हृदय पर दबाव पड़ता है, जिससे हार्ट अटैक होने की संभावना होती है। दमा और नेत्र रोग भी इसकी वजह से होते हैं। इसके अलावा सिगरेट का धुआं आंखों के लेंस की पारदर्शिता कम करके मोतियाबिंद की तकलीफ पैदा करता है। उल्लेखनीय है कि सिगरेट के धुएं के असर से आंखों में जलन, गले की खराश, जी मिचलाहट, बार-बार खांसी आना और सिर दर्द जैसी तकलीफें पैदा हो जाती हैं। यहां तक कि कुछ को इससे एलर्जी, छाती में दर्द या दमे की तकलीफ बढ़ने जैसी शिकायतें भी हो सकती हैं। अब आप स्वयं विचार करें कि जब मात्र धुएं के सूंघने से इतनी

तकलीफें हो सकती हैं, तो जो व्यक्ति दिन-रात वर्षों तक सिगरेट पीता है, उसके स्वास्थ्य का क्या हाल होता होगा? अत: सिगरेट के धुएं के नुकसान से बचने के लिए जहां तक हो सके सिगरेट पीने वालों की संगति में न रहें। जब कोई सिगरेट पी रहा हो, तो उससे दूर हट जाएं। सार्वजनिक प्रतिबंधित क्षेत्र में कोई धूम्रपान करे, तो उसे रोकें ताकि धुएं के दुष्प्रभावों से दूसरों को नुकसान न हो।

15. मानसिक या शारीरिक कार्य करने से ही थकान पैदा होती है?

ग़लतफ़हमी का आधार

आम धारणा यह है कि मानसिक या शारीरिक कार्य करने से ही थकान होती है।

वास्तविकता

साधन संपन्न अफ़सर, अमीर व्यक्ति जो दिन भर आराम करते हुए आराम तलब जिंदगी गुजारते हैं और मानसिक या शारीरिक श्रम बिलकुल नहीं करते, फिर भी उन्हें थकान घेरे रहती है। जबकि उनके पास सुख के सभी साधन उपलब्ध होते हैं। थकान की अवस्था में वे अपने में क्रिया-शक्ति का अभाव पाते हैं। इसके विपरीत आम आदमी सक्रिय रहकर, कठोर श्रम करके तथा कम पौष्टिक आहार लेकर जीवनयापन करने पर भी अपने में थकान का अनुभव नहीं करता। इससे स्पष्ट होता है कि काम की अधिकता या पौष्टिक भोजन के स्तर की कमी ही थकान का कारण नहीं है, बल्कि कुछ दूसरी बातें भी हैं, जो थकान उत्पन्न करती हैं और काम न करने की इच्छा पैदा करती हैं।

थकान का मनोविज्ञान

मनोवैज्ञानिकों के अनुसार थकान, रुचि और इच्छाशक्ति की कमी की अवस्था है। थकान का सामान्य अर्थ मन अथवा शरीर की सामर्थ्य के घट जाने से लिया जाता है। ऐसी हालत में आदमी से काम नहीं होता या

बहुत कम कार्य होता है। वह निष्क्रिय पड़ा रहना पसंद करता है। यह असामान्य थकान एक प्रकार का रोग है, जो मानसिक या शारीरिक दोनों स्तरों पर हो सकता है, पर ज्यादातर यह मानसिक बीमारी होती है।

थकान के लक्षण

असामान्य थकान के रोगी में भूख न लगना, हमेशा चिंता मग्न रहना, तनाव से घिरे रहना, नींद न आना, उदासीनता, चिड़चिड़ापन, स्फूर्ति व उत्साह का अभाव, घबराहट, सिर दर्द, मन न लगना, एकाग्रता की कमी, काम-क्रीड़ा के प्रति अरुचि जैसे लक्षण दिखाई पड़ते हैं।

थकान के कारण

जिन कारणों से असामान्य थकान उत्पन्न होती है, उनमें शारीरिक दुर्बलता, मानसिक तनाव, चिंता, बोरियत, अंतर्द्वन्द्व, मधुमेह, खून की कमी, भोजन में पौष्टिक तत्वों की कमी, थायराइड ग्रंथि का असंतुलन, मोटापा, पर्याप्त नींद न लेना, किसी प्रकार का व्यायाम न करना, पीलिया, टी. बी., कैंसर या हृदय रोग से पीड़ित होना, डिप्रेशन, खाने-पीने, सोने की गलत जीवनशैली होना आदि होते हैं।

इसमें संदेह नहीं कि मन और शरीर पर थकान का बुरा प्रभाव पड़ता है। मानसिक थकान में आदमी की सोचने-समझने की शक्ति कम हो जाती है। जबकि शारीरिक थकान में शारीरिक सामंजस्य नहीं रह पाता है। ऐसी दशा में हमारी मांसपेशियों और स्नायु तंत्र में (लेक्टिक एसिड) नामक तत्व अधिक बनता है। इसके अधिक बढ़ जाने से शरीर में लकवे की बीमारी भी हो सकती है। पूरे शरीर का शिथिल पड़ना इस बात का द्योतक है कि यह अम्ल शरीर में फैल चुका है। यह अम्ल जिस अंश में बढ़ता है, उसी में थकान मालूम पड़ती है।

थकान से बचाव के उपाय

जब हमें किसी कार्य में आनंद आता है, तो हम लगातार काम करते रहने पर भी थकान महसूस नहीं करते। अत: थकान दूर करने के लिए कार्य में रुचि उत्पन्न करें। समय-समय पर भरपूर मनोरंजन करते रहें। शारीरिक व्यायाम नियमित रूप से करें। पूरा विश्राम व नींद लें। मानसिक तनाव, चिंता से दूर रहने का प्रयत्न करें। सदैव हंसमुख और प्रसन्नचित्त रहें। हंसी-मजाक में रस लें। पौष्टिक भोजन खाएं।

16. किसी भी दिशा में सिर या पैर रखकर सोने से स्वास्थ्य पर कोई फर्क नहीं पड़ता?

ग़लतफ़हमी का आधार

आम लोगों में धारणा है कि शरीर के थके होने पर किसी भी दिशा में सिर या पैर करके सो जाएं, नींद तो आ ही जाती है। यहां तक कि नींद जब आती है, तो बिस्तर या अच्छा बुरा स्थान भी नहीं देखती इसलिए किसी भी प्रकार सोना पड़े, सो जाना चाहिए।

वास्तविकता

सोते समय सिर या पैर किस दिशा में रखने चाहिएं, हमारे ऋषि-मुनियों ने इसके संबंध में धर्म ग्रंथों में वर्णन किया है, ताकि उसका पालन करके हम स्वस्थ और सुखी रह सकें। ये नियम आज भी वैज्ञानिक कसौटी पर खरे साबित हो रहे हैं। यजुर्वेद के शतपथ ब्राह्मण (2/1/1/7) में लिखा है—तस्मादु हूं न प्रतीचीन शिरा: शयीत। अर्थात् सोते समय सिर सदैव पूर्व दिशा में रखें, पश्चिम दिशा में करके कभी न सोएं।

पृथ्वी के चुंबकीय क्षेत्र का मनुष्य पर प्रभाव

हैदराबाद में डॉ. शारदा सुब्रमण्यम् व डॉ. शंकर नारायण ने पृथ्वी के चुंबकीय क्षेत्र के मनुष्य के मन-मस्तिष्क पर पड़ने वाले प्रभावों का अध्ययन कर निष्कर्ष निकाला है कि उत्तर की ओर सिर करके सोने से मस्तिष्क में कुछ इस प्रकार की तरंगें उठती हैं, जिससे व्यक्ति बेचैनी, उत्साहहीनता, उलझन और सुस्ती महसूस करता है। यदि व्यक्ति दक्षिण या पूर्व दिशा की ओर सिर करके सोता है, तो उसे अतिशय शांति, सजगता, स्वस्थता का अनुभव होता है तथा ऐसे व्यक्ति की निर्णय शक्ति भी भली प्रकार से कार्य करती है।

सिर से पैरों की ओर होता है चुंबकीय प्रवाह

उल्लेखनीय है कि वैज्ञानिकों ने पृथ्वी को एक बड़ा चुंबक माना है, जिसके उत्तर और दक्षिण दो ध्रुव हैं। 'ध्रुव आकर्षण सिद्धांत' के अनुसार दक्षिण

से उत्तर दिशा की ओर चलने वाला विद्युत प्रवाह हमारे सिर से प्रविष्ट होकर पैरों के रास्ते से निकलता है। इसके प्रभाव से न केवल आयु बढ़ती है, बल्कि हमारे शरीर में बहने वाले रक्त पर भी अनुकूल प्रभाव पड़ता है तथा शरीर रोग मुक्त होता है। इसके अलावा भोजन का परिपाक ठीक ढंग से होता है। नींद बढ़िया आती है। बुरे सपने नहीं आते। गहरी नींद के बाद व्यक्ति अपने आपको अधिक स्वस्थ अनुभव करता है।

दक्षिण की ओर पैर करके सोने से हानि

नियंत्रित चुंबकीय क्षेत्र में किए गए परीक्षणों से ज्ञात हुआ है कि जो व्यक्ति दक्षिण दिशा की ओर पैर करके सोता है, पृथ्वी के ध्रुवाकर्षण के प्रभाव से उसके पेट का पचा हुआ भोजन शोषित हो जाने के बाद शेष मल नीचे मलद्वार की तरफ न जाकर ऊपर की ओर गतिशील होने लगता है, जिससे हृदय और मस्तिष्क पर बुरा प्रभाव पड़ता है। इससे आयु घटती है। यानी प्राण का हनन होता है तथा श्वसन, दिल की धड़कनें, स्पंदन जैसी विभिन्न जैविक क्रियाएं भी प्रभावित होती हैं। परिणामत: चिंता, घुटन, तनाव, बेचैनी, घबराहट आदि होने लगती है। अत: सोते समय सिर दक्षिण या पूर्व की ओर रखना चाहिए, ताकि पैर उत्तर या पश्चिम की ओर रहें।

17. काजल या सुरमा लगाने से नेत्र ज्योति बढ़ती है?

ग़लतफ़हमी का आधार

इसमें कोई संदेह नहीं कि काली कजरारी व खूबसूरत आंखें आकर्षण का केंद्र होती हैं। यही वजह है कि बच्चे तथा बड़े लोग स्वयं अपनी आंखों को सुंदर, आकर्षक व स्वस्थ बनाने के लिए पीढ़ियों से काजल या सुरमे का इस्तेमाल करते आ रहे हैं।

वास्तविकता

आपको यह जानकर आश्चर्य होगा कि काजल, सुरमे जैसी सौंदर्य प्रसाधनों की चीजों का लगातार प्रयोग करने से आप अपनी आंखों की सफेद झिल्ली

के माध्यम से खून में लेड(सीसा) पहुंचा देते हैं। जब शरीर में आवश्यकता से अधिक मात्रा में सीसा पहुंचता है, तो यह अनेक प्रकार की बीमारियों को जन्म देता है। एक अध्ययन में पाया गया है कि जो व्यक्ति रोजाना दिन में एक बार अपनी आंखों में सुरमा लगाता है, उसके खून में हर हफ्ते 140 माइक्रोग्राम सीसा चला जाता है।

सुरमा लगाने वालों ने अनुभव किया होगा कि इसके लगाते ही आंखों में तेज जलन महसूस होती है, जिससे आंखों को मलने की इच्छा होती है। जो ऐसा करने से अपने को रोक नहीं पाते, वे सीधे हाथ की उंगलियों से आंखें मलने लगते हैं। इससे भोजन करने पर सुरमे का सीसा पेट में पहुंच जाता है। सुरमे में मेंथाल के कारण आंखों से आंसू निकल आते हैं। इन्हें हाथों से पोंछने पर भी हाथों में सीसा आंशिक रूप से आ ही जाता है। घर की महिलाएं सुरमा लगाने के बाद प्रायः उंगलियां साफ न कर आटा गूंधने लगती हैं, जिससे रोटी में सीसा पहुंचकर शरीर में पहुंच सकता है। पेट में पहुंचा सीसा जब खून में मिलता है, तो शरीर में हीमोग्लोबिन का बनना बंद हो जाता है, जिससे खून में लाल कणों की कमी होने लगती है।

सीसे की विषाक्तता का असर हर आयु के व्यक्ति पर भिन्न-भिन्न रूप में देखने को मिलता है। बच्चों के दांतों में सीसे की मात्रा बढ़ने पर उनका आई.क्यू. घट जाता है। वे मंदबुद्धि के शिकार होकर चिड़चिड़े हो सकते हैं। उनमें समय-समय पर कंपकंपी, उत्तेजना एवं शरीर की तंत्रिकाओं पर भी बुरा असर होता है। बड़ी आयु के लोगों में भूख न लगना, पाचन क्रिया गड़बड़ा जाना, पेट दर्द होना, दस्त लगना, मुंह का स्वाद बिगड़ना, नींद उचट जाना, सिर दर्द, चक्कर आना, दृष्टिदोष जैसी बीमारियां पैदा हो सकती हैं। अधिक विषाक्तता के प्रभाव से मानसिक विकार तथा मृत्यु तक हो सकती है।

उल्लेखनीय है कि असली सुरमे में कठिनाई से उपलब्ध महंगा एंटीमनी सल्फाइड डाला जाता है, जिसके बदले में आजकल सस्ते लेड सल्फाइड का प्रयोग धड़ल्ले से होने लगा है। यही कारण है कि आंखों के माध्यम से सीसा शरीर में पहुंचकर विषाक्त लक्षण प्रकट करता है। अतः हमारा शरीर सीसे की विषाक्तता से बचा रहे, इसके लिए यह जरूरी है कि भोजन ऐसा लें, जिसमें कैल्शियम और विटामिंस की पर्याप्त मात्रा मिलती रहे। इससे शरीर की सीसा अवशोषण क्षमता घट जाएगी। वैसे

आजकल डॉक्टर आंखों में काजल, सुरमा लगाने को मना करते हैं, क्योंकि इससे लाभ कम और नुकसान होने की अधिक आशंका होती है।

18. अकेले रहने की प्रवृति से हमें कोई नुकसान नहीं होता?

दिल को नुकसानदायक है अकेलापन

शिकागो ट्रिब्यून के अनुसार शिकागो यूनिवर्सिटी और ओहियो स्टेट यूनिवर्सिटी में हुए हाल ही के एक अनुसंधान में मनोवैज्ञानिक जान कसियोपो का कहना है कि अकेलेपन से रक्तचाप में वृद्धि होती है और नींद में बाधा उत्पन्न होती है। ये दोनों बातें दिल के दौरे (हार्ट अटैक) के प्रमुख कारण हैं। अत: अकेलापन हृदय के लिए अच्छा नहीं होता। यह हृदय के लिए उतना ही घातक है, जितना कि अति वसायुक्त भोजन, मोटापा, उच्च रक्तचाप, धूम्रपान व शारीरिक श्रम की कमी।

मिलनसार बनें, कैंसर से बचें

स्टेनफोर्ड यूनिवर्सिटी, कैलिफोर्निया के शोधकर्ताओं के मतानुसार स्तन कैंसर की शिकार वे महिलाएं ज्यादा होती हैं, जो मिलनसार (सोशल) नहीं होतीं। अपने मित्रों, शुभचिंतकों, रिश्तेदारों और परिवारजनों के साथ घुल-मिलकर रहने वाली महिलाएं अधिक समय तक जीवित रहती हैं और उन्हें स्तन कैंसर का रोग कम ही होता है। मिल-जुलकर, हंसी-खुशी जीवन जीने से तनाव हलका व मन प्रसन्न रहता है, जिससे उनकी जीवन रक्षक प्रणाली (इम्यून सिस्टम) बढ़िया काम करता है।

अकेलापन बीमार बनाता है

जनसंख्या विशेषज्ञों के मतानुसार अकेले व्यक्ति कमजोर होते हैं और जवानी में ही मर जाते हैं। वे अकेलेपन के कारण अपनी व्यक्तिगत देखभाल नहीं कर पाते और जल्दी बीमार पड़ जाते हैं, क्योंकि वे स्वयं को बिना सरोकार वाला और बिना सगे-संबंधियों वाला जड़ महसूस करते हैं। उनका कोई प्रेमी, प्रेमिका या निजी मित्र नहीं होता। यहां तक कि वे अपने को समाज में नहीं मिला पाते।

सामाजिक व्यक्तियों में रोग प्रतिरोधक क्षमता अधिक होती है

नार्थ केरोलिना के डरहम स्थित ड्यूक यूनिवर्सिटी मेडिकल सेंटर के इंटेग्रेटिव मेडिसिन सेंटर के सह-निदेशक मार्टी सुहलीवन के मतानुसार यदि आपके ऐसे दोस्त या साथी हैं, जिनके सामने अपना दुखड़ा रो सकते हैं, तो आपके बीमार होने का खतरा कम हो जाता है और हृदय रोग से पीड़ित होने की संभावनाएं घट जाती हैं। अध्ययनों से यह भी ज्ञात हुआ है कि जिन व्यक्तियों की रुचि परिवार, दोस्तों, सहकर्मियों और सामाजिक कार्यों की ओर बनी रहती है, उनमें सर्दी-जुकाम से बचाव की जबरदस्त प्रतिरोधक क्षमता आ जाती है।

मिशीगन यूनिवर्सिट, एन. अबॉर में हुए अध्ययन से ज्ञात हुआ है कि जो लोग सोशल और घनिष्ठ यार-दोस्तों के बीच हंसी-खुशी पूर्वक जीवन जीते हैं, वे अधिक समय तक स्वस्थ जीवन जीते हैं। इसके अलावा जो अपने दोस्तों से घिरे रहते हैं, उन्हें पहले हार्ट अटैक के बाद दूसरे हार्ट अटैक का खतरा काफी कम हो जाता है। इसके विपरीत अकेलेपन में जीवन गुजारने वाले व्यक्ति को हार्ट अटैक होने की संभावना दोगुनी होती है।

फ्लोरिडा विश्वविद्यालय की एक शोध छात्रा के मतानुसार जो लोग अकेले रहते हैं, उन्हें कैंसर होने का खतरा अधिक होता है, जबकि घनिष्ठ मित्रों और परिवार के बीच रहने वालों को इस रोग का खतरा कम होता है। अतः यह सोचना गलत है कि अकेले रहने की प्रवृत्ति से हमें कोई नुकसान नहीं होता।

19. *नींद न आने से आंखों के नीचे काले घेरे हो जाते हैं?*

ग़लतफ़हमी का आधार

आंखों के नीचे काले धब्बे आने को प्रायः नींद से जोड़कर देखा जाता है। रात-दिन काम करने या आवश्यकता से कम नींद लेने वालों की आंखों के चारों ओर काले धब्बे आ जाते हैं, मगर इनका एकमात्र कारण कम नींद ही नहीं है। अन्य बहुत से कारण भी इसके लिए जिम्मेदार हैं।

इसमें कोई दो मत नहीं कि खूबसूरत आंखें चेहरे की खूबसूरती में चार चांद लगा देती हैं। आंखें ही हमारे संपूर्ण स्वास्थ्य को प्रतिबिंबित करती हैं। यदि आंखों के नीचे काले घेरों का दायरा बढ़ने लगता है, तो सौंदर्य के प्रति जागरूक व्यक्ति के लिए चिंतित होना स्वाभाविक है। आज-कल के तनाव और भाग-दौड़ के इस जमाने में युवक-युवतियों के लिए आंखों के नीचे काले धब्बे पड़ जाना बहुत बड़ी समस्या बन गया है। कइयों की त्वचा काली पड़कर झुर्रियांयुक्त हो जाती हैं। ये सब लक्षण बीमारियों, चिंताओं, परेशानियों और अस्वस्थता के प्रतीक होते हैं।

संवेदनशील होती है आंखों के आस-पास की त्वचा

प्रकृति ने आंखों के आस-पास की त्वचा बहुत नाजुक व संवेदनशील बनाई है, जो चेहरे के अन्य हिस्सों की त्वचा के मुकाबले काफी पतली होती है। इस त्वचा को लगभग दस हजार बार पलकें झपकाने का अतिरिक्त काम करना पड़ता है। इसके अलावा आंखों के चारों ओर चरबी के सूक्ष्म कणों की बनी हुई परत-सी होती है, जो उसमें खून के दौरे को सरल बनाकर आंखों को संभालने वाली पेशियों को शक्ति प्रदान करती है। यह परत स्वस्थ रहेगी, तो आंखों के आस-पास कालिमा व झुर्रियां नहीं पड़ेंगी। इसकी त्वचा में पोषण के अभाव में पहले तो कालिमा आती है, बाद में झुर्रियां पड़नी शुरू हो जाती हैं।

काले धब्बों का प्रमुख कारण

नींद पूरी न लेना और रात्रि जागरण करने मात्र से ही आंखों के नीचे काले घेरे नहीं आते, बल्कि मानसिक तनाव, चिंता करते रहना, अत्यधिक ईर्ष्यालु होना, आशंकाओं से घिरे रहना, अपना रोना रोते रहने की प्रवृत्ति, रोजाना देर रात तक जागना, नींद न आना, पाचन क्रिया ठीक न होना, कब्ज रहना, श्रम न करना, लीवर की खराबी, अत्यधिक मैथुन करना, कमजोरी, नींद आने पर भी जबरन जागने की कोशिश करना, किसी प्रकार का नशा करना, बात-बात में आंसू बहाना, विटामिन बी कांपलेक्स और विटामिन सी की कमी आदि कारणों से भी यह समस्या खड़ी होती है। किसी-किसी को वंशानुगत एनीमिया, दृष्टिदोष या फिर असंतुलित आहार करते रहने जैसे कारणों से भी यह तकलीफ होती है।

काले धब्बों से सुरक्षा

आंखों को काले घेरों से बचाने के लिए यह जरूरी है कि स्वस्थ जीवन-शैली अपनाई जाए और नियमित रूप से हलका, सुपाच्य पौष्टिक आहार भोजन में लिया जाए। इसके अलावा भरपूर नींद लें। रात्रि जागरण से बचें। कब्ज, अपच की शिकायत दूर करें। तनाव मुक्त रहते हुए किसी प्रकार की चिंता न करें। खूब हंसें, प्रसन्न चित्त रहें। विटामिन सी और बी कांपलेक्स का सेवन करें।

20. *मच्छर मारने वाली अगरबत्ती, मेट्स आदि हमारे लिए नुकसानदेह नहीं होती?*

ग़लतफ़हमी का आधार

वर्तमान में समाचार पत्रों, पत्रिकाओं व टी.वी. में मास्क्यूटो रिपेलैंट्स, शीशी बंद वैपोराइजर, क्वॉइल, अगरबत्तियों का इतना व्यापक प्रचार किया जा रहा है कि शहरों में लगभग हर घर में इनका प्रयोग होने लगा है। यहां तक कि अब गांवों में भी इनका इस्तेमाल सामान्य सी बात हो गई है। लेकिन ये रिपेलैंट्स, मेट्स, वैपोराइजर, क्वॉइल्स, अगरबत्तियां और क्रीम्स हमारे स्वास्थ्य के लिए सुरक्षित हैं भी या नहीं? जो रसायन मच्छरों पर हानिकारक प्रभाव छोड़कर उन्हें मारने, बेहोश करने या भगाने की शक्ति रखते हैं, क्या वे हमारे स्वास्थ्य पर अनुकूल प्रभाव छोड़ेंगे?

वास्तविक ता

मुंबई के बाल रोग विशेषज्ञों का मानना है कि मच्छरों को मारने के लिए धुआं छोड़ने का सीधा असर उस कमरे में मौजूद इन्सान पर भी होता है और उसे कई जानलेवा बीमारियां हो सकती हैं। आमतौर पर मच्छर मारने वाली चीजों में अल्प मात्रा में पायरिथ्रायड्स समूह के संश्लेषित कीटनाशक का इस्तेमाल किया जाता है। इसमें डी-ऐलेथ्रिन, ट्रासऐलेथ्रिन जैसे कीटनाशकों की मात्रा लगभग 4% तक होती है। ये घरेलू कीट-पत ंगों का बहुत जल्दी सफाया करता है। जब कोई व्यक्ति ऐसी मेट्स के धुएं को सूंघता रहता है, तो उसे श्वास लेने में तकलीफ, बेचैनी, गले में खरखराहट जैसी परेशानियां होने लगती हैं और लंबे समय बाद स्वास्थ्य

पर उसके अनेक दुष्परिणाम साफ दिखाई देने लगते हैं, जिनमें सांस संबंधी बीमारियां, ब्रेन कैंसर, ब्लड कैंसर, एलर्जी, त्वचा पर खुजली, प्रजनन क्षमता में कमी आदि रोग तथा गर्भवती के गर्भ, आंखों के कोर्निया, नाड़ी तंत्र एंव गुणसूत्रों पर हानिकारक असर आदि प्रमुख हैं।

रिपलैंट क्रीम के दुष्प्रभाव

रिपलैंट क्रीम का निर्माण डाइ एथाइल टोलूएमीड रसायन और वनस्पति स्रोतों से प्राप्त खुशबू को मिलाकर किया जाता है। इस रसायन के प्रयोग से किशोरों और बच्चों में उग्र व्यवहार, चिड़चिड़ापन और दिग्भ्रम जैसे लक्षण पैदा हो सकते हैं, जो इस्तेमाल रोकने से अपने आप ही गायब हो जाते हैं। किसी-किसी को यह क्रीम लगाने से त्वचा पर जलन और खुजली होती है।

इसमें कोई संदेह नहीं कि मच्छरों के काटने से होने वाली बीमारियों से बचने के लिए सबसे कारगर और हानिरहित उपाय मच्छरदानी का प्रयोग है। इसके अलावा नीम की पत्तियों का धुआं करना, शरीर के खुले हिस्सों पर सरसों का तेल लगाना, तुलसी के पत्तों का रस शरीर पर मलना, नारंगी के छिलकों से धुआं पैदा करना, मच्छरों को दूर भगाने वाले गहरे लाल रंग के नाइट बल्ब का इस्तेमाल करना, अजवाइन पीसकर इसके समान भाग में सरसों का तेल मिलाकर, रुई के टुकड़ों को तर करके कमरे में चारों तरफ ऊंचाई पर रखने जैसे उपायों को भी आजमाया जा सकता है। घर के सारे दरवाजों, खिड़कियों पर बारीक जालियां लगवाकर भी काफी हद तक मच्छरों से बचना संभव है।

21. चूल्हे या अगरबत्ती के धुएं से आंखों को कोई नुकसान नहीं पहुंचता?

ग़लतफ़हमी का आधार

चूल्हे पर खाना बनाना एक अपरिहार्य आवश्यकता है। इसलिए प्राय: लोगों का ध्यान उसके धुएं के दुष्प्रभावों पर नहीं जाता। ठीक इसी प्रकार लोग सोचते हैं कि अगरबत्ती का सुगंधित धुआं मन को अच्छा लगता है, उससे भला आंखों को क्या नुकसान हो सकता है।

वास्तविकता

आपको यह जानकर आश्चर्य होगा कि लकड़ी, कोयले, कंडे, मिट्टी के तेल के स्टोव से निकला धुआं आंखों में पहुंचना इतना खतरनाक होता है कि इससे व्यक्ति अंधा भी हो सकता है। धुएं के जहरीले पदार्थ आंखों के लेंस की पारदर्शिता को धीरे-धीरे कम कर देते हैं। इनसे मोतियाबिंद होने की बहुत आशंका होती है। मोतियाबिंद हो जाने पर आंख को यथास्थिति में लाना बहुत मुश्किल होता है, क्योंकि इससे लेंस को होने वाली क्षति स्थायी होती है।

वैज्ञानिकों की प्रारंभिक खोजों से यह संकेत मिलता है कि धुएं में मौजूद एरोमेटिक हाइड्रोकार्बन ही आंखों में मोतियाबिंद पैदा करने के लिए पूर्णत: उत्तरदायी है। उल्लेखनीय है कि बीड़ी, सिगरेट, वाहनों और सस्ते ईंधनों के धुएं से भी मोतियाबिंद (कैटरेक्ट) होने का खतरा बढ़ता है। नवीनतम खोजों से पता चला है कि तंबाकू, खाना पकाने के सस्ते ईंधन और वाहनों के धुएं में प्रतिक्रियाशील ऑक्सीजन स्पीसीज (आर.ओ.एस.) अधिक मात्रा में होते हैं, जिसके कारण आंख के लेंस में ऑक्सीकारक प्रतिबल बढ़ जाता है और मोतियाबिंद उत्पन्न होता है। मोतियाबिंद वर्तमान समय में आंखों के अंधेपन का सबसे बड़ा कारण है। हमारे देश में मोतियाबिंद की शिकायत, आमतौर पर 55 से 65 वर्ष की आयु के बीच, निम्न-मध्यम आय वर्ग के लोगों को ज्यादा होती है।

तेनान के नेशनल चेंगकुंग विश्वविद्यालय के डॉ. ता चांग लिन ने न्यू साइंटिस्ट पत्रिका में प्रकाशित अपने एक लेख में बताया है कि अगरबत्तियां व धूपबत्ती जलाना भी कैंसर को दावत देना है, क्योंकि इनके धुएं में कैंसर पैदा करने वाले रसायनों का पता चला है। उनके दल ने तेनान शहर के एक मंदिर के भीतर और बाहर से वायु के नमूने इकट्ठे किए और इन नमूनों की तुलना व्यस्त चौराहों की प्रदूषित हवा के नमूनों से की। मंदिर से लिए वायु के नमूनों में पोलीसाइक्लिक एरोमैटिक हाइड्रोकार्बन्स (पी.ए.एच.) समूह के वे रसायन मिले, जिनसे कैंसर होने की आशंका रहती है। इसी समूह में एक रसायन बेंजोपायरिन भी पाया गया, जो धूम्रपान करने वालों के फेफड़ों में कैंसर के लिए जिम्मेदार है।

मंदिर के अंदरूनी हिस्सों से लिए गए नमूने बाहर के भागों से लिए गए नमूनों से 19 फीसदी अधिक घातक थे। उन घरों में जहां लोग धूम्रपान

करते हैं, उनके मुकाबले मंदिर के पी.ए.एच. का स्तर 45 गुना अधिक था। उल्लेखनीय है कि मंदिर में पी.ए.एच. का स्तर भक्तों की संख्या पर निर्भर करता है। बड़े उत्सवों के अवसर पर सैंकड़ों या हजारों अगरबत्तियां एक साथ जलती हैं। कई बार इनसे इतना गहरा धुआं होता है कि कुछ भी देख पाना संभव नहीं होता।

कैंसर शोध अभियान के ब्राड टिम्स के मतानुसार पी.ए.एच. से औद्योगिक मजदूरों में फेफड़ों व गॉल ब्लेडर के कैंसर का खतरा अधिक होता है। इसके अलावा त्वचा और अंडकोष के कैंसर की आशंका भी अधिक रहती है। अत: जहां तक हो सके, धुएं के वातावरण में कम से कम रहें।

22. हाई हील के जूते-चप्पल पहनने से पैरों को कोई हानि नहीं होती ?

ग़लतफ़हमी का आधार

आधुनिकता के अंधानुकरण में केवल युवतियां ही हाई हील यानी ऊंची एड़ी की चप्पलें या सैंडिलें नहीं पहनतीं, नवयुवक भी हाई हील के जूतों के दीवाने हैं। वे भूल जाते हैं कि फैशन के नाम पर वे जो कुछ पहन रहे हैं, वह कहीं उन्हें नुकसान तो नहीं पहुंचा रहा है। सभी इस भ्रम में पड़े हुए हैं कि हाई हील के जूते, चप्पल अथवा सैंडिल पहनने से उनके व्यक्तित्व में निखार आता है, चाल बेहतर हो जाती है और फिगर में आकर्षण पैदा होता है।

वास्तविकता

उल्लेखनीय है कि हाई हील के जूते, चप्पल व सैंडिल पहनते रहने से पैरों की मांसपेशियों और स्नायुओं की शक्ति कम होती है और अकसर मेटाटारसल आर्च पर तनाव पड़ने के कारण दर्द, सूजन, गति में अवरोध आदि अनेक तकलीफें उत्पन्न होती हैं। किसी-किसी को कमर दर्द, पीठ का दर्द, पैर के तलुवों में दर्द, पैरों की नसें मोटी होना, एड़ी में विकार, पैरों में कार्न, गोखरू, अंगुलियों का आकार जानवरों के पंजे की तरह होना, अंगूठे में कड़ापन, हड्डियों की बीमारी ओस्टोपोरोसिस से घुटने की कटोरी पर दबाव बढ़ना आदि तकलीफें भी हो सकती हैं। इन तकलीफों के अलावा

हाई हील से अनेक प्रकार की असुविधाएं भी महसूस होती हैं, जैसे जल्दी-जल्दी चलना हो, दौड़कर बस पकड़नी हो या अचानक भागने की नौबत आ पड़े, तो रास्ते में गिरकर चोट, मोच, सूजन, दर्द, फ्रेक्चर जैसी स्थिति बनते देर नहीं लगती।

अमेरिका के प्रसिद्ध अर्थोपैडिक्स डॉ. माइकल कॉलिन के मतानुसार महिलाओं के पैरों की अधिकांश तकलीफों का कारण हाई हील के चप्पल, सैंडिल होते हैं। इन्हें पहनने से पैर के अगले हिस्से, यानी पंजों पर अतिरिक्त दबाव पड़ता है। 3" की हील पहनने वालों के शरीर का 90 प्रतिशत वजन पैर के पंजों पर पड़ता है। उम्र बढ़ने के साथ-साथ पंजों के तलुवों में स्थित चर्बी कम होती जाती है, जिसके कारण पीठ और कूल्हों पर भी अतिरिक्त तनाव व दबाव पड़ने लगता है।

अभी तक यह माना जाता था कि चौड़ी एड़ी वाली चप्पलें व जूते पेंसिल हील से अच्छे होते हैं व पैर को आराम भी पहुंचाते हैं, परंतु ऐसा है नहीं। हार्वर्ड मेडिकल स्कूल के शोधकर्ताओं द्वारा किए गए एक अध्ययन से पता चला है कि प्लेटफार्म हील घुटने के पास स्थित मांसपेशियों को ज्यादा तनावग्रस्त करती है, क्योंकि इससे घुटने पर 30 प्रतिशत ज्यादा दबाव पड़ता है। हड्डियों की बीमारी ओस्टोपोरोसिस पुरुषों की अपेक्षा महिलाओं में दोगुनी पाई गई है। इसके अलावा इनसे जांघ की क्वाड्रिसेप मांसपेशी को ज्यादा मेहनत करनी पड़ती है, जिससे घुटने की कटोरी पर दबाव बढ़ता है। इन सब परेशानियों का कारण हाई हील के जूते-चप्पल पहनना है। अत: इनका उपयोग कम-से-कम करें।

23. रोजाना मल्टी विटामिंस की गोलियां खाई जाएं, तो फल-सब्जियां खाना जरूरी नहीं है?

ग़लतफ़हमी का आधार

विटामिनों की शरीर में कमी होने पर उत्पन्न रोगों के उपचार में ये गोलियां कुछ समय के लिए खाना लाभदायक अवश्य होता है, इसीलिए लोगों

को यह ग़लतफ़हमी है कि भोजन के स्थान पर ये गोलियां खाकर स्वस्थ रहा जा सकता है।

वास्तविकता

नियमित रूप से मल्टी विटामिंस की गोलियां खाना हानिकारक ही सिद्ध होता है, क्योंकि जिन विटामिनों की आवश्यकता शरीर में नहीं होती, वे भी इन गोलियों द्वारा शरीर में पहुंचकर नुकसान पहुंचाते हैं। अत: रोजाना मल्टी विटामिंस की गोलियां खाकर, फल-सब्जियों का सेवन न करना स्वास्थ्य के लिए निश्चित रूप से नुकसानदेह है।

अनेक प्रकार के विटामिनों को मिलाकर बनाई गई मल्टी विटामिंस की गोलियां कार्बनिक यौगिकों से कृत्रिम रूप में बनाई जाती हैं। इनके मुकाबले फल और सब्जियों में कहीं ज्यादा प्राकृतिक एवं ताजा पोषक तत्व पाए जाते हैं, जो कि आसानी से शरीर में शोषित हो जाते हैं। चूंकि हमारे शरीर में एक-दो विटामिन ही संश्लेषित होते हैं, इसलिए फल और सब्जियों के रूप में ही इनकी आपूर्ति आवश्यक होती है।

वर्जीनिया के मेरी वाल्डविन कॉलेज की प्रोफेसर शैरोन स्पाल्डिंग का कहना है कि विटामिन की गोलियां आपके पेट की जरूरत को पूरा नहीं कर सकतीं। शरीर को स्वस्थ बनाए रखने के लिए संतुलित आहार में अन्न, फल, सब्जियां सेवन करना जरूरी है।

वैज्ञानिक खोजों से भी यह सिद्ध हो चुका है कि फलों और सब्जियों में विटामिन ही नहीं, खनिज, प्रोटीन, वसा, फाइबर, कार्बोहाइड्रेट, लवण आदि कई तरह के गुणकारी पोषक तत्व मौजूद होते हैं, जो हमारे शरीर को स्वस्थ बनाए रखने के लिए आवश्यक हैं। फल सूर्य की किरणों द्वारा पकाया हुआ ऐसा तैयार आहार है, जो आसानी से पच जाता है। कमजोर पाचन वालों के लिए तो फल श्रेष्ठ आहार है। इनके खाने से पाकस्थली और आंत के हानिकारक जीवाणु मर जाते हैं। अनेक रोगों को दूर करने में फलों का काफी महत्त्व होता है, इसलिए फल आहार भी है और औषधि भी।

फल-सब्जियां नीरोग रखती हैं

सब्जियां भोजन का एक आवश्यक अंग हैं, जिनसे शरीर शोधन तथा शरीर संरक्षण हेतु प्राकृतिक लवण, विटामिंस, क्षार तत्व, कार्बोहाइड्रेट, वसा, प्रोटीन आदि मिलते हैं। इनके अभाव में न तो भोजन स्वादिष्ठ बनता है

और न ही उत्तम स्वास्थ्य मिलता है। फल-सब्जियों के नियमित सेवन से रोग ऐसे भागते हैं, जैसे सूर्योदय से अंधेरा। सब्जियां न केवल पौष्टिक तत्वों से भरपूर होती हैं, बल्कि वे फलों की तुलना में सस्ती और हर मौसम में मिलती रहती हैं।

पाचन तंत्र के लिए लाभकर हैं फल-सब्जियां

फल और सब्जियों के सेवन से हमारे शरीर को विजातीय द्रव्यों को नष्ट करने की शक्ति मिलती है। छिलके सहित खाने योग्य फलों का सेवन करने से शरीर को सेलुलोज मिलता है, जिससे आंतों की सफाई होकर कब्ज दूर होती है। इनसे दिल को स्वस्थ रखने वाले रेशे (फाइबर) भी मिलते हैं।

24. नकली कांच, प्लास्टिक के रंगीन चश्मे पहनने से आंखों को कोई नुकसान नहीं होता?

ग़लतफ़हमी का आधार

फैशन की अंधी दौड़ में गरीब व मध्यम वर्गीय युवा धूप के रंगीन चश्मे के फायदे-नुकसान जाने बिना ही सड़कों के किनारे बिकने वाले सस्ते रंग-बिरंगे नकली कांच या प्लास्टिक के चश्मे खरीद लेते हैं। वे यह नहीं जानते कि चश्मे का गलत चुनाव उनकी आंखों के लिए कितना हानिकारक हो सकता है। भारत में लोगों को आंखों की बीमारियां इसलिए भी अधिक हो रही हैं कि उनकी ऐनकों और धूप के चश्मों में जो कांच लगाए जाते हैं, वह शीशे (कांच) हैं, जो आजकल खिड़कियों में लगाने के काम में आते हैं।

वास्तविकता

मनोरोगविद् राबर्ट हार्वर्ड तथा उनके सहयोगी रोलैंड वेलोर ने अपने शोध के आधार पर यह निष्कर्ष निकाला है कि रंगीन चश्मा बेशक आंखों की शोभा बढ़ाता हो, लेकिन यह स्वास्थ्य के लिए काफी हानिकारक है। ये चश्मे भले-चंगे व्यक्तियों को भी रोगी बना देते हैं। लगातार रंगीन चश्मे

पहनने वाले व्यक्ति—पैराकाइज्ड, आतुरता, व्यग्रता, भय, हृदय पीड़ा तथा पाचन के कष्ट जैसे अनेक विकारों से पीड़ित हो जाते हैं। ऐसी अप्रिय स्थितियां घटिया एवं सस्ते किस्म के चश्मे पहनने वालों को ज्यादा होती हैं, क्योंकि ये चश्मे पैराबैंगनी विकिरण को रोकने में पूरी तरह सक्षम नहीं होते, बल्कि इन्हें और बढ़ा ही देते हैं। जर्मन ट्रिब्यून में प्रकाशित डॉक्टरों की एक रिपोर्ट के अनुसार रंगीन कांच सुरक्षा बढ़ाने वाले नहीं होते। जहां तक वाहनों के रंगीन ग्लासों का सवाल है, तो इन्हें डॉक्टरी दृष्टिकोण से तभी तक ठीक समझा जा सकता है, जब तक कि ये आंशिक तौर पर ही रंगीन हों।

छांव में न पहनें रंगीन चश्मे

अंध रोग प्रसार निरोधक समिति की रिपोर्ट के अनुसार धूप से बचाव करने वाले रंगीन चश्मों का प्रयोग घरों और गलियों के अंदर नहीं करना चाहिए, इससे नेत्र ज्योति कम हो सकती है।

क्रुक्स और क्राउन ग्लास अधिक उपयोगी

यदि आप धूप के रंगीन चश्मे में अच्छी किस्म के यानी क्रुक्स और क्राउन ग्लास का उपयोग करेंगे, तो वह सूर्य की पैराबैंगनी किरणों को शोषित कर लेगा और उन्हें आंखों तक न पहुंचने देगा। इससे आंखों की रक्षा हो सकेगी। क्रुक्स और क्राउन ग्लासेस सादे, रंगहीन और रंगीन किस्मों में मिलते हैं। चश्मे में फोटोक्रोमिक कांच लगवाना उत्तम होगा, क्योंकि जहां पर छांव होगी वहां ये सामान्य कांच की तरह पारदर्शक रहेंगे और धूप में जाने पर हरे, स्लेटी या भूरे रंग में परिवर्तित होकर गॉगल का कार्य करने लगेंगे। इससे नंबर का चश्मा लगाने वालों को दो चश्मे रखने की दिक्कत से छुटकारा मिल जाएगा।

25. यज्ञ करने से सिर्फ वातावरण की ही शुद्धि होती है?

इसमें कोई दो मत नहीं कि यज्ञ कराने से वायु की परिशुद्धि होती है और दूषित वातावरण शुद्ध होता है। अग्नि से यज्ञ स्थान की वायु गर्म और

हलकी होकर ऊपर उठती है, जिससे चारों ओर से शुद्ध वायु खाली जगह को भरने के लिए खिंची चली आती है। अग्नि की गर्मी से विभिन्न रोगों के कीटाणु भी नष्ट हो जाते हैं।

जिस प्रकार खेत की उर्वरक मिट्टी में मिले अन्न के बीज सहस्र गुणित होकर हमें पुन: मिल जाते हैं, ठीक उसी प्रकार यज्ञ की अग्नि में डाली हवन की सामग्री घी, तिल, जौ आदि की आहुतियां उनमें रासायनिक परिवर्तन कर देती हैं। इस परिवर्तन के परिणामस्वरूप मूल द्रव्यों के गुणधर्म भी बदल जाते हैं। द्रव्यों के ज्वलन से नए पदार्थों की उत्पत्ति का यही रहस्य है। यज्ञ सामग्री में जो सुगंधित तेल होता है, वह शीघ्र ही आग पकड़ लेता है और वाष्पीय रूप में परिवर्तित होकर बहुत ज्यादा विस्तार करता है। इसलिए उसका व्यापक प्रभाव भी पड़ता है। वाष्पीय अवस्था में उड़नशील तेलों के सूक्ष्म कण का व्यास एक लाखवें भाग से दस करोड़वें भाग तक पाया जाता है।

यजुर्वेद में लिखा है कि अग्नि में डाली गई हवन सामग्री से किए गए यज्ञ से भस्म हुई चीजें वायु द्वारा बहुत दूर तक पहुंचती हैं। ये जहां तक पहुंचती हैं, वहां तक के रोग के कीटाणुओं को नष्ट कर देती हैं। यही कारण था कि प्राचीन समय में शारीरिक, आत्मिक और सामाजिक उन्नति के लिए अनेक प्रकार के यज्ञ प्रचलित थे। यज्ञ चिकित्सा भी रोगोपचार का एक विशेष उपाय था।

नि:संदेह यज्ञोपचार स्वास्थ्य संरक्षण की सर्वोत्तम प्रक्रिया है। इससे तात्कालिक रोग निवारण का भी लाभ मिलता है। इसके अलावा मानसिक और शारीरिक रोग निवारण में भी यज्ञ लाभकारी होते हैं। यज्ञ की वायु में मानसिक रोगों को दूर करने की अपूर्व क्षमता होती है। मनोविकारों से पीड़ित रोगी जब हवन सामग्री की सुगंध के साथ-साथ दिव्य वेद मंत्रों के प्रभावशाली कंपन का मस्तिष्क में अनुभव करता है, तो इस ध्वनि का काफी अच्छा प्रभाव रोगी पर पड़ता है।

मनुष्य के मन में प्रविष्ट स्थूल और सूक्ष्म आसुरी विकृतियों, रोगों एवं दोषों का शमन करने के लिए यज्ञ अमोघ उपाय है, क्योंकि इससे मन की विकृति का निराकरण हो जाता है। यज्ञ द्वारा उत्पन्न कार्बन-डाईऑक्साइड प्रत्यक्ष और अप्रत्यक्ष रूप से वनस्पतियों को पुष्ट करने और वातावरण को कीटाणु मुक्त करने में सक्षम होती है। यज्ञ की भस्म

और गैस के प्रभाव से मिट्टी की उर्वरा शक्ति बहुत बढ़ जाती है और पोषक अणुओं को बढ़ाने वाले आवश्यक तत्व उसमें भर जाते हैं। यज्ञ की सामग्री अग्नि में जलने से अल्डीक्लाइड, अमाइंस, पिलोनिलिक, साइक्लिक टरयेनिक श्रेणी के पदार्थों की पहचान हो चुकी है। इस प्रकार देखें, तो अग्नि में डाली गई हवन सामग्री की सत्ता समाप्त नहीं होती। मनुस्मृति में लिखा है कि यज्ञ की अग्नि में विधिवत् डाली हुई आहुति, सूर्य में उपस्थापित होती है और सूर्य की ऊर्जा के साथ जन-जीवन के लिए कल्याणकारक होती है।

26. *वीडियो गेम्स खेलने से बच्चों के स्वास्थ्य को कोई नुकसान नहीं होता?*

आजकल बच्चों में खेल-कूद, घूमने-फिरने, दोस्तों-साथियों के बीच हंसी-मजाक करके समय बिताने से ज्यादा क्रे I वीडियो गेम्स खेलने का हो गया है। घंटों टी.वी., कंप्यूटर पर गेम्स खेलते रहना, कभी कार्टून, कभी हिंसक फिल्म तो कभी रोचक गेम्स में उलझे रहना आम बात हो गई है। इसके चक्कर में बच्चे पढ़ाई तो क्या खाना-पीना तक भूल जाते हैं।

बच्चे को हिंसक बनाते हैं वीडियो गेम

जब बच्चा अपनी अंगुलियों के इशारे से सामने वाली अतिबलशाली आकृति को पल भर में धराशायी कर देता है, तो उसकी बांछें भले ही खिल जाएं, लेकिन इससे उसके कोमल मन में हिंसक प्रवृत्ति पनपने लगती है। इन मनगढ़ंत और निहायत काल्पनिक वीडियो गेम्स का वास्तविकता से दूर-दूर तक कोई लेना-देना नहीं होता। दो पहलवानों या खूंखार जानवरों द्वारा एक दूसरे पर जानलेवा हमला और ढिशुम-ढिशुम व धांय-धांय की आवाजें उनमें उत्तेजना पैदा कर हिंसा के बीज रोपती हैं। एकाग्रचित्त होकर तल्लीन बच्चे के अलावा इस गेम को देख रहे इर्द-गिर्द खड़े बच्चों के मन पर भी इसका विपरीत असर पड़ता है।

मनोवैज्ञानिकों का कहना है कि वीडियो गेम्स में दिखाए जाने वाले रोमांचकारी, हिंसक दृश्य बच्चों के अवचेतन में गहराई से बैठ जाते हैं, जिनका असर किसी भी समय हो सकता है। बच्चे तर्क-वितर्क किए बिना गेम्स, कार्टूनों के दृश्यों व संदेशों को सही मानकर उनकी नकल करने की कोशिश करते हैं।

टेलीविजन की किरण दिमाग पर प्रभाव डालती है

आस्ट्रेलिया के शोधकर्ताओं के मतानुसार टी.वी. से निकलने वाली खास किस्म की किरणें दिमाग की कार्यप्रणाली बंद कर देती हैं। खासकर पास से टी.वी. पर गेम्स देखने वाले बच्चों का दिमाग विकिरण सहन नहीं कर पाता और जब एक बार दिमाग सुन्न हो जाता है, तो आंखें टी.वी. के पर्दे पर टिक जाती हैं। एक तरह से बच्चा सम्मोहित होकर टी.वी. लगातार देखता रहता है। परिणामस्वरूप मस्तिष्क की फोटो-सेंसेटिव कोशिकाएं बहुत तेजी से प्रतिक्रिया करती हैं, जिससे दिमाग का संतुलन बिगड़ जाता है और मस्तिष्क में असामान्य तरल पदार्थ बहने से मिर्गी का रोग हो सकता है।

अनेक मानसिक विकार पैदा करते हैं वीडियो गेम

शोधों से यह भी पता चला है कि वर्तमान में प्रचलित नए-नए तरह की ट्रिक फोटोग्राफी से बने वीडियो गेम्स, जिसमें चित्र बड़ी तेजी से हिलते और बदलते हैं, साथ-ही-साथ पर्दे की रोशनी में भी घटने-बढ़ने का क्रम तेजी से बदलता रहता है, इससे बच्चों के नाजुक मस्तिष्क पर काफी गलत प्रभाव पड़ता है। इसके अलावा ज्यादा समय तक वीडियो गेम्स खेलते रहने से आंखों की ज्योति कम होना, चिड़चिड़ापन, चक्कर आना, मानसिक तनाव, दिमाग का शीघ्र थक जाना, मिर्गी, मोटापा, अवसाद, नींद न आना, मंदबुद्धि होना और कैंसर जैसी बीमारियां हो सकती हैं। अत: बच्चों को वीडियो गेम्स खेलने दें, लेकिन ध्यान रखें कि उसमें वे शिक्षात्मक, सांस्कृतिक ज्ञान बढ़ाने वाले, मनोरंजक गेम्स ही खेलें। डरावने, भयानक दृश्यों से युक्त हिंसक गेम्स न खेलने दें, न देखने दें। गेम्स खेलते समय टी.वी. से 8-10 फीट की दूरी रखें और रोजाना एक बार में घंटों तक टी.वी. या वीडियो न देखने दें।

27. ज्यादा टी.वी. देखने से नजर कमजोर अवश्य हो जाती है, लेकिन स्वास्थ्य पर कोई विपरीत प्रभाव नहीं पड़ता?

टी.वी. चैनलों और केबल कनेक्शनों की भरमार ने आज की संस्कृति को टी.वी. संस्कृति बना दिया है। हर कोई अपने खाली समय को टी.वी. के सामने बैठकर गुजार रहा है। अब रिश्तेदारों, मित्रों, परिचितों से मिलने-जुलने, हालचाल पूछने जाने में किसी की न रुचि रही और न समय बचा है। हममें से शायद ही कोई टी.वी. संस्कृति के स्वास्थ्य पर पड़ रहे दुष्परिणामों के प्रति गंभीरता से विचार करना होगा।

मनोरंजन, नयी जानकारियां देने तथा तनाव दूर करके दिन भर की थकान मिटाने के लिए टी.वी. एक सुलभ साधन है इसी कारण इसे नियमित देखना एक अनिवार्य आवश्यकता बन गई है और आदत भी। कभी-कभार 2-4 घंटे का कार्यक्रम देख लेना उतना नुकसानदेह भी नहीं होता। किंतु लगातार कई घंटों और नियमित रूप से देखने वालों को टी.वी. देखना हानिकारक होता है।

अनेक रोग हो सकते हैं टी.वी. देखने से

चिकित्सकों का कहना है कि अधिक टी.वी. देखते रहने से दृष्टिदोष उत्पन्न हो सकता है। इसके अलावा आंखों में तनाव, उनका लाल होना, मस्तिष्क की सोचने की शक्ति कुंठित होना, स्मरणशक्ति कमजोर होना, सिर दर्द, मानसिक तनाव, नींद न आना, पढ़ने में ध्यान केंद्रित न होना, शारीरिक और मानसिक रूप से जल्दी थक जाना, रचनात्मक शक्ति कम होना, आंखों में जलन, नजर कमजोर होने से पढ़ने में कठिनाई, चिड़चिड़ापन, मिर्गी, मोटापा, अवसाद, रक्त कैंसर, कोलेस्ट्रोल का बढ़ना, चक्कर आना आदि दुष्परिणाम भी देखने को मिलते हैं।

टी.वी. देखने का सुरक्षित तरीका

टी.वी. के दुष्परिणामों से बचने के लिए यह जरूरी है कि इसे 8-10 फुट की दूरी से, बल्ब या ट्यूब लाइट की रोशनी में ही देखें। व्यर्थ के कार्यक्रमों को देखकर अपना समय नष्ट न करें। अपनी रुचि के चुने

हुए ज्ञानवर्धक, रोचक, मनोरंजक कार्यक्रम एक-दो घंटे से अधिक समय तक लगातार न देखें। बीच-बीच में आंखों को आराम करने का मौका भी दें।

28. तिलक लगाना धार्मिक कृत्य भर है, इसका स्वास्थ्य से कोई संबंध नहीं?

ग़लतफ़हमी का आधार

आज के कथित प्रगतिशील युग में जाति विरोध के कारण तथा अपनी अति वैज्ञानिक परंपरा को भूल जाने के कारण सामान्यत: लोग तिलक लगाने आदि का विरोध करते हैं, लेकिन सच्चाई इससे हटकर है।

शास्त्रों के अनुसार मस्तिष्क पर तिलक धारण करना एक आवश्यक धार्मिक कृत्य माना गया है। यहां तक कि यदि कोई ब्राह्मण तिलक धारण न करे, तो उसे चांडाल कहा गया है। तिलक प्रथा को इतना अधिक महत्त्व दिया गया है कि राज्याभिषेक उत्सव को 'राज्य तिलक' के नाम से अधिक जाना जाता है। ब्रह्मवैवर्तपुराण में तिलक के संबंध में लिखा है कि इसके बिना सभी जातियों के यज्ञ, तपस्या, स्नान, देवता पूजन, पितृकर्म व कन्यादान आदि दानकर्म निष्फल हो जाते हैं।

तिलक लगाने का वैज्ञानिक आधार

उल्लेखनीय है कि हमारे मस्तिष्क से ही तिलक, टीका, बिंदिया का संबंध जोड़ा गया है, क्योंकि सारे शरीर के संचालन का कार्य मस्तिष्क करता है। मस्तिष्क का ऊपरी भाग प्रमस्तिष्क कहलाता है। प्रमस्तिष्क वह भाग है, जो मनुष्य को देवता या राक्षस, प्रकांड विद्वान या मूर्ख बनाने की शक्ति रखता है। सारे शरीर से आने वाली सूचनाओं या संवेगों को यही भाग ग्रहण करके अंग विशेष को सूचनाएं देता है।

हमारी दोनों भौंहों के बीच का स्थान दिव्य नेत्र या तृतीय नेत्र के तुल्य माना जाता है। इस पर तिलक लगाने से 'आज्ञाचक्र' जागृत होकर व्यक्ति की शक्ति ऊर्ध्वगामी बनती है, जिससे उसका ओज व तेज बढ़ता है। तिलक के प्रभाव से मस्तिष्क ज्यादा क्रियाशील रहता है और इसमें भावनात्मक श्रद्धा

होने से इसके लगाते ही मस्तक में शीतलता, और शांति का अनुभव होता है। ऐसे व्यक्ति को कभी सिर दर्द नहीं रहता और उसकी मेधाशक्ति तेज रहती है। चंदन, केसर, कस्तूरी, अष्टगंध आदि के तिलक लगाने से मन में प्रसन्नता का भाव जागता है। शांति, उल्लास और सफलता का शुभ भाव प्रकट होता है। कंकुम के तिलक से त्वचा की शुद्धि और मस्तिष्क के स्नायुओं का संयोजन सहज हो जाता है। तिलक के लगाने से मस्तिष्क के रसायनों सेराटोनिन व बीटाएंडोरफिन के स्राव का संतुलन हो जाता है, जिनकी कमी से उदासीनता और अन्य मनोविकार पैदा होते हैं।

तिलक शुभ कामनाओं और समता का प्रतीक

यों हमारी परंपरा में तिलक लगाना सम्मान का सूचक माना जाता है। सामाजिक कार्यों में अमीर-गरीब, ऊंच-नीच का भेदभाव दूर करने के लिए भी समता सूचक तिलक सभी को लगाया जाता है। विदा करते समय, यात्रा में प्रस्थान के समय, युद्ध में जाते समय अपनी शुभकामनाएं व्यक्तिगत रूप से तिलक लगाकर प्रकट करने का रिवाज आज भी हमारे यहां कायम है।

29. *रोग दवा से दूर होते हैं, पथ्य-अपथ्य का कोई खास महत्त्व नहीं होता?*

ग़लतफ़हमी का आधार

अंग्रेजी दवाओं के तेज प्रभाव के कारण रोग में तत्काल लाभ मिल जाता है। अतः रोगी का ध्यान रोग के मूल कारण या परहेज आदि पर नहीं जाता। जैसे सिर में दर्द होते ही कुछ लोग तुरंत दर्द निवारक गोली ले लेते हैं और दर्द बंद होते ही कुछ भी खाते-पीते रहते हैं। अतः ऐसे लोग समझने लगते हैं, कि रोग दूर करने के लिए दवा आवश्यक है। परहेज से कोई विशेष प्रभाव नहीं पड़ता।

वास्तविकता

इलाज में पथ्य-अपथ्य (परहेज) का बहुत महत्त्व है। गंभीर रोगों में औषधि के साथ परहेज जरूरी होता है, किंतु कुछ रोग ऐसे होते हैं, जो बिना औषधि

के केवल आहार-विहार या पथ्य के पालन से ही ठीक हो जाते हैं। इस संबंध में आयुर्वेद के माधव निदान चिकित्सा ग्रंथ में लिखा है—

विनाऽपि भेषजैर्व्याधिः पथ्यादेव निवर्तते।
न तु पथ्यविहीनस्य भेषजानां शतैरपि॥

अर्थात् केवल पथ्य का पालन करने से ही औषधि का उपयोग किए बिना रोग दूर किया जा सकता है, लेकिन पथ्य का पालन न किया जाए, तो अनेक प्रकार की औषधियों का सेवन करने पर भी रोग दूर न होगा।

इलाज से परहेज बेहतर

उल्लेखनीय है कि आयुर्वेद चिकित्सा पद्धति ही एकमात्र ऐसा चिकित्सा विज्ञान है, जो औषधीय चिकित्सा से भी अधिक महत्त्व पथ्य और अपथ्य के पालन को देता है, इलाज से ज्यादा परहेज पर जोर देता है। जो आहार या द्रव्य शारीरिक स्रोतों को हानि या दुख पहुंचाने वाला न हो और मन को प्रिय हो, अर्थात् तन और मन दोनों के लिए हितकर हो, उसे 'पथ्य' कहते हैं और जो आहार या द्रव्य तन या मन को हानि या दुःख पहुंचाने वाले होते हैं, उन्हें 'अपथ्य' कहते हैं।

क्या पथ्य है और क्या अपथ्य

किसी पदार्थ का पथ्य या अपथ्य होना मात्र, काल (समय), कार्य पद्धति, स्थान, शरीर की स्थिति और दोषों की स्थिति पर निर्भर होता है। अनुकूल स्थितियों में सेवन किया गया पदार्थ पथ्य और इसके विपरीत स्थिति में सेवन किया गया पदार्थ अपथ्य सिद्ध होता है। जैसे—

प्राणाः प्राणाभृतामन्नं तदयुक्त्या हिनस्तयसून।

अर्थात् अन्न सभी प्राणियों के लिए पथ्य है, लेकिन गलत मात्रा में, गलत समय पर, गलत पद्धति से, गलत जगह पर, शरीर के रोगी होने पर या किसी दोष के कुपित होने पर सेवन किया गया अन्न विषाक्त होकर अपथ्य सिद्ध हो सकता है।

जहर प्राणघातक होने के कारण खाने योग्य नहीं होता, इसलिए अपथ्य माना जाता है लेकिन—

विषं प्राणहरं तच्च युक्तियुक्तं रसायनम्।

अर्थात् यदि जहर को भी उचित मात्रा, काल आदि के अनुसार सेवन किया जाए, तो वह रसायन तुल्य उपयोगी सिद्ध हो सकता है। इसलिए चरक

संहिता में लिखा है कि सभी आहार द्रव्यों के गुण, स्वभाव और हित-अहितकारी प्रभाव का ज्ञान कर उचित मात्रा के अनुसार ही इनका प्रयोग करना चाहिए। इससे चिकित्सा कर्म सफल होता है।

पथ्य-अपथ्य के प्रति सचेत रहें

महाभारत में लिखा है जो पथ्यकर भोजन छोड़कर परिणाम का विचार न करके लालच में अपथ्यकर भोजन सेवन करता है, उसका जीवन उसी भोजन से असमय समाप्त हो जाता है। अत: हमे पथ्य-अपथ्य का महत्त्व समझना चाहिए और इस संबंध में लापरवाही नहीं करनी चाहिए, हंसी में नहीं टालना चाहिए।

30. प्राकृतिक वेगों को रोकने से शरीर को कोई हानि नहीं होती?

प्राकृतिक वेग रोकना अति हानिकारक

हमारे शरीर में विभिन्न प्रक्रियाओं के दौरान या बाद में तरह-तरह के व्यर्थ के अंश मल, मूत्र आदि पैदा होते हैं। इन्हें शरीर से बाहर निकालने के लिए वेग निर्मित होते हैं। इन वेगों की अनुभूति होते ही हमें इनका तत्काल विसर्जन कर देना चाहिए, ताकि शरीर स्वस्थ और निर्विकार बना रहे, लेकिन अनेक लोग अपने मल, मूत्र, अपानवायु आदि के वेगों को लज्जा या आलस्यवश रोके रहते हैं। ऐसा करना स्वास्थ्य के लिए बहुत हानिकारक है।

शारीरिक वेगों को रोकने से हानियां

किस-किस वेग को रोकने से क्या-क्या हानियां हो सकती हैं, इसकी विस्तृत जानकारी यहां बताई जा रही है—

- अपानवायु, कंदेर रुकने पीड़ा से आंखों में अंधेरा, रिपेशन, कूल्हाभ्राश्रमले भूख कटी आना, शारीरिक वेदना, हृदय पर दुष्प्रभाव, दृष्टि विकृति, भूख न लगना आदि कष्ट हो सकते हैं।

- मल का वेग रोकने से सिर और पक्वाशय में दर्द होना, पिंडलियों में दर्द, ऐंठन, प्रतिश्याय, वायु व मल का रुकना आदि विकार पैदा होते हैं।
- मूत्र के वेग को रोकने से शरीर में टूटन की सी पीड़ा, शिश्न व मूत्राशय में दर्द की अनुभूति, मूत्रमार्ग में वेदना, पथरी, पेट के निचले भाग में शोथ और पीड़ा होना, पेशाब में रुकावट आदि कष्ट होते हैं।
- छींक का वेग रोकने से—सिर में भारीपन, दर्द, आधा सीसी का दर्द, इंद्रियों में दुर्बलता, चेहरे का पक्षाघात तथा शरीर में अकड़न पैदा हो सकती है।
- वीर्य के वेग को रोकने से—पौरुष ग्रंथि, शुक्राशय, शुक्र प्रणाली व अंडकोश में पीड़ा होना, इंद्रिय में जलन के साथ दर्द की अनुभूति, अंडकोश में सूजन, पेशाब रुक-रुक कर उतरना, शरीर टूटने की सी अनुभूति, अंगड़ाइयां, पथरी और नपुंसकता जैसी तकलीफें हो सकती हैं।
- नींद के वेग को रोकने से आंखों में भारीपन, जंभाई आना, आलस्य, शरीर टूटने की सी वेदना, तंद्रा, आंखों में जलन, सिर का भारी होना व दर्द अधिकतर हो सकते हैं।
- प्यास का वेग रोकने से चक्कर आना, मुंह और कंठ सूखना, उत्साह कम होकर कमजोरी महसूस होना, थकावट, भ्रम, अवसाद, हृदय रोग की उत्पत्ति होती है।
- डकार को रोकने से छाती में जकड़न, हिचकी, भोजन में अरुचि, पेट में गैस, शरीर में कंपन, हृदय में भारीपन आदि कष्ट हो सकते हैं।
- खांसी या श्वास का वेग रोकने से इसमें और भी बढ़ोतरी हो जाती है। हृदय पीड़ा, घबराहट तथा श्वास रोग की आशंका बढ़ जाती है।
- उलटी को रोकने से शीतपित्त, कंडू, सूजन, जी घबराना, मिचलाहट, हिचकी, खांसी, श्वास, नेत्र रोग, विसर्प जैसी बीमारियां हो सकती हैं।
- आंसुओं का वेग रोकने से नेत्र, सिर और हृदय में पीड़ा, जुकाम, भोजन में अरुचि, भ्रम, शरीर में भारीपन आदि परेशानियां हो सकती हैं।
- भूख को रोकने से शरीर का कमजोर होना, दुबलापन, चक्कर आना, रक्त की कमी, लीवर की खराबी, शरीर टूटना, अरुचि, अवसाद, भ्रम आदि विकार पैदा होते हैं।

- जंभाई को रोकने से अंगों में सिकुड़न, आक्षेप, हाथ-पैरों में कंपन, शरीर का झुकना, भारीपन आदि कष्ट हो सकते हैं। अत: प्राकृतिक वेगों को न रोकें।

31. मोबाइल फोन का इस्तेमाल करने से कोई नुकसान नहीं होता?

इसमें कोई संदेह नहीं कि मोबाइल फोन के बढ़ते चलन से इसके उपयोगकर्ताओं को अनेक प्रकार की सुविधाएं उपलब्ध हुई हैं, लेकिन इसके साथ-साथ स्वास्थ्य को होने वाले खतरों की भी जानकारी प्रकाश में आई है। मोबाइल फोन से निकलने वाली सूक्ष्म तरंगों (माइक्रोवेव्स) के दुष्परिणामों से ब्रेन ट्यूमर और याददाश्त की कमी आदि नुकसान हो सकते हैं।

आत्मविश्वास की कमी

इटली के शोधकर्ताओं के मतानुसार काफी समय से मोबाइल का उपयोग करते रहे पुरुषों को यदि कुछ दिनों तक मोबाइल फोन के बिना रहने के लिए मजबूर किया जाए, तो इससे उनके भीतर सेक्स संबंधी समस्याएं पैदा हो सकती हैं। संभव है कि यह समस्या बढ़कर उनमें नपुंसकता का कारण भी बन जाए।

मोबाइल उत्पादक कंपनी कोडाकोन द्वारा किए गए एक अध्ययन से ज्ञात हुआ है कि 10 में से 7 लोगों का कहना है कि वे मोबाइल के बिना नहीं रह सकते और इसके न होने के कारण वे काफी परेशानी का अनुभव कर रहे हैं। कुछ का कहना था कि वे बिना मोबाइल के अपने में आत्मविश्वास की कमी महसूस कर रहे हैं। उनमें आत्मविश्वास की इतनी कमी आ गई है कि वे अब अपने जीवन साथी के साथ खुलकर सेक्स संबंध भी नहीं कर पा रहे हैं। उनकी सेक्स के प्रति दिलचस्पी कम हो गई है। इसके अलावा भूख न लगने और तनाव बने रहने की शिकायतें भी पाई गई हैं।

कोशिकाओं को उत्तेजित करता है मोबाइल

सिडनी के सेंट विंसेंट हॉस्पिटल के द सेंटर फॉर इम्यूनोलॉजी में शोधकर्ता मोबाइल फोन के उपयोग से दिमाग पर पड़ने वाले प्रभावों का अध्ययन कर रहे हैं। उन्होंने मोबाइल फोन द्वारा उत्सर्जित विद्युत चुंबकीय विकिरणों से पड़ने वाले प्रभावों को जानने के लिए मानव मस्तिष्क की कोशिकाओं का अध्ययन किया और प्राथमिक परिणामों में पाया कि मोबाइल फोन, दिमाग की कोशिकाओं को प्रभावित करता है। प्रोजेक्ट के मुख्य शोधकर्ता डॉ. पीटर फ्रेंच का कहना है कि मोबाइल फोन के कम उपयोग से कोई हानि नहीं होती।

मोबाइल का हीटिंग इफेक्ट

हांगकांग यूनिवर्सिटी के खोजकर्ता और मनोवैज्ञानिक टाटिया ली ने 72 युवकों पर किए एक टेस्ट में पाया कि लोकल हीटिंग इफेक्ट के कारण मोबाइल फोन का उपयोग करते समय कान के पास एक गर्मी सी महसूस होने लगती है, जो दिमाग की कोशिकाओं को सक्रिय करती है। अमेरिका का नेशनल कैंसर इंस्टीट्यूट इस बात की सच्चाई जानने के लिए रिसर्च कर रहा है कि मोबाइल फोन के इस्तेमाल करते रहने से कान के करीब मस्तिष्क के हिस्से में कैंसर की गांठें तो नहीं पनपतीं। वैसे मोबाइल फोन का अधिक इस्तेमाल करते रहने से स्वास्थ्य को क्या-क्या नुकसान हो सकते हैं, इस पर अभी और अधिक शोध होने की जरूरत है। तभी निश्चित रूप से कहा जा सकता है कि मोबाइल फोन स्वास्थ्य के लिए हानिकारक होते हैं या नहीं।

32. प्रार्थना करने से मन को शांति मिलती है और कोई लाभ नहीं होता?

भूख अन्न-जल से मिटती है और इसी से शरीर को शक्ति मिलती है। उसी प्रकार अपनी अंतरात्मा की भूख को मिटाने के लिए मनुष्य प्रार्थना करता है। प्रार्थना का संबंध बुद्धि से नहीं, विज्ञान से नहीं—श्रद्धा, विश्वास और समर्पण से है। प्रार्थना के लिए जरूरी है तन्मयता, एकाग्रता और लगन।

ईश्वर का जो नाम आपको प्यारा हो, उसी का नाम लो। उसमें कोई हर्ज नहीं। केवल जरूरत है चित्त को शुद्ध करने की और एकाग्र होकर पुकारने की। चित्त को शुद्ध करने का ही एक साधन है—प्रार्थना। एकाग्रचित्त से की गई प्रार्थना से चित्त शुद्ध होता है, मनोविकार धुल जाते हैं, अनेक रोग दूर हो जाते हैं और मन को शांति मिलती है। प्रार्थना का अद्भुत चमत्कारी ढंग से प्रभाव पड़ता है और उसमें अनन्त शक्ति होती है, यह प्रमाणित करने वाली घटनाओं से हमारे ग्रंथ भरे पड़े हैं।

वैज्ञानिक अध्ययनों से भी यह सिद्ध हो चुका है कि प्रार्थना का स्वास्थ्य पर चमत्कारिक प्रभाव होता है। पश्चिमी देशों में प्रार्थना से स्वास्थ्य लाभ विषय पर अनेक रिसर्च और अध्ययन हो रहे हैं। ड्यूक यूनिवर्सिटी सेंटर के निदेशक डॉ. हेराल्ड डी. कोइंग के मतानुसार अध्यात्म मानवता का एक हिस्सा है और यह मनोवैज्ञानिक ढंग से काम करता है। इसलिए हमारे स्वास्थ्य पर भी इसका अप्रत्यक्ष रूप से प्रभाव पड़ता है। उनके अध्ययन से ज्ञात हुआ है कि जो लोग धार्मिक भावनाओं वाले हैं, उनको बीमारी की अवस्था में अन्य लोगों की अपेक्षाकृत 70 फीसदी ज्यादा तेजी से स्वास्थ्य लाभ होता है। धार्मिक भावनाओं को विश्वासपूर्वक मानने वालों का इम्यून सिस्टम इन्हें न मानने वालों की अपेक्षा अधिक मजबूत होता है।

दुनिया भर के डॉक्टर अब मानने लगे हैं कि ईश्वर में विश्वास रखने वाले अपेक्षाकृत अधिक स्वस्थ होते हैं। बीमार होने पर उन्हें जल्द ही स्वास्थ्य लाभ मिल जाता है। वाशिंगटन की जार्जटाउन युनिवर्सिटी में स्कूल ऑफ मेडिसिन के प्रोफेसर डॉ. डेल. ए. मैथ्यूज ने अपनी पुस्तक में लिखा है कि जिनके अंदर अटूट धार्मिक आस्था होती है और जो ईश्वर में हमेशा विश्वास रखते हैं, उनका ब्लड प्रेशर तथा नाड़ी की गति सही रहती है। उन्हें भरपूर ऑक्सीजन मिलती है। उनकी मानसिक तरंगों की गति स्वाभाविक होती है, दिमाग ठंडा व शांत रहता है और उनका इम्यून सिस्टम भी शक्तिशाली होता है।

सैनफ्रांसिस्को जनरल हॉस्पिटल के कार्डियक केयर यूनिट में 393 मरीजों पर किए गए अध्ययन से पता चला है कि जो मरीज ईश्वर की प्रार्थना करते हैं, उन्हें प्रार्थना न करने वालों की अपेक्षा 5 गुना कम

एंटीबायोटिक दवाओं तथा 6 गुना कम कृत्रिम श्वास की जरूरत पड़ती है। लेबनान एन.एच. के डार्थ माउथ, हिचकॉक मेडिकल सेंटर में हार्ट सर्जरी करा चुके 232 मरीजों पर किए गए एक अध्ययन से ज्ञात हुआ है कि ईश्वर में विश्वास रखने वालों में जिंदा रहने की इच्छा-शक्ति, ईश्वर में आस्था न रखने वालों की अपेक्षा तीन गुना अधिक होती है। इसके अलावा ईश्वर में विश्वास से शांति भी मिलती है और तनाव व चिंता अपने आप ही कम हो जाती है।

बाल्टीमोट की जॉन्स हॉपकिंस युनिवर्सिटी में किए गए एक सर्वेक्षण से ज्ञात हुआ है कि सप्ताह में एक दिन चर्च जाने वालों में हृदय की बीमारियां, इंफिसीमा, आत्महत्या, सिरोसिस ऑफ लिवर की दर चर्च न जाने वालों की तुलना में 50 से 74 प्रतिशत तक कम होती है। उल्लेखनीय है कि धार्मिकता के जबरदस्त असर से व्यक्ति बुरी आदतों जैसे मदिरापान, धूम्रपान, नशीली चीजें सेवन करना और दवाओं से दूर रहना ही पसंद करते हैं। इससे भी उनको स्वास्थ्य लाभ मिलता है।

33. एल्युमिनियम के बर्तनों में चाय, भोजन बनाना नुकसानदायक नहीं?

ग़लतफ़हमी का आधार

ज्यादातर घरों में चाय बनाने के लिए और भोजन पकाने के लिए एल्युमिनियम के बर्तनों का ही इस्तेमाल किया जाता है, क्योंकि ये जंगरहित, सस्ते, हल्के, जल्दी गर्म होने वाले तथा रीसेल वैल्यू लिए होते हैं। ये बर्तन जल्द ही साफ भी हो जाते हैं और इनके रख-रखाव पर बहुत कम खर्च होता है।

वास्तविकता

विभिन्न खोजों, अध्ययनों से पता चला है कि यह धातु मानव स्वास्थ्य के लिए बहुत नुकसानदेह है। खाद्य पदार्थों में इस धातु के अंश घुलकर अनेक रोगों और विकृतियों को जन्म देते हैं।

उल्लेखनीय है कि एल्युमिनियम धातु हवा में उपस्थित ऑक्सीजन से संयोग कर एल्युमिनियम ऑक्साइड बनाती है, जिसकी पतली परत बर्तन की सतह पर जमा होती रहती है। इसका सफेद रंग होने के कारण यह आसानी से दिखाई नहीं देती। जब इन बर्तनों में क्षारीय, अम्लीय या खट्टे, लवणयुक्त आदि खाद्य पदार्थ रखे जाते हैं, तो उनकी प्रतिक्रिया स्वरूप यह धातु अंश भोजन के साथ हमारे शरीर में पहुंच जाते हैं। इसका 10 से 15 प्रतिशत अंश शरीर में जमा होकर शेष उत्सर्जन क्रियाओं के माध्यम से निकल जाता है। जब शरीर में एल्युमिनियम धातु की अधिक मात्रा इकट्ठी हो जाती है, तो अनेक रोग उत्पन्न होने लगते हैं।

अनेक रोगों का कारण हैं एल्युमिनियम के बर्तन

ब्रिटिश मेडिकल जर्नल में प्रकाशित डॉ. प्रिटचर्ड के शोध के अनुसार एल्युमिनियम के बर्तन में तैयार किए गए सूप को बच्चों को पिलाने से उन्हें दस्त की शिकायत हो गई। उन्हीं बच्चों को स्टेनलेस स्टील के बर्तन में तैयार किया सूप दिया गया, तो उनकी दस्त की शिकायत दूर हो गई।

लंदन से प्रकाशित होने वाली पत्रिका 'होम्योपैथिक वर्ल्ड' के प्रधान संपादक डॉ. जे.एस. क्लार्क के द्वारा किए गए विभिन्न परीक्षणों और प्रयोगों से ज्ञात हुआ है कि एल्युमिनियम के बर्तनों में पकाए भोजन को खाने से पाचन शक्ति बिगड़ जाती है।

आम तौर पर एल्युमिनियम धातु के अंश हमारे शरीर में मस्तिष्क, जिगर, अस्थिमज्जा, गुर्दा, पेराथायराइड ग्रंथि में जमा होते हैं। सामान्य रूप से हमारे गुर्दे इस धातु को छानकर शरीर से बाहर निकालने में मदद करते हैं, लेकिन जिनको गुर्दों की बीमारियां होती हैं, उन्हें अधिक कष्ट होता है। इस धातु से हृदय की कोशिकाएं भी नष्ट हो सकती हैं। हृदय की मांसपेशियों पर जमे एल्यूमिनियम के अंश हृदय रोगों को जन्म देते हैं। इसके अलावा खून की कमी, पेट की तकलीफें, खुजली, त्वचा के रोग, दस्त, अल्सर, बवासीर तथा सोचने, समझने व निर्णय लेने की शक्ति का कमजोर होना जैसी तकलीफें पैदा हो सकती हैं। अत: एल्यूमिनियम के बर्तनों में चाय, भोजन सामग्री बनाने और क्षारीय, अम्लीय या खट्टे, लवणयुक्त आदि खाद्य पदार्थ रखने से बचें।

34. *उपवास करने से कमजोरी आती है?*

शरीरिक और मानसिक रूप से स्वास्थ्य लाभ अर्जित करने के लिए भारतीय संस्कृति में उपवास को धर्म व अध्यात्म से जोड़ दिया गया है, ताकि लोग-बाग आस्था भाव से इसे करें। पौराणिक काल से ही पुरुषों की अपेक्षा भारतीय नारियां अधिक श्रद्धा भाव से व्रत और उपवास रखती हैं। भारतीय ऋषि, महर्षि उपवास के द्वारा ही शरीर, मन एवं आत्मा की शुद्धि करते हुए अलौकिक शक्ति प्राप्त करते थे, जिसका उल्लेख पुराणों में भी मिलता है।

महर्षि चरक ने उपवास को लंघन का एक प्रकार माना है, उनके मतानुसार—

चतुषप्रकारा संशुद्धिः पिपासा मारुतातपौ।
पाचनानि उपवासश्च व्यायामश्चेति लंघनम्॥

अर्थात् नेत्र, कोष्ठ, प्रतिश्याय, ज्वर आदि की अवस्थाओं में आहार का पूर्ण परित्याग करके उपवास करने से शीघ्र आशातीत लाभ मिलता है।

अच्छे स्वास्थ्य के लिए उपवास जरूरी

अमेरिका के प्रसिद्ध चिकित्सक प्युरिंगटन के मतानुसार यदि आप मानसिक और शारीरिक स्वास्थ्य, यौवन, जीवन का आनंद तथा शक्ति चाहते हैं, तो उपवास कीजिए और केवल जल पीजिए।

उपवास से कमजोरी नहीं, शक्ति मिलती है

यह सोचना गलत है कि उपवास करने से कमजोरी आती है। हां, उपवास के आरंभ में कुछ शारीरिक शिथिलता या कमजोरी का अनुभव होना स्वाभाविक होता है, लेकिन बाद में शरीर में नवीन ऊर्जा का आभास होता है। ईश्वर की आराधना के साथ उपवास करने से नैसर्गिक शक्ति प्राप्त होती है। व्रत और उपवास के द्वारा मनुष्य अनेकानेक रोगों से भी सहज ही छुटकारा पा लेता है। शरीर में जमा हुए हानिप्रद तत्व जो पसीने और मल, मूत्रादि के द्वारा बाहर नहीं निकल पाते, उपवास से उनका भी शुद्धीकरण हो जाता है। दूषित मनोभाव व वासनाएं शांत होती हैं। इस प्रकार उपवास तन और मन को स्वच्छ और स्वस्थ रखने का उत्तम साधन है।

उपवास से तन और मन दोनों को लाभ मिलता है

उपवास से शरीर के विकार दूर होकर नयी उर्जा का संचार होता है, सहनशक्ति बढ़ती है, काम में रुचि बढ़ती है, रोग प्रतिरोधक क्षमता बढ़ जाती है। शरीर में संचित ऊर्जा के काम में आ जाने से मोटापा कम होता है, रुग्ण अवयवों को पर्याप्त ऑक्सीजन मिलती है, हीमोग्लोबिन व लाल रक्त कणिकाओं में 50 से 80 प्रतिशत वृद्धि होती है। पौष्टिक तत्वों के अवशोषण की क्षमता बढ़ जाती है। उच्च व निम्न रक्तचाप, जोड़ों के दर्द, गुर्दे की सूजन, यकृत रोग, दमा, सर्दी-जुकाम, खांसी, मानसिक रोगों में भी उपवास करने से स्वास्थ्य को लाभ मिलता है।

उपवास कब हानिकारक है

गर्भावस्था में, अत्यंत दुर्बलता की अवस्था, क्षय रोग, अल्सर की तकलीफ व हृदय रोगों में उपवास नहीं करना चाहिए, क्योंकि इससे हानिकारक प्रभाव उत्पन्न हो सकते हैं।

35. *अविवाहित की अपेक्षा विवाहित स्त्री-पुरुष कम स्वस्थ रहते हैं और कम आयु पाते हैं?*

हंसी-मजाक में कहा जाता है कि Have a wife, for a Long Life. यानी लंबी आयु के लिए पत्नी को साथ रखिए। सुकरात का कहना था कि शादी अवश्य करनी चाहिए। यदि अच्छी पत्नी मिली, तो सुखी हो जाओगे और यदि खराब मिली, तो तत्वज्ञानी (फिलासफर) बन जाओगे। दोनों में से कोई स्थिति कम महत्त्वपूर्ण नहीं है।

विवाहित अधिक सुखी रहते हैं

विभिन्न अध्ययनों से यह निष्कर्ष निकला है कि अविवाहित और तलाक़शुदा व्यक्ति के मुकाबले विवाहित व्यक्ति अधिक स्वस्थ और दीर्घायु होता है। उसका स्वभाव खुशमिजाज, अधिक धीर और गंभीर होता है। यहां तक कि विवाहित स्त्री भी अविवाहित स्त्री से अधिक सुंदर लगती है।

विवाहित स्त्रियों का स्नायुमंडल अधिक जागृत और मजबूत होता है। उनकी उम्र अविवाहित स्त्रियों से ज्यादा होती है और वे हिस्टीरिया आदि बीमारियों से मुक्त होती हैं। बीमा कंपनी के आंकड़ों से यह बात भी प्रकाश में आई है कि विवाहित स्त्रियां अपेक्षाकृत अधिक जीवित रहती हैं।

ब्रिटेन की वारविक यूनिवर्सिटी के शोधकर्ताओं ने व्यक्ति पर शादी से पड़ने वाले प्रभावों का 20 वर्ष तक अध्ययन कर निष्कर्ष निकाला है कि शादी न सिर्फ व्यक्ति की उम्र बढ़ाती है, बल्कि यह व्यक्ति को सुखी और संपन्न भी बनाती है। यूनिवर्सिटी के प्रो. ओस्वाल्ड और उनके साथियों ने इस अनुसंधान के लिए 20 हजार व्यक्तियों का परीक्षण किया और पाया कि अविवाहितों की तुलना में शादीशुदा व्यक्ति औसतन तीन साल ज्यादा जीवित रहते हैं। शादी के बाद उनकी लाइफस्टाइल में खुशगवार परिवर्तन होते हैं। शादीशुदा व्यक्तियों में तनाव का स्तर अविवाहित की तुलना में कम होता है। इससे उसका मानसिक और शारीरिक स्वास्थ्य बेहतर बनता है। परिणामस्वरूप विवाहित व्यक्ति अविवाहित व्यक्तियों की तुलना में प्रसन्न रहता है और लंबा जीवन जीता है।

प्रो. ओस्वाल्ड का यह भी कहना है कि शादी के बाद व्यक्ति के पारिवारिक और सामाजिक जीवन में महत्त्वपूर्ण बदलाव आते हैं। व्यक्ति शराब का सेवन कम करता है और नुकसानदायक खाद्य पदार्थों का उपयोग भी कम करता है। पति और पत्नी एक दूसरे का दुख बांटते हैं और खुशियां देने का प्रयास करते हैं, जिसके कारण तनाव में कमी आती है।

अकेलेपन और तनाव से पीड़ित होते हैं अविवाहित

अमेरिका में किए गए एक सर्वेक्षण के अनुसार 20 से 45 वर्ष तक की आयु के व्यक्तियों में मरने वालों में अविवाहितों की अपेक्षा विवाहितों की संख्या आधी से भी कम होती है। इसका कारण विवाहितों पर अविवाहितों की अपेक्षा मानसिक रोगों का कम असर पड़ना बताया गया है। अविवाहितों की जीवनशैली विवाहित पुरुषों की जीवनशैली की तुलना में अस्वास्थ्यकर होती है। अकेलापन उनके स्वास्थ्य को मानसिक और शारीरिक दोनों तरह की हानि पहुंचाता है। एकाकीपन से वे अवसादपूर्ण (डिप्रेस्ड) तथा घुटनभरा जीवन जीने लगते हैं। ऐसे व्यक्ति ज्यादा मात्रा में सिगरेट, शराब पीने लगते हैं और दिनचर्या अनियमित कर लेने के कारण शीघ्र ही मौत के मुंह में चले जाते हैं।

अविवाहित व्यक्ति को अपने जीवन की अनेक समस्याओं से उत्पन्न दुख-दर्द अकेले ही सहने पड़ते हैं, जिससे उसका मानसिक तनाव बढ़ जाता है। बीमार होने पर उसकी देखभाल करने वाला कोई नहीं होता। नींद न आने की बीमारी अविवाहितों को अधिक होती है। संभोग के परिणामस्वरूप विवाहितों को 6 से 8 घंटे की अच्छी नींद आती है और वे सुबह अपने को तरोताजा महसूस करते हैं। अविवाहितों में आत्महत्या करने का खतरा विवाहितों की तुलना में दो गुना से भी ज्यादा होता है। इन सबके अलावा जीवन-साथी की सपोर्ट मिलने से उसका ब्लड प्रेशर भी नियंत्रण में रहता है। अतः विवाह कर स्वस्थ रहें और सुखमय जीवन जिएं।

36. गरमा-गरम चाय, सूप, कॉफी पीना लाभदायक होता है?

हममें से अनेक लोग ऐसे होंगे, जिन्हें रोजमर्रा की जिंदगी में एकदम गरमा-गरम चाय, कॉफी, सूप या अन्य कोई पेय पीने की आदत होती है। माना कि गरमा-गरम चीजें खाने या पीने में स्वादिष्ठ लगती हैं, लेकिन यदि उन्हें यह मालूम हो जाए कि ऐसी आदत बनाए रखने में कैंसर रोग होने की पूर्ण आशंका रहती है, तो शायद वे भविष्य में इस बुरी आदत को ही छोड़ दें।

गरम खाने से नुकसान की आशंका

इंटरनेशनल जर्नल ऑफ कैंसर में प्रकाशित एक रिपोर्ट के अनुसार जो लोग एकदम गरमा-गरम तरल पदार्थ पीने या चुसकियां लेने के आदी हैं, उन्हें भोजन नली का कैंसर होने की संभावना चार गुना ज्यादा होती है, अपेक्षाकृत उन लोगों के जो ज्यादा गरम पेय पदार्थों का सेवन नहीं करते। इसके साथ-साथ जिन्हें शराब और सिगरेट पीने की भी आदत होती है और भर पेट चिकनाई वाला भोजन भी सेवन करते हैं, उन्हें इस प्रकार के कैंसर होने का खतरा सबसे ज्यादा होता है।

जो लोग भोजन में फलों और सब्जियों का नियमित रूप से तथा

ज्यादा इस्तेमाल करते हैं, उनके इस रोग से पीड़ित होने का खतरा बहुत ही कम होता है। अतः एकदम गरमा-गरम चीजें खाने-पीने से बचें और थोड़ा सब्र करके ही इनका सेवन करें।

37. भोजन करते समय टी.वी. देखना नुकसानदायक नहीं होता ?

बास्टन के टफ्टस विश्वविद्यालय के शोधकर्ताओं का कहना है कि भोजन करते समय टी.वी. देखने वाले बच्चे फलों और सब्जियों का सेवन कम करते हैं। ऐसे बच्चे चिप्स, पीजा, नूडल्स, कोक और सोडा ज्यादा पसंद करते हैं। कारण यह है कि टी.वी. पर फलों और सब्जियों के विज्ञापन नहीं दिखाए जाते हैं, जबकि चिप्स, पीजा, नूडल्स, कोक आदि के विज्ञापन हर चैनल पर खूब दिखाई देते हैं। विज्ञापनों के आकर्षण के कारण भूख की तीव्रता के समय बच्चे भी ऐसे ही 'जंक फूड्स' का इस्तेमाल अधिक करने लगते हैं और पौष्टिक आहार जैसे मौसमी फल और सब्जियों से दूर ही रहते हैं।

अधिक भोजन कर लेते हैं बच्चे

उल्लेखनीय है कि शोधकर्ताओं ने चौथी, पांचवीं और छठी कक्षा के छात्रों का अध्ययन किया और पाया कि 45 प्रतिशत बच्चे भोजन करते समय टी.वी. देखते हैं। वे टी.वी. देखने में इतने मग्न हो जाते हैं कि अपने भोजन पर बिल्कुल ध्यान नहीं देते और खाना भी ज्यादा खा लेते हैं, जो हानिकारक हो सकता है तथा मोटापे का कारण भी बन सकता है।

हिंसक दृश्यों से अपच हो सकती है

दिल्ली के जाने-माने चिकित्सक डॉ. दीपक चोपड़ा का कहना है कि रात का भोजन करते समय यदि कोई हिंसा प्रधान फिल्म देखी जाए, तो उससे अपच की शिकायत हो सकती है। हमारे प्राचीन ग्रंथों में स्पष्ट निर्देश दिए गए हैं कि भोजन के समय कोई अप्रिय बात न की जाए, लेकिन आधुनिक रहन-सहन में टी.वी. देखते समय भोजन करना सामान्य बात हो गई है।

अनेक रोग हो सकते हैं टी.वी. देखते समय भोजन करने से

डायबिटिक सेल्फ केयर फाउंडेशन, दिल्ली के अध्यक्ष डॉ. एम.सी. श्रीवास्तव के मतानुसार जो लोग टेलीविजन देखने के दौरान कोई न कोई फास्ट फूड खाते रहते हैं, वे मोटापे के अलावा मधुमेह, कैंसर, हृदय रोग जैसी बीमारियों से ग्रस्त हो सकते हैं। उल्लेखनीय है कि फास्ट फूड में चिकनाई की मात्रा बहुत अधिक होती है। इस कारण इनमें अधिक कैलोरी होती है, लेकिन पौष्टिकता अधिक नहीं होती। आधुनिक जीवन में शारीरिक श्रम की कमी होने के कारण इतनी कैलोरी खर्च नहीं हो पाती है और मोटापा बढ़ता जाता है। फास्ट फूड को संरक्षित रखने के लिए इनमें कुछ रसायन भी मिलाए जाते हैं, जो कैंसर, मधुमेह और हृदय रोगों को पैदा कर सकते हैं। अतः भोजन करते समय टी.वी. बंद कर देना चाहिए और पूरी तरह शांत चित्त होकर भोजन करना चाहिए।

38. चॉकलेट का सेवन हानिकारक होता है?

ग़लतफ़हमी का आधार

नियमित रूप से अधिक मात्रा में चॉकलेट खाने से मोटापा बढ़ता है, दांत खराब होकर उनमें कीड़े लग जाते हैं, खून में वसा की मात्रा बढ़ जाती है, शर्करा की मात्रा अधिक हो जाने से मधुमेह, मोतियाबिंद और हृदय रोगों का जन्म हो सकता है।

वास्तविकता

इसका मतलब यह नहीं कि चॉकलेट का सेवन केवल हानिकारक ही होता है। कभी-कभार थोड़ी मात्रा में इसका सेवन करना लाभदायक भी पाया गया है। बस इसे खाने के बाद पानी से कुल्ला कर लें या ब्रश से दांतों की सफाई करने का ध्यान रखें।

तुरंत स्फूर्ति देती है चॉकलेट

कहा जाता है कि नेपोलियन अभियान पर जाते समय हमेशा अपने पास

चॉकलेट रखता था, क्योंकि उसे चॉकलेट के तत्काल स्फूर्ति देने वाले गुणों में बहुत विश्वास था। चॉकलेट खाने के शौकीन लोगों का कहना है कि इसके खाने से उन्हें तुरंत ताकत और स्फूर्ति मिलती है। चॉकलेट चीनी, दूध, मक्खन, एंफेटामाइन, कोको आदि पदार्थ विशेष अनुपात में मिलाकर बनाया जाता है। अतः इससे हमारे शरीर को कार्बोहाइड्रेट, चर्बी, प्रोटीन, कैल्शियम, आयरन, थायमिन, राइबोफ्लेमिन तथा विटामिंस मिलते हैं। कोको और मक्खन की मौजूदगी से चॉकलेट मुंह में जाते ही पिघलने लगती है और अपना एक खास स्वाद पैदा करती है।

डिप्रेशन दूर करती है चॉकलेट

कैलिफोर्निया विश्वविद्यालय की डेनीलपियोमेली का अनुमान है कि लोग चॉकलेट खाकर स्वयं को अवसाद (डिप्रेशन) से छुटकारा दिलाते हैं। संभवतः इसी कारण महिलाओं में उनके मासिक धर्म शुरू होने से पहले चॉकलेट खाने की प्रवृत्ति अधिक बढ़ जाती है। चॉकलेट में मिला फिनीलिथिलेमाइन नामक उत्प्रेरक हार्मोन महिलाओं को ऐसा एहसास दिलाता है, मानो वे किसी व्यक्ति के प्रेम में हों। उल्लेखनीय है कि फिनीलिथिलेमाइन मनुष्य के मस्तिष्क में आनंद की चरम अवस्था में उत्पन्न होता है।

प्रतिरोधी शक्ति भी बढ़ाती है चॉकलेट

शोधकर्ताओं के अनुसार थकने पर चॉकलेट की एक अच्छी खुराक लेने से शारीरिक और मानसिक थकान दूर होकर भावनात्मक आनंद की अनुभूति होती है, जो हमारे शरीर के प्रतिरोधी तंत्र की दक्षता में वृद्धि करती है। इसका प्रभाव चॉकलेट खाने के कई घंटे बाद तक भी बना रहता है। अतः थकावट और ऊर्जा की कमी के कारण काम न कर पाने की स्थिति के लिए चॉकलेट आदर्श इलाज है।

चाय से अधिक लाभकारी है चॉकलेट

हालैंड के नेशनल इंस्टीट्यूट ऑफ पब्लिक हेल्थ एंड इनवायरमेंट ने अपने शोध में बताया है कि चॉकलेट स्वास्थ्य के लिए चाय या दूसरे गर्म पेयों से ज्यादा फायदेमंद है, क्योंकि इसमें वे केमिकल्स अधिक मौजूद होते हैं, जो कैंसर और दिल की बीमारियों से हमें बचाते हैं। उल्लेखनीय है कि चॉकलेट में चाय से चार गुना अधिक मात्रा में केटेचिंस पाया जाता है, जो कैंसर और दिल के रोगों को रोकता है।

दिल के रोगों से भी बचाती है चॉकलेट

खोजकर्ताओं ने पल भर में मुंह में मिठास घोल देने वाली चॉकलेटों में इतने तत्व पाए हैं कि वे इसे 'वर्ल्ड का नंबर वन कॅम्फर्ट फूड' करार दे रहे हैं। आहार विशेषज्ञों ने चॉकलेटों में फेनोलिक एसिड नामक रसायन पाया है, जो दिल के रोगों का प्रतिरोधक है।

दंत क्षय भी रोकती है चॉकलेट

ओसाका विश्वविद्यालय के शोधकर्ताओं ने पाया कि चॉकलेट के मूल अवयव कोको फली (बीन) के कुछ तत्व मुंह के बैक्टीरिया और दंत क्षय को रोकते हैं। उन्होंने पाया कि कोको बीन का छिलका, जिसे चॉकलेट बनाते समय बहुधा फेंक दिया जाता है, मुंह में कीटाणुरोधी प्रभाव पैदा करता है और प्लाक व अन्य क्षयकारी एजेंटों से प्रभावी ढंग से लड़ सकता है।

39. *मांसाहार से शरीर में बल बढ़ता है?*

ग़लतफ़हमी का आधार

आम लोगों में यह ग़लतफ़हमी है कि मांसाहार करने से स्वास्थ्य सुधर जाता है और शरीर में बल बढ़ता है। शाकाहार से शरीर को पर्याप्त मात्रा में शक्ति नहीं मिलती, जिसकी वजह से शरीर कमजोर, दुबला-पतला और अस्वस्थ रहता है, लिहाजा मांसाहार सेवन करना बहुत उपयोगी है।

वास्तविकता

वास्तविकता तो यह है कि मांस शक्तिवर्धक आहार के रूप में लिया जाने वाला असाध्य रोगों का वह कौर है, जो शारीरिक और मानसिक स्वास्थ्य को चौपट कर देता है।

वैज्ञानिक अनुसंधानों से और विश्व भर के अनेक डॉक्टरों के अनुभवों से यह सिद्ध हो चुका है कि मांसाहारियों की तुलना में शाकाहारी अधिक स्वस्थ और दीर्घायु होते हैं। वे अधिक बलशाली और लंबे समय तक लगातार श्रम करने की क्षमता वाले होते हैं।

शाकाहारियों के कीर्तिमान

विश्व विख्यात रुस्तमे हिंद दारासिंह, भारत केसरी मास्टर चंदगीराम, प्रसिद्ध धावक सरदार मिल्खा सिंह, विख्यात पहलवान राममूर्ति, प्रसिद्ध टेनिस खिलाड़ी रामनाथन कृष्णन, फास्ट बालर रंगाचारी, ओलम्पिक खेलों में स्वर्ण पदक जीतने वाले खिलाड़ी मर्रे रोज़, बेजोड़ बल्लेबाज़ विजय मर्चेंट, तैर कर इंगलिश चैनल को पार करने वाले बिल पिकरिंग जैसे अनेक शाकाहारी व्यक्तियों के उदाहरण मौजूद हैं, जिन्होंने अपनी ताकत, क्षमता, धैर्य और स्फूर्ति के बल पर शानदार कीर्तिमान स्थापित किए हैं।

शाकाहारी जीव-जंतु अधिक शक्तिशाली होते हैं

शाकाहार पर आश्रित रहने वाले पशु जगत के प्राणी हाथी, घोड़ा, भैंसा, बैल आदि आपको भारी भरकम और बलशाली शरीर वाले देखने को मिलेंगे, जबकि मांसाहार पर निर्भर रहने वाले कुत्ता, बिल्ली, गीदड़, भेड़िया, चीता, शेर की क्षमता और प्रवृत्ति कैसी होती है, उस पर आप स्वयं गौर कर सकते हैं।

शाकाहार अधिक पौष्टिक होता है

आम धारणा यह है कि मांस और अंडे में प्रोटीन की मात्रा अधिक पाई जाती है, लेकिन वास्तविकता यह है कि प्रति 100 ग्राम मांस में 18 से 22 ग्राम तथा अंडे में 13 ग्राम प्रोटीन होता है, जबकि सोयाबीन में 43 ग्राम, मूंगफली में 26 ग्राम तथा पनीर, चने और मूंग की दाल में 24 ग्राम प्रोटीन होता है। इसी प्रकार कैलोरी का हिसाब देखा जाए, तो प्रति 100 ग्राम मांस में 114 से 193 और अंडे में 173 कैलोरी होती है, जबकि मूंगफली में 570, सोयाबीन में 432, चने में 347 और मूंग की दाल में 334 कैलोरी होती है।

अनेक रोगों की जड़ है मांसाहार

मांसाहार के नुकसानों को देखें, तो ज्ञात होगा कि इससे संक्रामक रोग तेजी से फैलते हैं, गुर्दे खराब होते हैं, शरीर में यूरिक एसिड बढ़ता है, कोलेस्ट्रोल की मात्रा बढ़ती है, जिससे हृदय रोग, उच्च रक्तचाप, हार्ट अटैक आदि का खतरा बढ़ता है, दांतों की तकलीफें बढ़ जाती हैं, भोजन विषाक्तता की घटनाएं बढ़ती हैं, बवासीर, कब्ज, कैंसर, पेचिस, अल्सर, चर्म विकार, मूत्र रोग, पथरी की शिकायत, आंतों में सड़न से रोगोत्पत्ति, तामसी प्रवृत्ति

बढ़ना, उत्तेजना में वृद्धि, कामुक विचारधारा, कुत्सित क्रियाओं में प्रवृत्त होना, झगड़ालू स्वभाव, अपराध की प्रवृत्ति बढ़ना, गुस्सा जल्दी आना तथा क्रूर स्वभाव आदि दुष्परिणाम देखने को मिलते हैं।

उपर्युक्त दुष्परिणामों को ध्यान में रखते हुए मात्र इस ख्याल से कि मांसाहार करने से शरीर में बल बढ़ता है, इसका सेवन करना उचित नहीं कहा जा सकता। शाकाहारी भोजन करके भी आप मांस और अंडे की अपेक्षा अधिक पौष्टिक पदार्थ आहार में सम्मिलित कर सकते हैं। ऐसे आहार से शरीर में ताकत आती है, उसका पूर्ण विकास होता है साथ ही साथ मन भी शांत और सात्त्विक रहता है।

40. *दिन में एक बार भरपेट भोजन करना लाभदायक होता है?*

ग़लतफ़हमी का आधार

आपने ऐसे लोगों को अवश्य देखा होगा, जो दिन भर भूखे रहकर शाम को या दोपहर में एक बार ही खूब भरपेट भोजन करते हैं। वे ऐसा मानते हैं कि यह स्वास्थ्य के लिए लाभदायक होता है।

वास्तविकता

वास्तविकता यह है कि इससे शरीर की दिन भर की जरूरतें पूरी नहीं होतीं। नतीजा यह होता है कि व्यक्ति दिन भर थका-थका सा महसूस करता है, क्योंकि शरीर को पूरे दिन ईंधन की आवश्यकता पड़ती रहती है। एक बार में भरपेट खाए भोजन से जब 50 ग्राम से अधिक वसा शरीर में पहुंचती है, तो धमनियों का लचीलापन अगले चार घंटों तक खत्म होकर दिल के दौरे (हार्ट अटैक) का कारण बन सकता है।

एक बार भोजन से हृदय पर दुष्प्रभाव

ब्रिटेन के शोधकर्ताओं ने 45 से 75 वर्ष के बीच उम्र वाले 14,000 ब्रिटिश लोगों पर अध्ययन कर ये नतीजे पाए हैं कि अधिक वसा ग्रहण करने के बावजूद भी जो व्यक्ति दिन में 6-7 बार या उससे भी अधिक बार भोजन

करता है, उसमें 2–3 बार भोजन करने वालों के मुकाबले 5 प्रतिशत तक कम कोलेस्ट्रॉल पाया गया। ऐसे व्यक्तियों में एक–दो बार भोजन करने वाले व्यक्तियों की तुलना में हृदय की बीमारी होने का खतरा भी 10–12 प्रतिशत कम पाया गया।

कई बार भोजन से मोटापे में लाभ

जो व्यक्ति मोटापे के शिकार हैं और दिन में केवल एक बार भरपेट भोजन करते हैं, वे कई बार में हलकी–फुलकी खुराक लेकर अपने वजन को नियंत्रित कर सकते हैं, क्योंकि एक साथ बहुत ज्यादा न खाकर कई बार में थोड़ा-थोड़ा खाने से भूख महसूस नहीं होती। दूसरे शरीर में एक साथ ज्यादा कैलोरी भी जमा नहीं हो पातीं, क्योंकि ऊर्जा गर्मी के रूप में बाहर निकलती रहती है। अतः दिन भर भूखे रहकर शाम को या दोपहर में एक बार भरपेट भोजन न कर 3–4 या 5–6 बार में हलका आहार सेवन करें, ताकि शरीर में स्फूर्ति बनी रहे, आलस न रहे और मोटापे से बचे रहें।

41. *शिशु को दूध पिलाने से मां की फिगर खराब हो जाती है?*

ग़लतफ़हमी का आधार

आधुनिक विचारों की महिलाओं में यह ग़लतफ़हमी फैली हुई है कि शिशु को स्तनपान कराने से उनका शरीर बेडौल हो जाता है, यानी उनका 'फिगर' खराब हो जाता है, जिससे उनका शारीरिक आकर्षण कम हो जाता है। मां का दूध शिशु के लिए कितना जरूरी है, यह जानकारी होने पर भी ऐसी महिलाएं फिगर खराब होने के डर से बच्चे को स्तनपान नहीं करातीं।

स्तनपान न कराने से कैंसर का खतरा

अखिल भारतीय शल्य चिकित्सक संघ के अध्यक्ष डॉ. एन. के. पाल के मतानुसार शिशु को स्तनपान न कराने के फैशन से देश की महिलाओं में स्तन कैंसर की संभावनाएं बढ़ी हैं। भारत में हर वर्ष 45 हजार महिलाएं

स्तन कैंसर से मरती हैं। स्तनपान कराना महिलाओं को स्तन कैंसर से बचाता है।

स्तनपान कराने से स्तन सुडौल होते हैं

उल्लेखनीय है कि स्तनपान एक आनंददायी प्रक्रिया है। जब शिशु द्वारा दूध पीने के लिए निप्पल चूसा जाता है, तो स्त्री के शरीर में बहुत ही संवेदनशील क्रियाएं होती हैं, जिनके प्रभाव से अन्त:स्रावी ग्रंथियों पर बहुत अच्छा प्रभाव पड़ता है। स्तनपान से स्तन बेडौल नहीं होते, बल्कि पुष्ट व सुडौल बनते हैं। स्त्री के शरीर पर भी किसी प्रकार का दुष्प्रभाव नहीं पड़ता। इस प्रकार स्तनपान कराने से माता और शिशु दोनों ही लाभांवित होते हैं और न कराने से दोनों को हानि होती है।

स्तनपान शिशु के लिए आवश्यक

स्तनपान का माता और शिशु के मानसिक संतोष से गहरा संबंध होता है। स्तनपान से शिशु को न केवल माता की ममतामयी गोद का स्पर्श सुख मिलता है, बल्कि सर्वश्रेष्ठ भोजन भी उसे मिलता है। यही प्यार उसे जीवन भर के लिए तृप्ति और संतोष देता है। ऐसे शिशु बड़े होकर आत्मविश्वासी, संतोषी और दूसरों के सहयोगी होते हैं।

स्तनपान कराना माता को भी लाभकर

मां का दूध पीने से सिर्फ बच्चे को ही फायदा नहीं होता, बल्कि मां को भी कई फायदे होते हैं। मसलन दूध पिलाते रहने से माता के गर्भाशय की मांसपेशियों में शीघ्रता से सिकुड़न पैदा होती है, जिससे उसे प्रसव पूर्व की स्थिति में आने में सुविधा होती है और प्रसव के बाद होने वाले रक्तस्राव की संभावनाएं कम हो जाती हैं। मानसिक संतोष मिलने से माता के शरीर में रक्त संचार बढ़ जाता है तथा शरीर की अतिरिक्त वसा घट जाती है। इसके परिणामस्वरूप न केवल शरीर सुडौल हो जाता है, बल्कि सुंदरता भी बढ़ जाती है।

स्तनपान कराना गर्भ ठहरने में बाधक

परिवार नियोजन का एक प्राकृतिक तरीका शिशु को दूध पिलाना भी है। स्तनपान न कराने वाली महिलाओं को प्रसव के एक-दो माह बाद ही मासिक धर्म होने लगता है, जिससे गर्भधारण की संभावनाएं बढ़ जाती

हैं, जबकि दूध पिलाते रहने से कई माह तक मासिक धर्म नहीं आता, जिससे गर्भधारण करने की संभावना नगण्य हो जाती है। यदि शिशु को पहले 6-8 माह तक सिर्फ स्तनपान ही कराया जाए, तो मां में गर्भधारण की 98 प्रतिशत तक संभावना कम हो जाती है। जो स्त्रियां दो वर्ष तक अपने शिशुओं को स्तनपान पर रखती हैं तथा दिन में 10-12 बार तक दूध पिलाती हैं, वे 18 माह तक पुन: गर्भधारण नहीं करतीं।

42. मां के दूध से अधिक गुणकारी डिब्बाबंद शिशु आहार होता है?

ग़लतफ़हमी का आधार

डिब्बाबंद दूध के अति आकर्षक विज्ञापनों और आधुनिक माताओं के स्तनपान से अपने को बचाए रखने की ग़लत धारणा से शिशुओं को कृत्रिम आहार देने की प्रवृत्ति बढ़ती जा रही है। इससे शिशु को गंभीर परेशानियों का सामना करना पड़ सकता है और माताओं को भी अपना दूध न पिलाने की सजा अनेक प्रकार के रोगों के रूप में झेलनी पड़ती है।

वास्तविकता

वैज्ञानिक अनुसंधानों से ज्ञात हुआ है कि मां के दूध में रोग प्रतिरोधक शक्ति और एंजाइम्सयुक्त रसप्रधान पाचक तत्व होते हैं, जो डिब्बाबंद आहार में नहीं होते। यह भी सिद्ध हो चुका है कि डिब्बे का कृत्रिम दूध बच्चों की रोग प्रतिरोधक क्षमता को कम करता है। इस कारण बच्चे को मंदाग्नि, अजीर्ण, श्वास व आंत के रोग तथा दृष्टि विकार, मधुमेह, कैंसर, बुखार, एलर्जी आदि रोगों के संक्रमण की आशंका बनी रहती है।

मां का दूध सर्वोत्तम आहार

इसमें कोई संदेह नहीं कि मां का दूध शिशु के पोषण के लिए सबसे अधिक स्वास्थ्यवर्द्धक, पौष्टिक, सुरक्षित और सर्वोत्तम आहार है। इसमें शिशु के स्वाभाविक विकास के लिए आवश्यक तत्व विद्यमान होते हैं। इसी से शिशु का शरीर हृष्ट-पुष्ट बनता है, उसका मानसिक विकास तेजी से होता है।

शिशु का संपूर्ण विकास करता है मां का दूध

विश्व स्वास्थ्य संगठन तथा यूनीसेफ की एक रिपोर्ट के मतानुसार मां का दूध पीने वाले बच्चे अधिक चंचल होते हैं और जल्दी चलना सीखते हैं। छह माह तक के बच्चे को विटामिन डी के अलावा जितनी मात्रा में कैल्शियम, आयरन, कैलोरी, विटामिन ए आदि तत्वों की आवश्यकता होती है, वे सभी मां के दूध में मिल जाते हैं। उल्लेखनीय है कि मां के दूध में प्रोटीन, कैल्शियम, लोहा, विटामिन ए तथा सी और बी कांपलेक्स के घटक, वसा एवं खनिज लवण भरपूर मात्रा में पाए जाते हैं। प्रोटीन में खासकर कोसिनोजन, लैक्टो एल्ब्योमिन तथा लैक्टो ग्लोबुलिन नाम के प्रोटीन पाए जाते हैं, जो शिशु की आवश्यकता के अनुरूप पर्याप्त मात्रा में एमीनो एसिड्स प्रदान करते हैं। इस दूध में रोग प्रतिरोधक तथा जैविक गुणों से युक्त सी-3 नामक तत्व मौजूद रहता है, वह बाद में आने वाली विकृतियों तथा कम आयु में होने वाली मृत्यु से बच्चे को बचाता है।

मां का दूध संक्रमण से मुक्त होता है

मां के दूध में कीटाणु संबंधी प्रदूषण न होने के कारण शिशु संक्रामक रोगों से बचा रहता है। मां के दूध में उपस्थित रासायनिक पदार्थों के कारण एलर्जी, दस्त, बुखार, सांस संबंधी बीमारियां, टेढे-मेढ़े दांत आना, दृष्टि संबंधी रोग, कुपोषण आदि से भी सुरक्षा मिलती है। आधुनिक शोधों से यह भी ज्ञात हुआ है कि एक वर्ष तक मां का दूध पीने वाले बच्चे को मोटापे का खतरा 43 प्रतिशत कम होता है और एक वर्ष से अधिक स्तनपान करने से खतरा 72 प्रतिशत तक कम हो जाता है।

मां के दूध से बच्चों की मृत्युदर में कमी

विश्व स्वास्थ्य संगठन के अनुसार प्रारंभ के 6 महीनों तक मां का दूध पीने वाले बच्चों की तुलना में ऐसे बच्चों की मृत्युदर 5 से 10 गुना अधिक है, जो शुरू से ही डिब्बेबंद आहार का सेवन करते हैं। नवजात शिशु को बंद डिब्बे के दूध से अनेक प्रकार के रोग हो जाते हैं तथा उचित मात्रा में पौष्टिक तत्व नहीं मिलते। परिणामस्वरूप शिशु का शारीरिक और मानसिक विकास ठीक प्रकार से नहीं हो पाता। उल्लेखनीय है कि मां के दूध की सरंचना में बढ़ते हुए शिशु की आवश्यकतानुसार परिवर्तन होता रहता है, जबकि डिब्बाबंद दूध, निश्चित फार्मूले से ही तैयार किया जाता है। इसलिए हर उम्र के बच्चे को एक जैसा ही आहार मिल पाता है।

43. बच्चों को निप्पल से दूध पिलाने और प्लास्टिक के खिलौनों से खेलने देना हानिकारक नहीं?

रंग-बिरंगी निप्पल बच्चे के लिए हानिकारक

आपको यह जानकर आश्चर्य होगा कि जो निप्पल और टीथर आप अपने बच्चे को चूसने के लिए देते हैं और खेलने के लिए प्लास्टिक के रंग-बिरंगे खिलौने देते हैं, उनका बच्चों के स्वास्थ्य पर कुप्रभाव पड़ता है। यही नहीं, ये प्राणघातक भी सिद्ध हो सकते हैं क्योंकि इनमें खतरनाक और विषैले रसायनों के अंश होते हैं।

अंतर्राष्ट्रीय संस्था ग्रीनपीस ने पर्यावरण के क्षेत्र में अनेक शोध कार्यों के आधार पर बताया है कि पोली विनाइल क्लोराइड (पी.वी.सी.) में कुछ ऐसे रासायनिक पदार्थ मिलाए जाते हैं, जो इसे और अधिक लचीला बना देते हैं, ताकि बच्चा इसे आसानी से चबा सके। उल्लेखनीय है कि इन रसायनों के बिना पी.वी.सी. में मजबूती नहीं रहती और वे आसानी से टूट जाते हैं।

दिल्ली स्थित पर्यावरण संगठन 'सृष्टि' के मुख्य संयोजक रवि अग्रवाल के मतानुसार पी.वी.सी. का इस्तेमाल अत्यंत मुलायम और नरम प्लास्टिक के खिलौनों, निप्पल, टीथर में सबसे अधिक किया जाता है, क्योंकि यह बहुत सस्ता होने के साथ-साथ आसानी से किसी भी आकार में ढाला जा सकता है। इसमें अनेक प्रकार के रंगों को भी आसानी से मिलाया जा सकता है।

हानिकारक रसायनों की भरमार होती है निप्पल में

टीथर जैसे खिलौने में तो इन रसायनों की मात्रा इतनी अधिक होती है कि ये खिलौने के कुल वजन के लगभग आधे के बराबर होते हैं। शोध कार्यों से पता चला है कि जब बच्चे पी.वी.सी. से बने टीथर और खिलौने को मुंह में ले जाते हैं, तो खतरनाक पदार्थ 'पैथेलेट' उनके पेट में चला जाता है। इससे गुर्दे, जिगर और जननांग इस हद तक प्रभावित हो सकते हैं कि वे काम करना बंद भी कर सकते हैं। यह रसायन शरीर में आसानी

से शोषित होकर रक्त धमनियों में भी प्रवेश कर लेता है।

आज-कल बाजार में सिलिकॉन निप्पल बहुतायत में बिक रहे हैं, मगर परेशानी उन निप्पलों को लेकर ज्यादा है, जो सस्ते और कम गुणवत्ता वाले होते हैं। गर्म दूध के प्रभाव से इनके हानिकारक रसायन घुलकर बच्चों के पेट में चले जाते हैं, जिससे 'ग्रेस्ट्रिक इन्फेक्शन' हो जाता है।

खिलौने के रंग जानलेवा भी हो सकते हैं

खिलौनों को रंगीन बनाने में इस्तेमाल किए जाने वाले तत्व 'केडमियम, निकल, कोबाल्ट' का उपयोग किया जाता है, जो शरीर के लिए बहुत हानिकारक होते हैं। शोधों से यह भी पता चला है कि खिलौनों में पैथेलेट के अलावा सीसा और टिन जैसी धातु के खतरनाक तत्व भी पाए जाते हैं, जो शरीर को नुकसान पहुंचाते हैं। इन खिलौनों को चाटने, चूसने, चबाने पर ये शरीर में पहुंच जाते हैं और तंत्रिका तंत्र को नुकसान पहुंचाते हैं। बच्चों के मस्तिष्क के प्रभावित होने से उनका बौद्धिक विकास प्रभावित होता है, यहां तक कि शारीरिक विकास भी रुक सकता है। निप्पल चूसने से बच्चे का 'तालू' बैठ सकता है, साथ ही अनेक प्रकार के इन्फेक्शन का खतरा हमेशा बना रहता है। अत: इस संबंध में अधिक सतर्क रहें।

44. चाय पीना स्वास्थ्य के लिए हानिकारक है?

ग़लतफ़हमी का आधार

आमतौर पर हमारे बुजुर्गों द्वारा चाय न पीने या कम मात्रा में पीने की सलाह दी जाती रही है, क्योंकि उनकी न ार में इससे सिर्फ नुकसान ही होता है और शरीर को कोई लाभ नहीं मिलता।

वास्तविकता

अमेरिका में किए करीब 66 अध्ययनों की समीक्षा करने वाली डॉ. पेनी क्रिस इथरटन और डॉ. कार्ल एल कीन के मतानुसार दूध और चीनी रहित चाय में कैलोरी नहीं होती है। इसलिए ये अपने भोजन

में एंटीआक्सीडेंट फ्लेवोनॉइड्स मिलाने का आदर्श तरीका है। इससे वजन बढ़ने का भी अंदेशा नहीं रहता। इसके सेवन से हृदय की बीमारियां होने का खतरा कम हो जाता है। उन्होंने यह भी बताया कि मात्र दो मिनट तक उबाली गई चाय में करीब 172 मिलीग्राम फ्लेवोनॉइड होता है और रोज एक कप चाय पीने से इसका तुरंत असर होता है, जब कि साढ़े तीन कप चाय इसका लगातार असर बनाए रखती है।

हृदय रोगों से रक्षा करती है चाय

बोस्टन, अमेरिका के हेल्थ स्टडी एरिया में शामिल 6 अस्पतालों के 340 मामलों में अध्ययन करने से ज्ञात हुआ है कि चाय पीने से हृदयघात की संभावनाएं कम हो जाती हैं, क्योंकि ऑक्सीजन की कमी के कारण हृदय पर होने वाले नुकसान से बचाने में चाय विशेष सहायता प्रदान करती है। उल्लेखनीय है कि कम डेंसिटी वाली लिपोप्रोटीन कोलेस्ट्रोल ऑक्सीडेशन, जो कि चाय पीने से विकसित होती है, खून के थक्के (क्लॉट) जमने में कमी लाती है। अनुसंधानों से ये भी पता चला है कि चाय में पाए जाने वाले 'फ्लेवोनॉइड्स' के कारण हृदय रोगों से भी सुरक्षा मिलती है। अत: एक से अधिक बार चाय पीने से हृदयघात की संभावनाएं काफी कम हो जाती हैं।

कैंसर निरोधी गुण है चाय में

टोकियो स्थित कैंसर सेंटर के वैज्ञानिकों ने विभिन्न प्रयोगों के आधार पर यह पाया है कि चाय में मौजूद 'पालीफिनाइल' कैंसर उत्तेजक रसायन 'टीपीए' को जकड़ लेता है, जिससे कैंसर की बढ़ोतरी रुक जाती है। इन्होंने चूहों को चाय पिलाकर किए परीक्षणों से ज्ञात किया कि पैराबैंगनी विकिरण से प्रभावित होकर विकसित हुए कैंसर के मामलों में 39 से 87 प्रतिशत तक की कमी आई है। यहां तक कि फेफड़ों का कैंसर भी 50 प्रतिशत तक घट गया। जापानी वैज्ञानिकों ने हरी चाय में से एपीगैलोकैटेचिन गैलेट (E.G.C.G) नामक एक पदार्थ खोज निकाला है, जो कैंसर के विरुद्ध लड़ने वाला माना गया है। हरी चाय पीने की आदत की वजह से ही जापानियों को अत्यधिक सिगरेट पीने के बावजूद भी फेफड़ों का कैंसर बहुत कम होता है।

मस्तिष्क को विकसित करती है चाय

येरूशलम स्थित बेंजामिन संस्थान के डॉ. मैनाहैम सिगल के मतानुसार चाय में पाए जाने वाले कैफीन से मस्तिष्क की कोशिकाएं फूलती हैं और नई कोशिकाएं पैदा होती हैं। उल्लेखनीय है कि मस्तिष्क की स्पाइन कोशिकाएं सीखने और याद रखने की क्षमता से संबंधित होती हैं। ये कोशिकाएं जितनी ज्यादा होंगी, व्यक्ति सीखने में उतना ही तेज होगा।

अनेक गुणकारी रसायन हैं चाय में

उपरोक्त गुणों के अलावा अन्य गुण भी चाय में पाए गए हैं। पोटेशियम की उपस्थिति से हृदय की धड़कन सामान्य और नियमित होती है। फ्लोराइड से दांतों की सड़न व टूट-फूट रुकती है। दूध में उपस्थित कैल्शियम से हमारी हड्डियां विकसित होकर मजबूत बनती हैं। मैगनीज न केवल हड्डियों के विकास और मजबूती में मदद करता है, बल्कि सेक्स व थॉयराइड हार्मोंस के निर्माण में भी सहायता करता है। पॉलीफिनाइल की उपस्थिति से कैंसर रोग होने की आशंका कम हो जाती है। चाय पीने से बढ़ा हुआ रक्तचाप और बढ़ी हुई कोलेस्ट्रोल की मात्रा भी कम होती है। अत: चाय पीना उतना हानिकारक नहीं, जितना प्रचारित किया जाता है।

45. कॉफी का सेवन सेहत को नुकसान पहुंचाता है?

ग़लतफ़हमी का आधार

लोगों में यह गलत धारणा है कि कॉफी बहुत गर्म होती है। सर्दियों में कॉफी पीने से शरीर में गर्मी आ जाती है। अत: गर्मियों में कॉफी पीना शरीर को नुकसान पहुंचाता है और गर्मी से संबंधित रोग जैसे-नकसीर फूटना, चक्कर आना, खुश्की, दिल की धड़कन बढ़ना तथा अनिद्रा आदि पैदा कर सकता है।

वास्तविकता

कैफीन की मौजूदगी के कारण कॉफी सोचने-समझने की शक्ति और निर्णय

लेने की क्षमता बढ़ाने के साथ-साथ शारीरिक शक्ति और आत्मविश्वास भी बढ़ाती है। इसलिए कुछ लोग अपनी दिनचर्या तब तक शुरू नहीं कर पाते, जब तक कि उन्हें एक कॉफी नसीब न हो जाए। इसके अलावा कॉफी उन हार्मोंस को भी प्रभावहीन कर देती है, जिनके कारण सुस्ती और नींद आती है। इसी वजह से कॉफी पीने के बाद व्यक्ति एकाग्रता और ज्यादा उत्साह के साथ दिमागी काम कर सकता है।

दिल और दिमाग को दुरुस्त रखती है कॉफी

अमरीका के नेशविले स्थित वेंडरबिल्ट यूनिवर्सिटी के शोधकर्ताओं में से एक प्रो. पीटर मार्टिन के मतानुसार कॉफी में दवाओं के गुण वाले रसायन क्लोरोजेनिक एसिड तथा कुछ अन्य रसायनों की उपस्थिति रहती है। इससे कॉफी में पाए जाने वाले कैफीन तत्व के दुष्प्रभाव कम हो जाते हैं। उल्लेखनीय है कि कैफीन की वजह से ही हृदयगति असामान्य रूप से तेज हो जाती है और नींद नहीं आती। परीक्षणों में कॉफी में पाए जाने वाले क्लोरोजेनिक एसिड को हृदय गति बढ़ाने वाले अणुओं को नियंत्रित करने वाला प्रभावी एंटी ऑक्सीडंट पाया गया है। इसी प्रकार कॉफी में पाए जाने वाले अन्य रसायन एडेनोसिन को नियंत्रित करने में कारगर साबित हुए हैं। एडेनोसिन की कमी से हृदय एक स्थिर गति पर लेकिन काफी तेजी से धड़कता है। एडेनोसिन की मात्रा सही स्तर पर लाकर रक्तवाहिकाओं में अधिक रक्त प्रवाह कराया जा सकता है। इससे रोगियों में हार्ट अटैक और एंजाइना का दर्द रोका जा सकता है।

शराब के दुष्प्रभावों को दूर करती है कॉफी

रियो-डि-जेनिरो की स्टेट यूनिवर्सिटी की चिकित्सीय औषधि विज्ञान की प्रोफेसर डार्सी रोबर्टो लिमा के मतानुसार-अत्यधिक शराब पीने के कारण जिन लोगों की सेक्स शक्ति में कमी आने लगती है, उनके लिए कॉफी एक उत्तेजक दवा का काम करती है। शराब के असर को बेअसर करने के लिए रोजाना चार कप कॉफी पीना एक आदर्श विषहर (एंटीडोट) का काम कर सकता है।

कॉफी पीने से पार्किंसन रोग से बचाव

बोस्टन के शोधकर्ताओं ने लगभग एक लाख लोगों पर अध्ययन कर यह निष्कर्ष निकाला है कि जो पुरुष 4 से 5 कप व महिला 1 से 3 कप

कॉफी रोज पीते हैं, उन्हें थोड़ी या बिलकुल कैफीन न लेने वालों की तुलना में पार्किंसन रोग होने की संभावना कम होती है। पार्किंसन रोग में मांसपेशियों में कंपन, कमजोरी और हाथ-पैर धीरे उठना जैसे लक्षण उत्पन्न होते हैं। शोधकर्ताओं ने यह भी पाया कि सबसे ज्यादा कैफीन का सेवन करने वाले 20 प्रतिशत पुरुषों को कम कैफीन पीने वाले इतने ही पुरुषों की अपेक्षा यह बीमारी होने की आशंका बहुत कम रहती है।

बुढ़ापे में याददाश्त बढ़ाती है-कॉफी

एरीजोना यूनिवर्सिटी के मनोविज्ञान विभाग के शोधकर्ताओं ने 65 वर्ष की उम्र के लगभग 40 व्यक्तियों पर किए एक शोध में पाया कि कॉफी में मौजूद कैफीन उनकी याददाश्त बढ़ाने के लिए फायदेमंद होती है। शोधकर्ता यह मानते हैं कि वृद्ध लोग दोपहर की कॉफी पीने के बाद अपने को अधिक तरोताजा महसूस करते हैं। अत: जिन्हें कॉफी पीने की आदत है वे सीमित मात्रा में इसका उपयोग जारी रखें।

46. *सुबह का नाश्ता जरूरी नहीं है ?*

सुबह नाश्ता जरूरी

अच्छे स्वास्थ्य के लिए सुबह का नाश्ता भोजन से भी ज्यादा महत्त्वपूर्ण होता है, लेकिन अधिकांश लोग इसे कोई खास महत्त्व न देकर बिना नाश्ता किए ही काम पर चले जाते हैं। आमतौर पर प्रत्येक परिवार में 8-9 बजे तक रात का भोजन कर लिया जाता है और सुबह के 8-9 बजे तक 11-12 घंटों का अंतराल पड़ता है। इस बीच भोजन पचकर पेट बिलकुल खाली हो जाता है। ऐसे में यदि सुबह का नाश्ता छोड़कर सीधे दोपहर का भोजन 12-1 बजे किया जाए, तो 15-16 घंटे के अंतराल में केवल चाय, कॉफी पीकर ही काम चलाना होगा। अत: ऐसे लोगों के पेट में हाइड्रोक्लोरिक एसिड की मात्रा बढ़ जाती है। यह अम्ल अल्सर और पेट की अन्य तकलीफों का कारण बनता है। जो लोग एक गिलास गर्म किया हुआ ठंडा दूध सुबह पी लेते हैं, उन्हें पेट के रोग प्राय: नहीं होते।

नाश्ता न करने से पाचन पर दुष्प्रभाव

जो लोग सुबह नियमित रूप से नाश्ता नहीं करते, उनकी पाचन शक्ति पर बुरा असर पड़ता है। अल्सर की शिकायत होकर पेट दर्द भी हो सकता है। उनकी ऊर्जा तथा उत्साह में कमी आती है। रक्त में चीनी की कमी होने से स्वभाव में चिड़चिड़ापन, एकाग्रता की कमी, काम में मन न लगना, काम करने की शक्ति कम होना, थकान जैसे लक्षण पैदा होते हैं। इसके अलावा गले में जलन और सिर दर्द की शिकायत भी हो सकती है।

ऊर्जा देता है सुबह का नाश्ता

नियमित रूप से सुबह नाश्ता करने वाले लोग दिन भर घंटों तक ऊर्जावान बने रहते हैं और अपना काम ज्यादा अच्छी तरह पूरा करते हैं। उन्हें सुस्ती और थकान महसूस नहीं होती। उनकी याददाश्त और एकाग्रता बढ़ती है और स्वभाव का चिड़चिड़ापन कम हो जाता है।

नाश्ते में अधिक तले पदार्थ न लें

नाश्ते में हलका और पौष्टिक आहार ही लेना चाहिए। तले हुए व अधिक गरिष्ठ पदार्थों के सेवन से बचना चाहिए। आप अपनी इच्छानुसार नाश्ते में इडली, डोसा, सांभर, दूध, दही, लस्सी, छाछ, दलिया, एक उबला अंडा, ब्रेड, पनीर, मौसमी फलों का रस, अंकुरित मूंग, चना, मोठ, टोस्ट-बटर, पोहे, अच्छी क्वालिटी के बिस्कुट आदि सेवन कर सकते हैं।

47. अधिक भोजन करने से सेहत बनती है?

ग़लतफ़हमी का आधार

आम लोगों में यह ग़लतफ़हमी है कि जितना अधिक भोजन सेवन किया जाएगा, उतनी ही अधिक ताकत देगा और शरीर को बलिष्ठ बनाएगा।

वास्तविकता

वास्तविकता यह है कि अधिक मात्रा में गरिष्ठ भोजन खाने वालों की

अपेक्षा थोड़ा और सादा, सुपाच्य भोजन करने वाले ही अधिक शक्तिशाली और बड़ी आयु के होते हैं। संसार में भोजन के अभाव से जितने अकाल पीड़ित मरते हैं, उनसे कहीं अधिक अनावश्यक व ज्यादा भोजन करने के कारण रोग ग्रस्त होकर मरते हैं। डॉक्टर लोएंड ने मनुष्य की आयु घटाने वाले जो 10 प्रमुख कारण बताएं हैं, उनमें अधिक खाने की आदत को सबसे पहले नंबर पर रखा है।

अधिक भोजन-अधिक रोग

महर्षि चरक ने अल्प मात्रा में भोजन करने के निर्देश दिए हैं। आयुर्वेद ग्रंथों के अनुसार अति भोजन करना स्वास्थ्य को नष्ट करने वाला, आयु घटाने वाला, नरक में ले जाने वाला, पाप रूप और लोक निंदित कार्य है। माधव निदान में लिखा है कि जो व्यक्ति पशुओं की भांति मनमाना भोजन करते हैं, वे रोगों की सेना के मुखिया 'अजीर्ण' के पंजे में फंस जाते हैं।

आस्ट्रेलिया के प्रसिद्ध डॉक्टर हर्न कहते थे, लोग जितना खाते हैं, उसका एक तिहाई भी पचा नहीं पाते। सुलेमान का कहना है कि जो अधिक खाएगा, वह अपना दाना-पानी जल्द खत्म करके मौत के मुंह में समय से पहले ही चला जाएगा।

आवश्यकता से अधिक भोजन करने वालों की स्फूर्ति चली जाती है। बहुत समय तक वे नि:चेष्ट आलस्यग्रस्त पड़े रहते हैं। उनमें उनींदापन छाया रहता है। अजीर्ण की शिकायत पैदा हो जाती है, जिससे छाती में जलन, भारीपन, जी मिचलाहट, खट्टी डकारें आना, पेट में भारीपन, मुंह में पानी भर आना, पेट में गैस का अधिक बनना, पेट फूलना, मोटापा बढ़ना, सिर दर्द, यकृत पर तनाव पड़ना आदि लक्षण प्रकट होते हैं।

भरपेट भोजन का चौथाई ही पर्याप्त है

चिकित्सकों का कहना है कि हमारी पाचन शक्ति से अधिक किया गया भोजन पोषक होने की बजाय शोषक सिद्ध होता है। वास्तव में हम जितना भरपेट भोजन करते हैं, उसका एक चौथाई हिस्सा ही हमारे शरीर की क्षतिपूर्ति के लिए पर्याप्त होता है। अत: हमें अधिक भोजन करने से अधिक लाभ होगा, इस गलत धारणा को बदलना होगा।

भोजन का सही तरीका

माना कि भोजन जीवन की अनिवार्य शर्त है, किंतु संतुलित और निश्चित मात्रा में भूख से कम भोजन करना ही स्वास्थ्यप्रद होता है। आयुर्वेद के मतानुसार पेट का आधा भाग आहार से भरें, चौथाई को पानी के लिए और शेष चौथाई भाग को हवा के लिए खाली रहने दें। इस नियम से भोजन करने वाले को पेट के खराब होने की तकलीफ नहीं होती और हलकापन अनुभव होता है।

48. *पान खाना हानिकारक होता है?*

बहुत गुणकारी है पान खाना

भारतीय परिवारों में पान खिलाना अतिथि सत्कार का एक महत्त्वपूर्ण अंग है। भोजन के बाद पान खाने की प्रथा प्राचीनकाल से चली आ रही है। पान खाना सभ्यता और कुलीनता का प्रतीक माना जाता है। पान के पत्ते की अनेक किस्में मिलती हैं, जो अनेक पोषक तत्वों से युक्त होते हैं। इनमें प्रोटीन, चर्बी, कार्बोहाइड्रेट, लोहा, चूना, केरोटिन, विटामिंस आदि पाए जाते हैं। पान का चिकित्सा तथा रतिकला में भी प्रमुख योगदान है। यह एक बेहतर स्तंभक है।

पान कब खाना चाहिए

आयुर्वेद के ग्रंथ भाव प्रकाश में लिखा है—''स्त्री प्रसंग के समय, सोकर उठने के बाद स्नान करके, भोजन और उल्टी के पश्चात्, युद्ध के समय और सभा में पान खाना चाहिए।''

पान के 13 गुण

आयुर्वेद के मतानुसार पान कटु, तिक्त, उष्ण, मधुर, क्षार तथा कषाय गुण वाला है। वात, कृमि, कफ तथा दुर्गंध को नष्ट करने वाला है। मुख की कांति बढ़ाता है। यह मुख को शुद्ध करने वाला तथा कामाग्नि को बढ़ाने वाला है। पान के ये तेरह गुण स्वर्ग में भी दुर्लभ हैं।

विभिन्न रोगों में पान खाने के लाभ

पान हलका, पाचक तथा रुचिकर होता है। यही कारण है कि भोजन करने के बाद पान खाने से भोजन हजम होने में सहायता मिलती है और मुख शुद्धि हो जाती है। चिंता और निराशा की अवस्था में सेवन किया गया पान मानसिक रूप से उत्साह, बल तथा तेज प्रदान करता है और निराशा व चिंता को दूर करता है। प्यास अधिक लगने पर, जी मिचलाने पर तथा उलटी आने के बाद पान में पिपरमेंट मिलाकर खाना गुणकारी होता है। आमाशय शूल में लौंग और सौंफ युक्त पान खाने से आराम मिलता है। हृदय की बढ़ी हुई धड़कन को वश में करने के लिए पान में छोटी इलायची और कस्तूरी रखकर खाना चाहिए। कामशक्ति की वृद्धि के लिए अंबर और कस्तूरीयुक्त पान खाएं।

पान में प्रयोग की जाने वाली पुरानी सुपारी—गुणों में भारी, शीतल, कसैली, रूखी, कफ-पित्त शामक, रुचिकारक और अग्नि प्रदीप्त करने वाली होती है, जबकि चिकनी सुपारी—त्रिदोष नाशक होती है। कत्था—कफ और पित्त का नाश कर खांसी रोकता है। चूना—बादी व कफ को नष्ट करता है और चूना व कत्था मिलकर त्रिदोषनाशक हो जाता है। जावित्री कफ, कृमि और अरुचि नष्ट करने वाली, हलकी और गर्म होती है। इलायची—खांसी व कफ का शमन करती है, सुगंध देती है और मुख को स्वच्छ करती है। लौंग—अग्निवर्धक, गर्म, रुचिकारक, कफ, श्वास, खांसी, शीत और शूल नष्ट करता है। सौंफ—पाचक होती है।

यदि आप पान के वास्तविक गुणों से लाभांवित होना चाहते हैं, तो पान में भूलकर भी कोई नशीली चीज जैसे—नई सुपारी, तंबाकू, किमाम, अफीम, भांग आदि डालकर न खाएं। सीमित और उचित अवसरों पर ही पान खाएं। जगह-जगह पीक थूककर गंदा न करें और नियमित दांतों तथा मुंह की सुबह-शाम सफाई करें।

49. चाय, कॉफी, कोल्ड ड्रिंक्स, दूध, शराब, जूस दिन-भर पीते रहने से अतिरिक्त पानी पीने की जरूरत नहीं होती?

पानी शरीर के लिए अति महत्त्वपूर्ण

पानी हमारे शरीर में पाया जाने वाला सबसे महत्त्वपूर्ण तत्व है। एक वयस्क व्यक्ति के शरीर में औसतन 35 से 50 लीटर तक पानी रहता है। यानी उसके स्वयं के भार का 60 से 75 प्रतिशत। पानी सब प्रकार के आहारों में सम्मिलित रहता है, फिर भी हमको अपने शरीर की सफाई के लिए अतिरिक्त पानी पीने की दैनिक आवश्यकता होती है। हमारे शरीर से प्रतिदिन प्रायः 3 लीटर पानी खर्च होता है। अतः शरीर में पानी का संतुलन बनाए रखने के लिए 24 घंटे में कम से कम ढाई से तीन लीटर (10-12 गिलास) पानी अवश्य पीना चाहिए।

पानी की तुलना किसी पेय पदार्थ से करना उचित नहीं

इसमें कोई दो मत नहीं कि पानी की अपनी कुछ निजी प्राकृतिक विशेषताएं हैं, जिनके कारण चाय, कॉफी, दूध, फलों का रस, लस्सी, मट्ठा, कोल्ड ड्रिंक्स, शराब या अन्य कोई पेय पदार्थ इसका मुकाबला नहीं कर सकता। यदि आपने एक कप चाय आदि पेय पिया है, तो यह मानकर चलें कि सिर्फ आधा ही कप तरल पदार्थ पिया है, क्योंकि वह शरीर में उतना शोषित नहीं हो पाता, जितना कि पानी होता है।

पिपासुता शांतिमुपैति वारिणा न जातु दुग्धान् मधुनोऽधिकादपि॥
— *नैषधीयचरित*

अर्थात् प्यासे व्यक्ति की प्यास केवल जल से ही शांत होती है, न कि दूध या शहद से।

शरीर का पोषण भी करता है और सफाई भी

पानी हमारे शरीर में पहुंचकर आंतरिक अवयवों की धुलाई कर मल बाहर निकालता है। अनावश्यक विजातीय द्रव्यों को मल, मूत्र और पसीने के माध्यम से शरीर से बाहर कर शरीर का उचित तापमान बनाए रखता है। पानी से ही खून तरल बना रहता है। भोजन के आवश्यक पोषक तत्वों

को अपने में घोलकर पोषण योग्य बनाता है, जिससे हर कोशिका तक पोषक तत्व बराबर पहुंचते रहें। शरीर को फुर्तीला बनाता है और शरीर की नमी का संतुलन बनाए रखते हुए, उसकी अत्यधिक गर्मी को शांत करता है।

पानी की कमी घातक हो सकती है

शरीर में पानी की कमी से शारीरिक और मानसिक थकान पैदा होती है। शरीर का रक्त प्रवाह धीमा पड़ने से शरीर और दिमाग की क्रियाशीलता घट जाती है। मल सूखने लगता है और कब्जियत की शिकायत पैदा हो जाती है। मूत्र पीला और जलन के साथ कम मात्रा में आता है। उलटी, दस्त से जब शरीर में पानी की कमी होती है, तो निर्जलन (डिहाइड्रेशन) के कारण व्यक्ति की मृत्यु भी हो सकती है। बुखार, लू लगने, सूजाक, उच्च रक्तचाप, हृदय की धड़कन, कब्ज, पेट की जलन जैसी तकलीफों में सामान्य स्थिति की अपेक्षा अधिक पानी पीना लाभदायक होता है। अतः पानी पीने में कंजूसी नहीं करनी चाहिए। खूब पानी पीना चाहिए।

50. मछली खाना स्वास्थ्य के लिए हानिकारक होता है?

शरीर को सुगठित बनाता है मछली युक्त आहार

शरीर को स्वस्थ, छरहरा तथा मांसपेशियों को सुडौल व सुगठित बनाने के लिए मछली खाना लाभदायक होता है। जो लोग मछली का सेवन नहीं करते, वे एक बेहद जरूरी पोषक तत्व—समूह ओमेगा-3 (वसा अम्ल समूहों में से एक) से वंचित रह जाते हैं, जिसकी कमी से व्यक्ति अवसाद (डिप्रेशन) का शिकार हो जाता है। उल्लेखनीय है कि हमारे मस्तिष्क के तंत्रिका ऊतक (नर्व टिश्यूज) में मौजूद कुल वसा में 50 प्रतिशत की मात्रा इसी वसा अम्ल (ओमेगा-3) की होती है। ओमेगा-3 की ज्यादा मात्रा समुद्री मछलियों (टूना, सॉमन, हेरिंग, मैकरेल आदि) में होती है, इसलिए इनका सेवन करना ज्यादा गुणकारी होता है। यह तत्व चयापचय की क्रिया के मध्य अतिरिक्त फैट को जलाकर नष्ट कर देता है।

चुस्त स्मृति के लिए जरूरी है मछलीयुक्त भोजन

डॉ. राबर्ट एम. सैपोल्सकी का कहना है कि अवसाद (डिप्रेशन) जितना ज्यादा पुराना होगा, दिमाग को उतना ही ज्यादा नुकसान पहुंचाएगा। अवसाद हमारे दिमाग के स्मृति केंद्र को हानि पहुंचाता है। मानसिक तनाव या अवसाद से पीड़ित लोगों के रक्त में अकसर ग्लूकोकोर्टिकोइड्स की मात्रा ज्यादा पाई जाती है।

मछलीयुक्त भोजन से ब्रेन स्ट्रोक में कमी

अमेरिकन हार्ट एसोसिएशन के मतानुसार प्रति वर्ष पुरुषों की तुलना में महिलाओं की मौत स्ट्रोक से कहीं ज्यादा होती है। अत: हफ्ते में दो बार मछली खाने से ब्रेन अटैक या स्ट्रोक होने का खतरा 5 प्रतिशत कम हो सकता है। जिन महिलाओं को गर्भ धारण करने की इच्छा हो, वे समुद्र की बजाय तलाब, नदी, नहर की मछलियों का सेवन करें, क्योंकि इनमें मरक्युरी (पारा) नगण्य मात्रा में होता है।

प्रोटीन और खनिज लवणों का स्रोत—मछली

मछली प्रोटीन प्राप्ति का अच्छा स्रोत मानी जाती है और छोटी मछलियों में कैल्शियम, फास्फोरस आदि अन्य खनिज लवण भी पर्याप्त मात्रा में मिल जाते हैं। उल्लेखनीय है कि मछली का मांस अधिकांशत: लीन मीट होता है। इसमें फैट की मात्रा एक से दो प्रतिशत ही होती है। यह पोर्क और मटन से अच्छा माना जाता है, क्योंकि इनमें फैट अधिक मात्रा में पाया जाता है।

अनेक रोगों को लाभकर है मछलीयुक्त आहार

मछली महत्त्वपूर्ण आहार-सप्लीमेंट मानी गई है, क्योंकि इसमें प्रोटीन के अलावा विटामिन ए और डी पर्याप्त मात्रा में मिलता है, जो शारीरिक वृद्धि, आंख, हड्डियों, स्निग्ध त्वचा, शरीर की प्रतिरोधक क्षमता के लिए जरूरी होता है। कम वसा के कारण वजन कम करने वाले आहार के रूप में मछली लाभकर है। मधुमेह, हृदय संबंधी रोगों में तथा बच्चे, महिलाएं और स्तनपान कराने वाली माताओं, जिनको विटामिन ए और डी की आवश्यकता अधिक होती है, अपने आहार में मछली लेनी चाहिए। 100 ग्राम मछली से 18 से 20 ग्राम प्रोटीन और 90 से 100 कैलोरी ऊर्जा प्राप्त होती है, जिससे यह महत्त्वपूर्ण आहार माना जाता है।

51. अधिक प्रोटीनयुक्त आहार से शरीर की शीघ्र वृद्धि होती है?

प्रोटीन की आवश्यकता और कार्य

जल के बाद प्रोटीन ही ऐसा तत्व है, जो हमारे शरीर के लिए बहुत जरूरी होता है। यह शरीर की सभी कोशिकाओं में पाया जाता है। शरीर में मांसपेशियां, बाल, नाखून, रक्त, हड्डियां और त्वचा के ऊतक प्रोटीन के ही बने होते हैं। प्रोटीन का मुख्य कार्य हमारे शरीर में नए टिश्यूज का निर्माण करना और पुराने तथा टूटे-फूटे टिश्यूज की मरम्मत करना होता है। भ्रूणावस्था से लेकर 25 वर्ष की उम्र तक प्रोटीन नई कोशिकाओं का निर्माण बड़े पैमाने पर करता है, जिससे शरीर की पूर्ण तौर पर वृद्धि होती है और जैसे-जैसे उम्र बढ़ती जाती है, वैसे-वैसे नई कोशिकाएं बनाने का काम घटता जाता है तथा पुरानी कोशिकाओं की मरम्मत करने का कार्य बढ़ता जाता है।

बच्चों और बड़ों को प्रोटीन की आवश्यकता

नवजात शिशु से लेकर 20-25 वर्ष तक के युवक-युवती को, गर्भवती महिलाओं को, दूध पिलाने वाली माताओं को, रोगी व्यक्ति को, बॉडी बिल्डर्स, खिलाड़ियों को आहार में सामान्य से अधिक प्रोटीन की आवश्यकता होती है। 5 साल तक के बच्चों को 3.5 ग्राम प्रति किलो वजन, 5 से 7 साल तक 3.0 ग्राम प्रति किलो वजन, 7 से 15 साल तक 2.5 ग्राम प्रति किलो वजन, 15 से 17 साल तक 2.0 ग्राम प्रति किलो वजन, 55 किलो वजन के सामान्य व्यक्ति को 55 ग्राम प्रतिदिन (1 ग्राम प्रति किलो), 45 किलो वजन की सामान्य महिला को 45 ग्राम (1 ग्राम प्रतिदिन) गर्भवती महिला को 90-100 ग्राम प्रतिदिन और दूध पिलाने वाली माता को 100-110 ग्राम प्रतिदिन प्रोटीन का सेवन करना चाहिए।

अधिक प्रोटीन से नुकसान

चिकित्सा विशेषज्ञों का कहना है कि आवश्यकता से अधिक मात्रा में प्रोटीन का सेवन करने से मस्तिष्क में ट्रिप्टोफैन नामक एमिनो एसिड की मात्रा कम हो जाती है, जिसके परिणामस्वरूप मूड को अच्छा बनाए रखने वाला

हार्मोन सेरोटोनिन ब्लाक हो जाता है और अवसाद (डिप्रेशन) को बढ़ावा मिलता है। इसके अलावा अतिरिक्त प्रोटीन के पाचन और निष्कासन का बोझ लिवर व गुर्दों पर पड़ता है, जिससे इन अंगों को अधिक मेहनत करनी पड़ती है। ऐसे में जिनके गुर्दे कमजोर होते हैं, उनके गुर्दों के खराब होने की आशंकाएं बढ़ जाती हैं। कुछ लोगों को प्रोटीन की अधिकता से मरोड़, दस्त, पेट खराब होने, वायु, कब्ज, जोड़ों में दर्द (गठिया), पथरी, विषैले पदार्थ जैसे यूरिया, यूरिक एसिड, क्रोटीन, क्रोटोनीन का शरीर में बढ़ना आदि शिकायतें पैदा हो जाती हैं। अत: अपनी जरूरत से ज्यादा प्रोटीन सेवन कर यह न सोचें कि इससे शरीर की शीघ्र वृद्धि होगी।

52. चटपटा, तीखा, मिर्च-मसालेदार भोजन हानिकारक होता है?

मसाले एंटी बैक्टीरियल होते हैं

अमेरिका के कार्नेल विश्वविद्यालय में हुए एक अध्ययन के मुताबिक जो व्यक्ति तरह-तरह के चटपटे, मिर्च-मसालेदार भोजन खाने में विशेष रुचि लेते हैं, वे सादा भोजन खाने वालों की अपेक्षा अधिक दिनों तक जीवित रहते हैं। अध्ययन करने वाले वैज्ञानिकों ने इसकी वजह भोजन में डाले गए कुछ मसालों की एंटी बैक्टीरियल क्वालिटी का होना माना है। इन मसालों की उपस्थिति के कारण ही फूड पायजनिंग (खाद्य विषाक्तता) की संभावना भी नहीं रहती। लाल मिर्च, काली मिर्च, जीरा, अजवायन, लौंग, दालचीनी, प्याज, लहसुन आदि जैसे मसाले अपने एंटी बैक्टीरियल गुणों और प्रभाव के लिए जग मशहूर हैं। उचित मात्रा में भोजन में मिलाई गई लाल मिर्च खून के थक्के (क्लॉट) बनने से रोकने और उसे पतला करने का गुण भी रखती है।

मसालों से मस्तिष्क में स्फूर्ति

उल्लेखनीय है कि चटपटी, तीखी, मिर्च-मसालेदार चीजें खाने से मुंह के नड़ी तंत्र के किनारों को उत्तेजना मिलती है, जिससे शरीर में एंडोफिंस नामक रसायन बनने लगता है। इससे मस्तिष्क अच्छा महसूस करता है

और यह दर्द निवारण में भी काम करता है, जिसका अनुभव आप चटपटा पिज्जा खाकर आसानी से कर सकते हैं।

ब्रितानी खाद्य कंपनी, शेरवुड ने इस कहावत को चरितार्थ कर दिखाया है, कि पुरुषों के दिल का रास्ता पेट से होकर जाता है। शेरवुड ने 1000 लोगों पर एक अध्ययन करके यह बताया कि पहली 'डेट' के लिए मिर्च-मसालेदार भोजन प्रेम से पूर्ण जीवन को और भी मधुर बना देता है। उल्लेखनीय है कि 72 प्रतिशत ब्रितानी विशेष चटपटा, मिर्च-मसालेदार खाना बनाकर अपने भावी साथी को प्रभावित करते हैं। अतः कभी-कभी तेज मिर्च-मसालेदार चटपटा भोजन करना हानिकारक नहीं है।

53. *शीतल पेयों (कोल्ड ड्रिंक्स) के पीने से एनर्जी मिलती है?*

ग़लतफ़हमी का आधार

आकर्षक, धुआंधार विज्ञापनों के भ्रमजाल में पड़कर हमारी युवा पीढ़ी ही नहीं, बच्चे तक शीतल पेयों (कोल्ड ड्रिंक्स) को धड़ल्ले से पीने लगे हैं। आम लोगों में भी यह ग़लतफ़हमी फैली हुई है कि इसके पीने से प्यास बुझती है, गर्मी से राहत मिलती है और तुरंत एनर्जी प्राप्त होती है।

वास्तविकता

वास्तविकता तो यह है कि इस लाभ का एहसास कुछ समय के लिए ही होता है। इनका अधिक मात्रा में या लंबी अवधि तक किया गया सेवन, हमारी सेहत के लिए हानिकारक सिद्ध होता है।

शीतल पेयों से पाचन को लाभ : एक भ्रम

शीतल पेयों में मुख्य रूप से सैक्रीन, चीनी, साइट्रिक या फास्फोरिक एसिड, कैफीन, कार्बन-डाइऑक्साइड, रंग-सोडियम ओएंजाइड आदि पदार्थ मिलाए जाते हैं। जब इन्हें पिया जाता है, तो कार्बन-डाइऑक्साइड गैस पेट में पहुंचते ही डकारें आनी शुरू हो जाती हैं और यदि इन्हें रोकने की कोशिश की जाए, तो ये नाक से निकलकर जलन पैदा करती हैं। डकारें आने से लोग यह सोचते हैं कि पाचन संस्थान को राहत मिल रही

है, जो एक भ्रम मात्र है। वास्तव में देखा जाए, तो शीतल पेयों में पौष्टिक भोजन का, फलों के वास्तविक रसों का अंश नाममात्र को भी नहीं होता।

शरीर को भीषण क्षति पहुंचा सकते हैं शीतल पेय

अमेरिका की दि अर्थ आइलैंड जनरल द्वारा किए गए एक शोध के अनुसार शीतल पेय की एक बोतल में 40 से 70 मिलीग्राम तक नशीले तत्व ग्लिसरीन, एल्कोहल, ईस्टरगम और पशुओं से प्राप्त ग्लिसरोल पाए जाते हैं। इनसान की हड्डियों व दांतों को गलाने में मिट्टी को कई साल लग जाते हैं, लेकिन सॉफ्ट ड्रिंक्स में उसे दस दिन पड़े रहने दीजिए और चमत्कार देखिए। इस तरह हम इन्हें पीकर अपनी अंतड़ियों, यकृत तथा शरीर को भारी नुकसान ही पहुंचा रहे हैं।

शीतल पेयों की मिठास मोटापा बढ़ाती है

लेंसेट मेडिकल जर्नल में प्रकाशित एक रिपोर्ट के अनुसार मीठा शीतल पेय बच्चों के मोटापे का कारण बन रहा है। फ्रांस में हुए एक अन्य अध्ययन में कहा गया है कि मोटापे का संबंध चीनी से है।

गंभीर बीमारी पैदा कर सकते हैं शीतल पेय

अमेरिका में किए गए अध्ययन से ज्ञात हुआ है कि सैकरीन और कैफीन युक्त पेयों के सेवन से बच्चे पढ़ाई से जी चुराने लगते हैं। शुगर की बीमारी हो सकती है। साइट्रिक या फास्फोरिक एसिड पेट में जाकर अम्लीयता बढ़ा देता है। इससे भूख नहीं लगती और पेप्टिक अल्सर भी हो सकता है। कृत्रिम रंगों से एलर्जी हो सकती है और ओस्टियोपोरोसिस (हड्डियों के कमजोर होने की बीमारी) व हड्डी टूटने की आशंका भी बढ़ जाती है।

54. सैकरीन का सेवन करने से कोई हानि नहीं होती?

चीनी की अपेक्षा काफी सस्ती होने के कारण सैकरीन का प्रयोग आजकल अनेक खाद्य पदार्थों में किया जा रहा है। सैकरीन एक ऐसा दानेदार कृत्रिम रसायन है, जिसमें कोई खाद्य गुण और कैलोरी नहीं होती। हां, यह चीनी से 500 गुना अधिक मीठी होती है।

सैकरीन से रक्त कैंसर की आशंका

हमारे देश में सैकरीन का प्रयोग बड़े व्यापक तौर पर हो रहा है और लगातार बढ़ता ही जा रहा है। लोग इसके मीठे गुण से तो परिचित हैं, लेकिन मनुष्य के स्वास्थ्य पर इसका कितना हानिकारक प्रभाव पड़ सकता है, उसके बारे में अनभिज्ञ हैं। अमेरिका और कनाडा में किए गए अध्ययनों और अनुसंधानों से पता चला है कि सैकरीन कैंसर उत्पन्न करने वाला पदार्थ है, जो शरीर में स्थित अन्य कैंसर पैदा करने वाले एजेंटों की क्रिया को भी बढ़ा देता है। इसलिए सैकरीन के अधिक प्रयोग से रक्त कैंसर की आशंका बढ़ जाती है।

अमेरिका की फैडरल ड्रग एजेंसी द्वारा कराए गए अनुसंधानों में पता चला है कि 23 नर और 31 मादा चूहों के आहार में 7.5 प्रतिशत सैकरीन की मात्रा देने के कुछ दिनों बाद ही 7 नर चूहों और 2 मादा चूहों में कैंसर के लक्षण प्रकट हो गए।

यों तो अमेरिकन सोसाइटी भी मोटापे और मधुमेह पर कंट्रोल करने के लिए सैकरीन के प्रयोग की सिफारिश करती है, क्योंकि यह कैलोरीहीन, खाद्य गुणरहित, शरीर में कोई जैविक क्रिया में भाग न लेने वाला कृत्रिम रसायन है। चीनी के विकल्प के रूप में इसका उपयोग मधुमेह के रोगी एक लंबे अर्से से करते चले आ रहे हैं, लेकिन अब नए-नए कम हानिकारक पदार्थ उपलब्ध हो जाने के कारण सैकरीन का प्रचलन कम होता जा रहा है।

सीमित मात्रा में और कभी-कभार सैकरीनयुक्त पेयों और खाद्यों का सेवन करने में घबराने की जरूरत नहीं है, क्योंकि अल्प मात्रा में इसके सेवन से कैंसर का खतरा नहीं। सैकरीन का उपयोग जब नियमित रूप से पेयों और खाद्यों में किया जाता है, तो नुकसान की आशंका बढ़ जाती है।

55. *च्युइंगम चबाते रहना हानिकारक होता है?*

आजकल च्युइंगम का निर्माण 'गुडा सिपैक' नामक प्रजाति के वृक्षों व लताओं के कच्चे गौंद, सुगंध हेतु, पेपासीन जैसी चीज चीनी तथा अन्य

पदार्थों को निर्धारित अनुपात में मिलाकर किया जाता है और वांछित आकारों में मशीनों से काटकर इन्हें पैक किया जाता है। चॉकलेट की तरह यह जल्दी मुंह में नहीं घुलती, बल्कि इसे घंटों तक चबा-चबाकर और फुग्गे बनाकर आनंद लिया जाता है।

शुगर फ्री च्युइंगम अधिक लाभकारी

चीनीयुक्त च्युइंगम चबाना दांतों के लिए नुकसानदेह हो सकता है। इसलिए शुगर फ्री च्युइंगम का इस्तेमाल करना चाहिए। चीनी के एक विकल्प जाइलिटॉल से बनी च्युइंगम चबाने से दांतों को नुकसान नहीं होता, क्योंकि इससे मुंह में बनने वाले लार को उत्तेजना मिलती है और लार में मौजूद रसायन दांतों को नुकसान पहुंचाने वाले अम्ल के प्रभाव को नष्ट कर देते हैं।

अनेक गुण हैं च्युइंगम में

कुछ लोग दांतों और मसूड़ों के व्यायाम के लिए भी च्युइंगम चबाते हैं। इससे दांतों की सड़न और गढ्ढे होने का खतरा भी कम हो जाता है। कुछ लोग गले में तरावट लाने, प्यास रोकने, थकावट दूर करने, एकाग्रता बढ़ाने, तनाव दूर करने, खेलते समय स्फूर्ति पाने के लिए, उलझनों की स्थिति में, सांसों में मोहक सुगंध लाने के लिए च्युइंगम चबाते हैं, तो कोई समय काटने के लिए भी इसका प्रयोग करता है। इसके अलावा च्युइंगम एसिडीटी की समस्या में भी लाभकारी है। अतः कभी-कभी च्युइंगम चबाना हानिकारक नहीं है।

56. *डबलरोटी (ब्रेड) का सेवन नुकसानदेह है?*

ग़लतफ़हमी का आधार

इसमें कोई दो मत नहीं कि चाहे मैदे की बनी सफेद डबल रोटी (ब्रेड) हो या बगैर छाने गए आटे की ब्राउन ब्रेड, पौष्टिकता के मामले में कोई

भी ब्रेड समूचे गेहूं का मुकाबला नहीं कर सकती। सफेद या ब्राउन ब्रेड में विटामिन 'ई' सहित कुल 5 पोषक तत्व ही पाए जाते हैं, जबकि समूचे अनाज के आटे में 15 प्रमुख पोषक तत्व होते हैं। दूसरे ब्रेड में फाइबर की कमी होने के कारण और मैदे के बारीक कणों से बनने के कारण आंतों की प्रसारण क्रिया बिलकुल खत्म हो जाती है और कब्जियत की शिकायत पैदा हो जाती है।

वास्तविकता

सफेद ब्रेड व्यापक रूप से एक लोकप्रिय आहार है। यह आसानी से कम मूल्य में उपलब्ध एक स्वादिष्ठ तैयार भोजन है, जिसे कम समय में अनेक प्रकार से रुचिकर बनाकर खाया जा सकता है। जहां तक पोषक तत्वों की बात है, तो संतुलित नाश्ते के लिए ब्रेड में उपलब्ध पोषक तत्व पर्याप्त हैं। शेष तत्वों की कमी भोजन से पूरी हो जाती है। संगठन की दृष्टि से ब्रेड की एक 25 ग्राम स्लाइस में कार्बोहाइड्रेट 12.4 ग्राम, प्रोटीन 2.1 ग्राम, वसा 0.9 ग्राम, फाइबर (रेशे) 0.6 ग्राम, सोडियम 135 माइक्रोग्राम और कैलोरी 66.7 होती है। नाश्ते की दृष्टि से ये कैलोरी पर्याप्त हैं। पाचन संबंधी समस्या से बचने के लिए ऐसी ब्रेड का चुनाव करना चाहिए, जिसमें गेहूं के पूरे तत्व मौजूद हों या उसे नमक, चिकनाई, शक्कर और खमीर की उपयुक्त मात्रा मिलाकर एक संपूर्ण आहार बना दिया गया हो। ऐसी ब्रेड स्वाद और पौष्टिकता की दृष्टि से लाभदायक आहार बन सकती है। फिर भी ब्रेड का सेवन नाश्ते के रूप में या स्वादिष्ठ व्यंजन के रूप में ही किया जाना चाहिए। आहार के रूप में निरंतर नहीं।

आजकल बाजार में ब्राउन ब्रेड काफी लोकप्रिय है, क्योंकि इसमें गेहूं का चोकर, छिलका, भ्रूण आदि की भले ही पूर्ण मात्रा न हो, लेकिन कुछ तो होती ही है। इसी प्रकार 'संपूर्ण गेहूंयुक्त' (होलव्हीट), 'सफेद डबल रोटी' (व्हाइट ब्रेड), आयरन, थाइमीन, नाइसिन, राइबोफ्लेबिन से भरपूर ब्रेड या 'पूर्ण आटायुक्त' (होल मील) ब्रेड भी बाजार में उपलब्ध हैं, जिनमें से आप अपने अनुकूल ब्रेड चुन सकते हैं।

57. एक दूसरे का जूठा खाने से प्यार बढ़ता है?

ग़लतफ़हमी का आधार
आज के वैज्ञानिक कंप्यूटर युग में भी अनेक लोगों के मन में यह गलत धारणा बैठी हुई है कि भाई, बहन व परिवार के अन्य सदस्य एक ही थाली में भोजन और एक ही गिलास से एक दूसरे का जूठा खाते या पीते हैं, तो उनमें प्यार बढ़ता है। अब तो पिकनिक, पार्टियों में दोस्त-यारों के बीच एक-दूसरे का जूठा खाना-पीना फैशन के अंतर्गत आ गया है।

वास्तविकता
एक दूसरे का जूठा खा-पीकर प्यार प्रदर्शित करने का यह तरीका या फैशन निश्चित रूप से स्वास्थ्य के लिए हानिकारक होता है और पेट के रोगों तथा अन्य जानलेवा संक्रामक रोगों को निमंत्रण देने वाला साबित हो सकता है।

घातक हो सकता है झूठा खाना
होलिको-बैक्टर पाइलोरॉइड जीवाणु (बैक्टीरिया) ऐसा ही एक घातक बैक्टीरिया है। पुरुषों की अपेक्षा महिलाएं इससे ज्यादा पीड़ित होती हैं, क्योंकि महिलाएं जूठा खाने और अपने बच्चों को लाड़-प्यार में अपना जूठा खिलाने के प्रति सचेत नहीं होती हैं। ये जीवाणु टी-स्टालों, होटलों के पेय और खाद्य पदार्थों के बर्तनों की अच्छी तरह सफाई न होने के कारण उनमें भी पनपते हैं। जब ये जीवाणु पेट में पहुंच जाते हैं, तो आमाशय में अम्लता के साथ घाव, गैस्ट्राइटिस, ईसोफेजाइटिस, पैंक्रियाज में सूजन, पाचनशक्ति का कमजोर होना, पोषक तत्वों की कमी आदि शिकायतें पैदा हो जाती हैं।

लार और चुंबन से भी हो सकता है संक्रमण
उल्लेखनीय है कि होलिको-बैक्टर पाइलोरॉइड बैक्टीरिया लार, चुंबन, या जूठन के माध्यम से ही एक दूसरे के शरीर में पहुंचते हैं। मुंह में छिपने और पनपने का मौका इनको पान, पान मसाला, गुटखा, तंबाकू सेवन करने वाले आसानी से दे देते हैं। पूर्व में वर्णित शिकायतों के अलावा इनके

असर से सीने में जलन, खट्टी डकार आना, पेट फूलना, नींद न आना, दुर्बलता, सुस्ती आदि तकलीफें भी हो सकती हैं।

महिलाओं के गर्भाशय को भी दूषित करता है जूठा खाना

जो महिलाएं इस बैक्टीरिया से संक्रमित हो जाती हैं, उन्हें मासिक धर्म की अनियमितता, योनि में जलन, श्वेत प्रदर, गर्भाशय की सूजन, स्तनों का लटकना, कमर और पिंडलियों में पीड़ा का अनुभव, कब्ज, अम्लपित्त की शिकायत, यौनेच्छा की कमी आदि शिकायतें भी पैदा हो जाती हैं। अतः स्वस्थ एवं निरोगी जीवन जीने के लिए यह जरूरी है कि आप न किसी का झूठा खाएं और न ही अपना जूठा दूसरों को खिलाएं। छोटे बच्चों के मामले में तो विशेष सावधानी रखें, क्योंकि उन्हें संक्रमित रोग आसानी से लग जाते हैं। बड़ों को भी संक्रमित रोगों से ग्रस्त किसी भी व्यक्ति का जूठा नहीं खाना चाहिए, भले ही वह निकटतम संबंधी ही क्यों न हो। ध्यान रखें कि एक दूसरे का जूठा खाने से प्यार नहीं, बीमारियां बढ़ती हैं।

58. *अल्प मात्रा में रोजाना शराब पीना लाभदायक होता है?*

ग़लतफ़हमी का आधार

प्राचीन काल में शराब का चलन औषधि रूप में हुआ था। तब थोड़ी सी मात्रा में दवा की तरह लेने से यह उत्तेजक औषधि की भांति शरीर में शक्ति और स्फूर्ति का अनुभव देती थी। आजकल अनेक लोगों के मन में यह ग़लतफ़हमी फैली हुई है कि अल्प मात्रा में रोजाना शराब पीना लाभदायक होता है, जो उनकी भूल ही है। अल्प मात्रा में भी शौक-शौक में शराब पीने वालों का संयम ज्यादा दिनों तक नहीं चलता। एक-दो पैग से शुरू होने वाली यह आदत कुछ ही दिनों में निरंतर सेवन करने से छह-सात पैग तक पहुंच जाती है। क्योंकि एक बार में जितनी मात्रा में शराब पीने से उत्तेजना प्राप्त होती है, आगे उतनी ही मात्रा में पीने से

उतनी उत्तेजना नहीं मिलती। परिणामस्वरूप पीने वाले को शराब की मात्रा बढ़ानी पड़ती है। नतीजा यह होता है कि व्यक्ति इसका गुलाम बनकर न केवल अपना वर्तमान नष्ट कर लेता है, बल्कि भविष्य भी स्वयं ही बिगाड़ लेता है।

वास्तविकता

शराब पीने के बाद जिस सुखानुभूति का अनुभव व्यक्ति को होता है, वह वस्तुत: शरीर की एक साधारण-सी प्रतिक्रिया है। वास्तव में शराब पीने के बाद व्यक्ति अपने में थोड़ी स्फूर्ति और चेतनता का अनुभव करता है, वह शरीर में छिपी पड़ी स्फूर्ति को ही बाहर निकालती है। उल्लेखनीय है कि शराब पीने से मिली उत्तेजना के समाप्त हो जाने पर मानसिक और शारीरिक अवसाद का अनुभव होता है, जिसे दूर करने के लिए बार-बार शराब पीने की इच्छा होती है।

शरीर पर शराब के दुष्प्रभाव

रक्त में शराब का स्तर जैसे-जैसे बढ़ता जाता है, वैसे-वैसे इसके दुष्परिणाम सामने आने लगते हैं। प्रति 100 मिलीलीटर रक्त में शराब का स्तर 50 से 100 मिलीग्राम होने पर व्यक्ति भावुक, संवेदनशील और बातूनी हो जाता है। 100 से 200 मिलीग्राम होने पर अति भावुक होकर उसकी मांसपेशियों में हरकत होने लगती है। 200 से 300 मिलीग्राम होने पर चाल व जबान में लड़खड़ाहट, आत्मनियंत्रण में कमी आती है। 300 से 500 मिलीग्राम होने पर भयंकर नशा चढ़कर बेहोशी आ जाती है। जब 500 मिलीग्राम से ऊपर हो जाता है, तो श्वास रुकने के कारण मृत्यु तक हो सकती है।

शराब और मनोविकार

आयुर्वेद शास्त्र के मतानुसार शराब से मोह, भय, शोक, क्रोध, पागलपन, नशा, मूर्च्छा, अपस्मार, धनुर्वात रोग पैदा होकर मृत्यु तक हो सकती है। इसके अलावा स्मृति का नाश होने से ऐसा कोई भी निंदित कार्य नहीं जिसे शराबी न करता हो।

शराब तापमान गिराती है

बैंकाक के राजा विथी अस्पताल के निर्देशक डॉ. मायाथास के मतानुसार शराब पीने से शरीर के तापमान का संतुलन बिगड़ जाने के कारण मौत

का खतरा बढ़ जाता है, क्योंकि शराब शरीर को गर्मी देने के बजाय शरीर का तापमान कम कर देती है। तापमान में यह कमी छोटी रक्त कोशिकाओं के फूलने से होती है जो हमारी त्वचा के नीचे स्थित होती हैं। अतः शराब पीकर यह न सोचें कि सर्दी के मौसम में शराब पीने से गर्मी मिलती है और नशे की हालत में कपड़े न उतार फेकें, क्योंकि आपकी इस हरकत से ठंड लगने से मृत्यु भी हो सकती है।

अनगिनत रोगों का घर है शराब

टेक्सास ए एंड एम युनिवर्सिटी द्वारा किए गए एक अध्ययन से यह तथ्य प्रकाश में आया है कि शराब पीने से हड्डियों में दुर्बलता और टूट-फूट का खतरा अधिक होता है। इसके अलावा पाचन क्रिया खराब हो जाती है। अति अम्लता, अल्सर, सिरोसिस ऑफ लिवर, हृदय का अधिक धड़कना, मधुमेह, रक्त शर्करा की कमी, कीटो एसिडोसिस, कार्डियो मायोपैथी, उनींदापन, वायु विकार, भूख कम लगना, वजन घटना, सुबह-सुबह उल्टियां होना, सिर दर्द, मस्तिष्क की विकृति से आवाज व चाल लड़खड़ाना, भ्रम पैदा होना, रक्तचाप बढ़ना, यौनेच्छा कम होकर नपुंसकता उत्पन्न होना, शरीर की रोग प्रतिरोधक क्षमता में कमी, रक्त के निर्माण में कमी आदि दुष्परिणाम भी शराब पीने वालों को भुगतने पड़ते हैं। अतः अल्प मात्रा में भी शराब का नियमित सेवन भविष्य में घातक दुष्परिणाम पैदा कर सकता है। भलाई इसी में है कि इससे पूर्णतः परहेज किया जाए।

59. फाइबर (रेशायुक्त) आहार न लेने से कोई नुकसान नहीं होता?

हमारे भोजन का वह भाग, जो पाचन क्रिया में सक्रिय भाग लेता है और बाद में बच जाता है, फाइबर, रेशा या रफेज कहलाता है। इसका अधिकांश भाग पौधों की कोशिका भित्ति और उसमें उपस्थित पदार्थों से मिलकर बनता है। अपक्व फाइबर में हेमी सेल्युलोज, सेल्युलोज, लिग्निन, म्युसिलेज, पैक्टिन आदि पाए जाते हैं। आहार विशेषज्ञों का कहना है कि हमारे भोजन में फाइबर की मात्रा प्रतिदिन 25-40 ग्राम तक होनी चाहिए।

रेशायुक्त आहार न लेने से कैंसर का खतरा

ब्रिस्टल विश्वविद्यालय के कैंसर विभाग के डॉक्टरों का कहना है कि जो लोग हरी रेशेदार साग-सब्जियों और फलों का सेवन नहीं करते या कम मात्रा में करते हैं, उन्हें आंत का कैंसर होने का खतरा अधिक रहता है। उल्लेखनीय है कि रेशेदार आहारों की कमी से कब्ज पैदा होती है, जिसके कारण मल अधिक समय तक आंतों में ही पड़ा रहता है। सूखेपन और कम मात्रा में होने से मल को बाहर निकलने में अधिक संकुचन एवं दबाव की आवश्यकता होती है। मल का अधिक समय तक आंत में बना रहना कैंसर के खतरे को बढ़ाता है।

पाचन तंत्र और हृदय रोग भी बढ़ा सकता है बिना रेशे का आहार

विभिन्न अध्ययनों से ज्ञात हुआ है कि भोजन में फाइबर की मात्रा न हो या बहुत कम हो, तो शरीर में कई बीमारियां पैदा हो सकती हैं। फाइबर में पानी एकत्र करने की क्षमता होने के कारण भोजन पचने के बाद बना मल गीला रहता है, जिससे पेट आसानी से साफ हो जाता है। इस कारण कब्ज की शिकायत नहीं होती। लेकिन जब फाइबर की कमी होती है, तो कब्ज की शिकायत पैदा होती है और उससे अनेक बीमारियों को बढ़ने का मौका मिलता है। कब्ज की तकलीफ बनी रहने से बवासीर हो जाती है। फाइबरयुक्त भोजन न होने से ज्यादा मात्रा में भोजन करने पर पेट भरता है, जिससे मोटापा बढ़ता है, जबकि फाइबरयुक्त भोजन से पेट जल्दी भरता है। फाइबरयुक्त भोजन से यकृत में कोलेस्ट्रोल की मात्रा कम होकर रक्तचाप घटता है। इसके अभाव में कोलेस्ट्रोल और रक्तचाप बढ़ने लगता है। कब्ज की शिकायत वर्षों तक बनी रहने से पेट के कैंसर का खतरा भी बढ़ जाता है। स्तन कैंसर की संभावना भी रहती है।

अधिक रेशायुक्त भोजन भी हानिकर

फाइबर वाले भोजन से जहां इतने फायदे हैं, वहीं इसका अधिक मात्रा में किया गया सेवन पेट में गैस, दस्त, आंत में रुकावट, लौह, जिंक, कैल्शियम आदि खनिजों के पाचन में बाधा जैसी शिकायतें पैदा भी करता है। अत: भोजन में फाइबर की प्रतिदिन की मात्रा 40 ग्राम से ज्यादा न रखें।

रेशायुक्त भोजन के स्रोत

फाइबरयुक्त भोजन प्राप्त करने के लिए चोकर सहित आटा, दलिया, बाजरा,

जौ, भुजिया चावल, राजमा, काला चना, काबुली चना, सोयाबीन, साबुत मसूर, मूंग, उड़द और अंकुरित दालें तथा हरी सब्जियां, फलों का सेवन करना चाहिए।

60. *खाद्य पदार्थों में मिलाए जाने वाले रंग हानिकारक नहीं होते ?*

ग़लतफ़हमी का आधार

लुभावने रंग अपनी खूबसूरत छटा से बरबस ही हमारा मन मोह लेते हैं। इसीलिए खाद्य पदार्थों को आकर्षक बनाने के लिए कृत्रिम रंगों का इस्तेमाल किया जाता है।

वास्तविकता

वैधानिक रूप से खाद्य पदार्थों में मिलाने की अनुमति केवल दस रंगों को ही प्रदान की गई है। इनके व्यापारिक नाम अमरैंथ (बैंगनी), इरिथ्रोसीन (गुलाबी), सनसेट यलो, इंडिगो, पेंसीआई 4 आर, कारमोइसीन, फास्ट ग्रीन, टाट्राजीन, ग्रीन बी आर, ब्रिलिएंट ब्लू हैं। इन्हें निर्धारित मात्रा में खाद्य पदार्थों में इस्तेमाल करने से विशेष नुकसान नहीं होता। किंतु प्रायः इनकी मात्रा का ध्यान नहीं रखा जाता है और ये शरीर पर घातक प्रभाव डालने लगते हैं।

कृत्रिम रंगों के दुष्प्रभाव

वैध रंगों का मूल्य अवैध रंगों की अपेक्षा कहीं अधिक होने के कारण खाद्य पदार्थों में अवैध रंगों का व्यापक स्तर पर प्रयोग किया जाता है। इनका असर धीरे-धीरे होने के कारण लंबे समय बाद हानिकारक प्रभाव दिखाई पड़ते हैं, क्योंकि जहरीले अंश धीरे-धीरे शरीर में जमा होते रहते हैं। हमारी पाचनशक्ति प्रभावित होती है और शरीर में खून की कमी हो जाती है। दिमाग, गुर्दों व यकृत पर दुष्प्रभाव भी पड़ता है।

अमरैंथ के घातक प्रभाव

थनकम्मा जैकब द्वारा लिखित पुस्तक 'पायजंस इन अवर फूड' में बताया

गया है कि खाद्य पदार्थों में स्वीकृत सबसे अधिक उपयोग में आने वाला रंग 'अमरैंथ' है। इसका इस्तेमाल शीतल पेय, कैचप, जैम व आइसक्रीम, औषधियों तथा लिपस्टिक जैसे अन्य सौंदर्य प्रसाधनों में किया जाता है। परंतु अध्ययनों से अब पता चला है कि इससे कैंसर, प्रजनन शक्ति की कमी होना तथा गर्भस्थ शिशु की मृत्यु होने का खतरा या जन्म से ही विकलांग पैदा होने की संभावना होती है। अत: अब अनेक देशों ने इस रंग के प्रयोग पर प्रतिबंध लगा दिया है।

गऊ छाप पीला या मक्खन और शक्कर में मिले रंगों के घातक प्रभाव

सर्वाधिक इस्तेमाल में लिए जाने वाले गऊ छाप पीले रंग के बारे में यह साबित हो चुका है कि इससे पुरुषों की जनन ग्रंथियों पर बुरा असर पड़ता है, जिससे शुक्राणुओं का निर्माण कम होता है। मक्खन को रंगने वाला पीला रंग जिगर की बीमारी 'सिरोसिस ऑफ लिवर' पैदा करता है। शक्कर में अधिक सफेदी लाने के लिए अकसर डलसिन और सोडियम साइक्लेमट का उपयोग किया जाता है, जिससे हड्डियां गलने और क्षय रोग होने की संभावना बनी रहती है।

घातक हैं पानी में घुले रंग भी

सस्ता और आसानी से मिलने वाला पानी में घुलनशील रंग 'मेटालिन यलो' से अल्सर, खून की कमी, शुक्र ग्रंथि का ह्रास तथा कैंसर जैसी बीमारियां हो सकती हैं। मैटानिल रंग के दुष्परिणाम से पाचन क्रिया की गड़बड़ी, गले का दर्द, मुंह में छाले, दमा, हड्डियों का गलना आदि बीमारियां होने की संभावना होती है। इसके अलावा 'सनसेट' से अतिसार व बुद्धि की कमी, 'टाट्राजीन' से एलर्जी व अतिसार, 'ग्रीन बी' से चर्म रोग, 'फास्ट ग्रीन' से ट्यूमर, 'पेंसीआई 4 आर' से रक्त की कमी हो सकती है। अत: जहां तक हो सके, इनके सेवन से बचें।

61. *घूमना, टहलना मात्र व्यायाम नहीं है ?*

आमतौर पर लोग व्यायाम का मतलब हॉकी, फुटबाल, टेनिस आदि खेलना, दौड़ना, जॉगिंग, तैरना, रस्सी कूदना, दंड बैठक लगाना, साइकिल चलाना

आदि करना ही समझते हैं। सामान्य तरीके से सुबह-शाम घूमना, सैर करना, टहलना, तेज चलना आदि को व्यायाम नहीं मानते। जबकि इससे शरीर का पूरा व्यायाम हो जाता है और शरीर स्वस्थ, नीरोग बनता है। यह एक सरल, सुरक्षित, व्यावहारिक व बगैर खर्चे का व्यायाम है। प्राचीन काल से ही ऋषि मुनि स्वस्थ जीवन बिताने का एकमात्र सूत्र घूमना या टहलना बताते रहे हैं।

रूस में संसार के सर्वाधिक दीर्घायु व्यक्ति रहते हैं। यहां के लोग सक्रिय रहते हुए पैदल चलने में विश्वास रखते हैं। जापानी विशेषज्ञों के अनुसार अच्छी सेहत की कुंजी है—'प्रतिदिन दस हजार डग चलना।'

उम्र बढ़ाता है पैदल चलना

बोस्टन विश्वविद्यालय के डॉ. लेविन का मत है कि सप्ताह में मात्र तीन दिन 45 मिनट रोज का भ्रमण स्वस्थ जीवन के लिए पर्याप्त है। भ्रमण पर स्टेनफॉर्ड विश्वविद्यालय अमेरिका में शोध अनुसंधान हुए, जिसके अनुसार 12 किलोमीटर प्रति सप्ताह पैदल चलने से मृत्यु के खतरे 21 प्रतिशत कम और 40-45 किलोमीटर प्रति सप्ताह पैदल चलने से लगभग 10 प्रतिशत रह जाते हैं।

मस्तिष्क की क्षमता बढ़ाता है टहलना

सैन फ्रांसिस्को स्थित कैलीफोर्निया यूनिवर्सिटी की क्रिस्टीन याफे के मतानुसार जीवन के साठ दशक देख चुकी महिलाएं भी नियमित रूप से खूब पैदल चलकर व व्यायाम करके अपने मस्तिष्क को आयु के प्रभाव से बचा सकती हैं। इसके विपरीत जो महिलाएं कम चलती व कम व्यायाम करती हैं, उनके मस्तिष्क की सक्रियता पहले से कम हो जाती है।

पौरुष शक्ति बढ़ाता है टहलना

तेल अबीब के डॉ. एलेक्स आलशिंस्की द्वारा 45 से 55 वर्ष की आयु वर्ग के 243 पुरुषों पर किए गए परीक्षणों से निष्कर्ष निकला है कि पैदल चलना सबसे अच्छा व्यायाम तो है ही, यह पुरुषों में नपुंसकता को भी दूर करता है। डॉ. आलशिंस्की के मतानुसार 67 प्रतिशत पुरुषों को पैदल चलने के बाद वियाग्रा की जरूरत ही नहीं पड़ी, क्योंकि एक सप्ताह में 4 किलोमीटर पैदल चलकर पुरुष अपनी खोई हुई शक्ति प्राप्त कर सकता है। ऐसे लोगों में बुढ़ापा भी जल्दी नहीं आता।

सारे शरीर को दुरूस्त रखता है टहलना

यों सारे शरीर की क्षमता सुधारने के लिए पैदल चलना सबसे अधिक प्रभावशाली व्यायाम है। इसमें किसी भी व्यायाम की अपेक्षा शरीर की सारी मांसपेशियां अधिक गतिशील रहती हैं। विशेषकर टांग, कूल्हा, निचला पेट, हाथ की पेशियों में विशेष रूप से सक्रियता आ जाती है। शरीर में चुस्ती आती है। पेशीय संकुचन से दूषित रक्त वाली शिराएं दबकर खून का उचित प्रवाह करने लगती हैं। पसीना निकलकर शरीर की गंदगी दूर होती है।

टहलना वजन घटाने का सफल उपाय

जिन्हें अपना वजन कम करना हो, उनके लिए भ्रमण से सरल, सफल और सर्वोत्तम तरीका शायद ही कोई और हो। शरीर में जमी चर्बी से उत्पन्न ऊर्जा को नष्ट करने में पैदल घूमना महत्त्वपूर्ण है, क्योंकि प्रति किलोमीटर पैदल चलने से 100 कैलोरी से ज्यादा ऊर्जा खर्च होती है। भोजन पर नियंत्रण रखकर भ्रमण जारी रखने वालों का 25 प्रतिशत वजन आसानी से कम हो जाता है।

अनेक लाभ हैं पैदल चलने के

पैदल घूमने वालों को मधुमेह की बीमारी कम होती है। मधुमेह से पीड़ित व्यक्ति भी यदि प्रतिदिन नियमित रूप से टहले, तो इंसुलिन की मात्रा की कम-से-कम जरूरत पड़ती है। तेज टहलने से उच्च रक्तचाप की दवाओं से छुटकारा मिल जाता है। कमर दर्द, अस्थि रोग में विशेष रूप से आराम मिलता है। हड्डियां मजबूत बनती हैं। हृदय रोग में लाभ होता है।

घूमने के दौरान शुद्ध ऑक्सीजन मिलने से फेफड़े और कोशिकाएं तंदुरुस्त रहती हैं और रोग निरोधक शक्ति बढ़ती है। शरीर में रक्तसंचार तेज होने से मस्तिष्क में खून का बहाव ज्यादा होने से दिमागी ताजगी मिलती है। चुस्ती-फुर्ती बढ़कर भूख खुलकर लगती है। कब्ज की शिकायत नहीं होती। दूसरी कसरतों की तरह ही पैदल चलने में शरीर से इंडोर्फिन हार्मोन का रिसाव होता है, जिससे आप हलका-फुलका, प्रसन्न महसूस करेंगे। साथ ही चेहरे पर निखार आएगा और मानसिक तनाव दूर होकर खूब अच्छी नींद आएगी। अत: जब दूसरा कोई व्यायाम न कर सकें, तो पैदल घूमने का नियम अवश्य बनाएं।

62. व्यायाम खासकर जॉगिंग सभी के लिए लाभदायक हैं?

इसमें कोई संदेह नहीं कि शरीर को स्वस्थ, निरोगी रखने के लिए नियमित व्यायाम उतना ही आवश्यक है, जितना जीवन निर्वाह के लिए आहार। आचार्य चरक ने व्यायाम के संबंध में चरक संहिता 7/31 में लिखा है—"कोई भी ऐसी शारीरिक क्रिया या चेष्टा जो उचित हो, हितकारी हो और मन को अच्छी लगे, जो शरीर में सुडौलता लाए और बल बढ़ाए, इस क्रिया का नाम व्यायाम है। इस क्रिया का सेवन अधिक मात्रा में न करते हुए अपनी आधी शक्ति के बराबर ही करना चाहिए।"

व्यायाम क्षमता से अधिक न करें

व्यायाम उचित ढंग से, उचित मात्रा में करने पर ही लाभप्रद होता है अन्यथा अनुचित ढंग से, अनुचित मात्रा में किया गया व्यायाम लाभ की जगह हानि ही पहुंचाता है। आचार्य वाग्भट ने अष्टांग संग्रह सूत्र 3/66 में लिखा है कि व्यायाम में अभ्यास भी हो गया हो, तो भी अति करने का साहस नहीं करना चाहिए, क्योंकि ऐसा दुस्साहसी व्यक्ति भी नाश को प्राप्त होता है।

अधिक व्यायाम हानिकर

अति व्यायाम के कारण प्यास की अधिकता, रस, रक्तादि धातुओं का क्षय, मांसपेशियों में लेक्टिक एसिड, साइट्रिक एसिड बढ़ने से थकावट महसूस होना, हृदय की गति बढ़ने से रक्तचाप बढ़ना, खांसी, बुखार, उलटी आदि कष्ट हो सकते हैं।

स्वस्थ व्यक्ति ही व्यायाम करें

आचार्य सुश्रुत ने हानिकारक परिस्थितियों के बारे में सुश्रुत संहिता चिकित्सा 24/50 में लिखा है—"रक्तपित्त के रोगी, दुबले-पतले, श्वास, खांसी तथा चोट लगने से दुखी, भोजन किए हुए, स्त्री सहवास से क्षीण और मानसिक रूप से अशांत व्यक्ति को व्यायाम नहीं करना चाहिए। इन परिस्थितियों

से मुक्त होकर स्वस्थ महसूस करने पर फिर व्यायाम शुरू किया जा सकता है।''

जॉगिंग अर्थात् धीरे-धीरे दौड़ना

मंद, धीमी गति से दौड़ने की क्रिया को 'जॉगिंग' कहते हैं। यह एक सहज, सरल एवं आनंदप्रद सामान्य व्यायाम है। इसे करने के लिए किसी विशेष कौशल या साधन की जरूरत नहीं पड़ती। इसमें एक सी मंद गति से आराम और शांति के साथ दौड़ना ही काफी होता है। यही वजह है कि इसे एरोबिक एक्सरसाइज माना गया है।

बहुत लाभकर है जॉगिंग

यद्यपि डॉक्टरों की दृष्टि से जॉगिंग एक पूर्ण व्यायाम है और इसके नियमित करने से व्यक्ति के फेफड़े और हृदय मजबूत होते हैं, उनकी कार्यशक्ति बढ़ती है। मोटापा कम होकर काया सुडौल बनती है। मानसिक और शारीरिक स्वास्थ्य सुधरकर शरीर में उमंग और उत्साह पैदा होता है। त्वचा सुंदर बनती है और शिथिल हुए स्नायु मजबूत होते हैं। कमर और जोड़ों का दर्द दूर होता है। लेकिन इसे शुरू करने से पहले व्यक्तिगत मेडिकल जांच अपने डॉक्टर से अवश्य करा लेनी चाहिए, क्योंकि संभव है आपमें कोई ऐसी बीमारी या लक्षण मिल जाए, जिसके कारण जॉगिंग करना फायदे की बजाय नुकसानदेह साबित हो।

निम्नांकित अवस्था में जॉगिंग न करें

जिन्हें अत्यधिक उच्च रक्तचाप हो या रहता हो, जिनका हृदय जन्म से कमजोर हो, हृदय के वाल्व त्रुटिपूर्ण या क्षतिग्रस्त हों, जिसे मिर्गी का रोग हो, जो पैरों के संधिवात से पीड़ित हो, जिसके पैरों में चोट या त्रुटि हो, जो कमजोर मन वाला हो, जिसे पथरी, पीलिया, मानसिक रोग, फेफड़ों की बीमारियां हों, जिसे दिन भर अत्यधिक शारीरिक श्रम का कार्य करना पड़ता हो, जो किसी लंबी बीमारी से हाल ही में उठा हो, ऐसे व्यक्तियों को जॉगिंग का व्यायाम नहीं करना चाहिए।

63. शरीर की तेल मालिश करना हमेशा लाभदायक होता है?

लाभदायक है मालिश करना

संतुलित आहार की भांति शरीर को स्वस्थ बनाने तथा मांसपेशियों को मजबूत बनाने के लिए नियमित मालिश भी जरूरी है। तेल की मालिश करने से जहां शरीर के अंग-प्रत्यंग को लाभ मिलता है, शरीर पुष्ट और बलवान बनता है, वहीं औषधीय गुणों से युक्त तेलों की मालिश करने से रोग भी दूर होते हैं।

निम्नांकित स्थितियों में मालिश न करें

जहां मालिश को इतना लाभकारी और उपयोगी बताया गया है, वहीं कुछ परिस्थितियों में इसे वर्जित भी किया गया है, क्योंकि ऐसे में मालिश करने से लाभ के स्थान पर हानि होती है। महर्षि वाग्भट ने लिखा है—

वर्जोऽभ्यंगः कफ ग्रस्तकृत संशुद्धय जीर्णिभिः।

—अष्टांग हृदय सूत्र 2/9

अर्थात् कफ से पीड़ित, वमन विरेचक क्रिया (उलटी और दस्त) करके जिसके शरीर का शोधन किया हो और जिस दिन अजीर्ण हो, उस दिन मालिश नहीं करनी चाहिए।

सुश्रुत संहिता 24/35 में लिखा है—आम दोषों की स्थिति में मालिश का प्रयोग कभी नहीं करना चाहिए। नवीन ज्वर, अजीर्ण से पीड़ित तथा वमन विरेचन व निरूह वस्ति से युक्त स्थिति में तेल मालिश नहीं करनी चाहिए अन्यथा लाभ के बजाय उलटे हानि ही होती है।

रविवार और मंगलवार को मालिश से गर्मी के विकार

धर्मग्रंथों में रविवार और मंगलवार को तेल मालिश न करने की सलाह दी गई है, क्योंकि रविवार के दिन सूर्य ग्रह का प्रभाव ज्यादा ही रहता है। सूर्य गर्मी का भंडार है, अतः मनुष्य भी उसकी गर्मी से प्रभावित हुए बिना नहीं रह सकता। हमारे शरीर में भी जठराग्नि 'पित्त' गर्मी मौजूद है। इसलिए अधिक गर्मी से गर्मी संबंधी रोग शीघ्र ही हो जाते हैं। उल्लेखनीय है कि तेल मालिश से भी शरीर की गर्मी बढ़ती है। इस दिन

मालिश करने वालों की पित्त के कारण गर्मी बढ़ जाती है। परिणामस्वरूप उन्हें उच्च रक्तचाप, खुजली आदि पित्तजन्य बीमारियां होने का खतरा बढ़ जाता है।

मंगल भारतीय ज्योतिष के अनुसार क्रूर ग्रह है। इसका रंग लाल होने के कारण ये मनुष्यों के खून को प्रभावित करता है। इससे शरीर की उष्णता व तीव्रता बढ़ जाती है। ऐसे में तेल मालिश करने से रक्तचाप में वृद्धि हो जाती है और उच्च रक्तचाप के कारण मिर्गी, अपस्मार, खुजली जैसे अनेक रोग हो सकते हैं। ध्यान रखें तेल मालिश भोजन के एक-दो घंटे पहले ही कर लें, बाद में न करें और मालिश करवाने के बाद भरपूर मात्रा में पानी अवश्य पिएं।

64. हेयर डाई लगाते रहने से बालों को कोई नुकसान नहीं होता?

काले बाल जवानी के प्रतीक होते हैं। इसीलिए जिनके बाल कम उम्र में ही सफेद हो जाते हैं, वे उन्हें काला करने के लिए कई तरह की हेयर डाइयों को धड़ल्ले से अजमाते रहते हैं। बालों को काला कर सुंदर दिखने की इस अस्थाई विधि से अंतत: सारे बाल सफेद हो जाते हैं, साथ ही सिर की त्वचा और स्वास्थ्य को भी नुकसान पहुंचता है।

हर्बल डाई में भी केमिकल होते हैं

लगभग सभी प्रकार की हेयर डाइयों में 2.33 से 4 प्रतिशत तक केमिकल पदार्थ पैराफिनाइलिन डाइएमीन मिलाया जाता है। इसके बिना सफेद बाल काले होना संभव नहीं। इसका रंग इतना पक्का होता है कि डेढ़-दो माह तक बालों को काले करने की जरूरत नहीं पड़ती। अनेक लोग हर्बल हेयर डाई लगाकर सोचते हैं कि वे रसायन के दुष्परिणामों से बच जाएंगे, लेकिन जड़ी-बूटियों के चित्र लेबल पर दिखाकर लोगों को प्रोडक्ट खरीदने के लिए आकर्षित करने का एक तरीका आजकल काफी अपनाया जा रहा है। इनमें जड़ी-बूटियों की लंबी सूची के साथ अल्प मात्रा में केमिकल डालने का फार्मूला इतने छोटे अक्षरों में लिखा रहता है कि आम उपभोक्ता

उसे पढ़ने की तकलीफ नहीं करते।

हेयर डाई से मूत्राशय के कैंसर की आशंका

इंटरनेशनल जर्नल ऑफ कैंसर में प्रकाशित एक अध्ययन की रिपोर्ट में बताया गया है कि हर माह पर्मानेंट हेयर डाई लगाने वाली महिलाओं में मूत्राशय के कैंसर बढ़ने की आशंका दोगुनी हो सकती है।

कैलीफोर्निया, अमेरिका के प्रोफेसर ब्रूस एमिस के मतानुसार जो लोग सदैव बाल काले करने के लिए डाई का इस्तेमाल करते हैं, उन्हें कैंसर होने का खतरा होता है। यह रोग भले ही तुरंत नहीं होता, लेकिन 10-15 वर्ष में प्राय: सामने आ सकता है।

बालों, त्वचा और आंखों को नुकसानदायक है डाई

जो हेयर डाई हम सिर के बालों में लगाते हैं, उसका एक प्रतिशत भाग सिर की त्वचा द्वारा सोख लिया जाता है। इसके दुष्परिणामस्वरूप बाल गिर सकते हैं, टूटना शुरू होकर अंत में गंजापन भी हो सकता है। इसके अलावा बाल रूखे, बेजान और कमजोर हो जाते हैं। एलर्जी की शिकायत पैदा होकर लाल चकत्ते पड़ने से खुजली हो सकती है। आंखों पर विपरीत प्रभाव पड़कर दृष्टि दोष पैदा हो सकता है। किसी-किसी के चेहरे पर सूजन भी आ जाती है। मोतियाबिंद की शिकायत हो सकती है। डाई आंख में चली जाए, तो अंधेपन की तकलीफ हो सकती है। अत: यह सोचना गलत है कि हेयर डाई लगाते रहने से हमें कोई नुकसान नहीं होता।

65. अधिक परेशानियों एवं चिंता से बाल सफेद हो जाते हैं?

मेलानिन रखता है बालों को काला

हमारे बालों का रंग मेलानोसाइट्स नाम की कोशिकाओं में पैदा होने वाले पिग्मेंट मेलानिन के कारण होता है। इसी के तालमेल से बाल सुनहरे, भूरे या काले रंग के दिखाई देते हैं। जब मेलानोसाइट्स कोशिकाओं में बनने वाले मेलानिन के बनने की क्रिया धीमी पड़ जाती है, तो बाल सफेद होना शुरू हो जाते हैं।

कई कारण हैं बाल सफेद होने के

असमय में बालों का सफेद होना रोग माना गया है। मात्र अधिक परेशानियों, चिंता से ही बाल सफेद नहीं होते, बल्कि उसके अनेक कारण होते हैं। उनमें प्रमुख कारण बालों में मेलानिन पिग्मेंट की कमी, गलत आहार-विहार और आचरण, विटामिन ए, बी-कांपलेक्स के घटक पेंटोथेनिक एसिड, पैरा एमीनो बेंजोइक एसिड, विटामिन बी-12, फोलिक एसिड, फास्फोरस, आयरन की कमी, आयोडीन, मानसिक तनाव, बीमारी, आनुवंशिक, चटपटे मिर्च-मसालेदार, मिलावटी चीजें खाना, नशीली वस्तुओं का अधिक सेवन, देर रात्रि तक जागरण, केमिकल्स युक्त साबुन, शैंपू का अधिक इस्तेमाल, बार-बार बालों में लगाने का तेल बदलना, बालों में तेल की मालिश न करना, बार-बार नजला-जुकाम होना, पेट में गैस, कब्ज की शिकायत, बुढ़ापा आदि होते हैं।

अधिक परिश्रम बाल सफेद होने का प्रमुख कारण

आयुर्वेद के ग्रंथ सुश्रुत संहिता निदान 13/36 में लिखा है—क्रोध, चिंता और श्रम की अति करने पर उत्पन्न हुई शरीरगत उष्णता तथा पित्त कुपित होकर सिर तक पहुंचकर बालों को पकाते हैं, जिससे धीरे-धीरे सारे बाल सफेद होने लगते हैं।

66. बालों में नियमित तेल लगाने और कंघी करने से नुकसान होता है?

आजकल फैशन के चक्कर में पड़े युवक-युवतियां अपने बालों में तेल लगाना पसंद नहीं करते। जबकि बालों के सौंदर्य को निखारने और उन्हें उचित पोषण पहुंचाने में तेल की अहम् भूमिका होती है।

बहुत लाभकर है बालों में तेल लगाना

आयुर्वेद ग्रंथ चरक संहिता सूत्र 5/81-82 में बालों में तेल लगाने का महत्त्व यूं बताया गया है—"जो व्यक्ति प्रतिदिन सिर के बालों में तेल लगाकर मालिश करता है, उसे सिर दर्द की तकलीफ कभी नहीं होती, बाल उड़ने से गंजापन नहीं आता, बाल सफेद नहीं होते, बाल गिरते नहीं, बल्कि

सिर की त्वचा और कपाल विशेष रूप से सशक्त होकर बालों की जड़ें मजबूत होती हैं, बाल काले, घने और लंबे बने रहते हैं।'' इसके अलावा असमय नेत्र ज्योति कम नहीं होती। ज्ञानेंद्रियां ठीक प्रकार से काम करती हैं, जिससे प्रसन्नता बनी रहती है। चेहरे की त्वचा में कांति आती है। सुखपूर्वक अच्छी नींद आती है।

कैसे लगाएं बालों में तेल

बालों में तेल लगाने का सही लाभ तभी मिलता है, जब उसे भली-भांति बालों की जड़ों में मालिश करते हुए लगाया जाए, ताकि तेल जड़ों में शोषित हो जाए। हमेशा साफ-सुथरे बालों में ही तेल लगाना चाहिए, क्योंकि गंदे बालों में लगाया तेल जड़ों तक न पहुंचने के कारण कोई लाभ नहीं पहुंचाएगा। बालों में तेल लगाने के पहले और बाद में अच्छी तरह कंघी करना न भूलें। ऐसा करने से तेल बालों में पूरी तरह फैलकर उन्हें चमकीला बनाएगा। तैलीय बालों में सप्ताह में एक बार नारियल या आंवले के तेल की मालिश अवश्य करें। इससे सिर की त्वचा में रक्तसंचार बढ़ेगा। तेल लगे बालों में गंदगी जमने की संभावना अधिक रहती है। अत: यदि धूल भरे वातावरण में ज्यादा रहना पड़े, तो बालों की नियमित सफाई पर ध्यान दें। रूखे और झड़ने वाले बालों में सप्ताह में दो बार हलके गर्म जैतून के तेल की मालिश करें।

कम से कम तीन बार कंघी करें

बालों में जितनी अधिक बार कंघी (ब्रश) करें, उतना ही बेहतर होगा। फिर भी कम से कम 3 बार कंघी अवश्य करें। इससे बालों का व्यायाम होगा, उनमें रक्तसंचार बढ़ेगा, जिससे चमक आएगी, बाल मजबूत होकर स्वस्थ बनेंगे। गीले बालों में कंघी कभी न करें। अच्छी तरह सुखाने के बाद ही कंघी करें। बालों में कंघी ऊपर से नीचे की ओर अधिक करें। केवल बालों को जमाते समय ही ऊपर की ओर कंघी करें। बहुत ज्यादा कंघी करते रहने से भी बालों को नुकसान पहुंचता है, क्योंकि इससे तेलीय ग्रंथियां अत्यधिक सक्रिय हो उठती हैं। इस कारण सीबल बालों में फैलकर उन्हें चिपचिपा बना देता है। यही चिपचिपाहट गंदगी जमा होने का कारण बनती है। जिनके बाल बार-बार कंघी करने से हर बार टूटते रहते हों, उन्हें अधिक बार कंघी नहीं करनी चाहिए। ध्यान रखें कि कंघी में गंदगी

न हो, क्योंकि इसके इस्तेमाल से सिर की त्वचा में संक्रमण फैलकर बालों को नुकसान पहुंचा सकता है।

67. एंटी बैक्टीरियल साबुन त्वचा के लिए लाभप्रद होते हैं?

ग़लतफ़हमी का आधार

अपनी त्वचा के स्वास्थ्य के प्रति जागरूक लोगबाग टेलीविजन, पत्र-पत्रिकाओं में प्रकाशित विज्ञापनों को देखकर अपनी मर्जी से एंटी बैक्टीरियल साबुनों का इस्तेमाल धड़ल्ले से करने लगे हैं, क्योंकि उनकी नजर में इनसे त्वचा के समस्त हानिकारक कीटाणु नष्ट हो जाते हैं और त्वचा निर्विकार बन जाती है। साथ ही साथ त्वचा की विभिन्न बीमारियां भी दूर हो जाती हैं।

वास्तविकता

वास्तविकता यह है कि ये साबुन हमारी त्वचा के लिए लाभदायक कम और नुकसानदेह अधिक होते हैं।

बैक्टीरिया पर निष्प्रभावी

अमेरिका में हाल ही में हुए वैज्ञानिकों के एक बड़े सम्मेलन में यह बात खुलकर सामने आई है कि एंटी बैक्टीरियल साबुन फायदे की जगह नुकसान पहुंचाता है। वैज्ञानिकों के मतानुसार इनके इस्तेमाल से अब ऐसे कीटाणुओं का जन्म हो रहा है, जिनमें इन एंटी बैक्टीरियल तत्वों के प्रति प्रतिरोधक क्षमता पहले से विद्यमान पाई जा रही है। एक सर्वेक्षण के अनुसार अब बाजार में उपलब्ध 75 प्रतिशत से अधिक लिक्विड सोप और लगभग 30 प्रतिशत बार सोप में एंटी बैक्टीरियल तत्व मिलाए जाते हैं। इजराइल के डॉक्टर इलि पेरेनसेविच के मुताबिक एंटी बैक्टीरियल साबुनों का इस्तेमाल इतना अधिक बढ़ गया है कि कीटाणुओं की प्रतिरोधक क्षमता इसका मुकाबला करने में सक्षम है। न्यू इंग्लैंड

मेडिकल सेंटर के डॉ. स्टुअर्ट लेवी और उनके सहयोगियों के मतानुसार शोध में यह तथ्य प्रमाणित हो चुका है कि ई. कोली नामक बैक्टीरिया ने अपनी प्रतिरोधक क्षमता काफी विकसित कर ली है।

और भी नुकसान हैं एंटी बैक्टीरियल साबुन के

पेंसिलबेनिया स्थित एलेहानी कॉलेज में हुए हाल ही के अध्ययन से पता चला है कि बैक्टीरिया नाशक साबुनों में ट्राइक्लोसन (Triclosan) का प्रयोग किया जाता है, जो शरीर की त्वचा को नुकसान पहुंचाने वाले बैक्टीरिया को तो नष्ट करता ही है, साथ ही साथ हमारी त्वचा के लिए लाभकारी बैक्टीरिया तथा हानिकारक कीटाणुओं को नष्ट करने वाले बैक्टीरिया को भी खत्म कर देता है। परिणामस्वरूप शरीर की त्वचा पर सारे हानिकारक सूक्ष्मजीवी कीटाणु तेजी से हमला बोल देते हैं। इनके कारण मूत्र मार्ग, रक्त का संक्रमण तथा दिमागी बुखार (मेनिनजाइटिस) के होने का खतरा बढ़ जाता है। अतः एंटी बैक्टीरियल साबुनों के चक्कर में न पड़ें और इन्हें रोज इस्तेमाल न करें। सर्वगुणों से संपन्न, जड़ी-बूटियों के सत्व से बना नहाने का साबुन प्रयोग करना ही हमारी त्वचा के लिए बेहतर होगा।

68. *बाजार में मिलने वाले सभी साबुन त्वचा के लिए लाभदायक होते हैं?*

ग़लतफ़हमी का आधार

त्वचा का सौंदर्य और उसकी सफाई करने में साबुन का प्रयोग महत्त्वपूर्ण होता है, क्योंकि इसमें मैलशोधक गुण होते हैं। इसी गुण के कारण साबुन का प्रयोग हाथ-पैर, शरीर के अंगों पर जमी धूल, मैल व पसीने की गंदगी को धोकर साफ करने में काफी बढ़ गया है। साबुन अब स्नान-घर की अनिवार्य जरूरत बन गई है।

अच्छे साबुन के गुण

वैज्ञानिक भाषा में किसी भी कार्बाक्सिलिक अम्ल के धातुई लवण को

साबुन कहा जा सकता है। एक अच्छे साबुन में चार विशेषताएं होती हैं। पहली—उसमें स्वतंत्र क्षार नहीं होते, दूसरी—इस्तेमाल के समय साबुन चटकते नहीं, तीसरी—अल्कोहल में पूरी तरह घुलनशील होते हैं और चौथी—नमी की मात्रा 10 प्रतिशत से अधिक नहीं होती।

नुकसानदायक है साबुन का बार-बार प्रयोग

उल्लेखनीय है कि नहाने के साबुन थोड़े क्षारीय प्रकृति के होने के कारण उनसे शरीर की सफाई करने के पश्चात् त्वचा के पीएच (pH) में थोड़ा सा परिवर्तन हो जाता है। त्वचा का सामान्य पीएच (pH) 5.5 से 6.5 होता है, लेकिन जैसे ही तेलीय ग्रंथियों से स्राव होना शुरू होता है, हमारी त्वचा फिर से सामान्य स्थिति में आ जाती है। कुछ लोग दिन में अनेक बार त्वचा पर साबुन लगाते रहते हैं, जिससे त्वचा की स्वाभाविक चिकनाई नष्ट हो जाती है। यह चिकनाई अनेक रोगों एवं हानिकारक तत्वों से हमारे शरीर की रक्षा करती है। त्वचा की अम्लता भी साबुन के अधिक प्रयोग से नष्ट होती है। दरअसल यह अम्लता बहुत से रोगों के कीटाणुओं को शरीर में प्रवेश करने से रोकती है।

कम क्षारीय साबुन अधिक लाभकर

कम क्षारीय प्रकृति के अधिक वसा वाले साबुन सामान्य व खुश्क त्वचा के लिए अधिक उपयुक्त होते हैं। इसीलिए इन साबुनों का प्रयोग करना ही अधिक सुरक्षित होता है। हमारा यह सोचना गलत है कि बाजार में मिलने वाले सभी साबुन त्वचा के लिए नुकसानदेह होते हैं, क्योंकि अब ज्यादातर साबुन में माइस्चराइजर मिलाया जाता है, जिससे त्वचा में रूखापन नहीं आता। इन्हें अधिक सौम्य व सुकोमल बनाने के लिए इसमें ग्लिसरीन, गुलाब जल, मलाई, नीम का सत्व, चंदन, मोगरा, चमेली, गुलाब की खुशबू आदि भी मिलाए जाने लगे हैं। अब आवश्यकता इस बात की है कि इनका चुनाव करते समय इनमें डाले गए तत्वों की उपयोगिता को अच्छी तरह समझकर ही खरीदा जाए, ताकि हमारे शरीर की त्वचा को किसी प्रकार की हानि न हो।

69. टैल्कम पाउडर लगाने से कोई नुकसान नहीं होता?

ग़लतफ़हमी का आधार

चेहरे की सुंदरता बढ़ाने के लिए और सांवलापन दूर करने हेतु आज तक टैल्कम पाउडर का सर्वाधिक प्रयोग होता आ रहा है। बाजार में जैसे-जैसे नवीनतम सौंदर्य प्रसाधन उपलब्ध होते जा रहे हैं, वैसे-वैसे टैल्कम पाउडर का प्रयोग कम होने लगा है। शायद ही कोई ऐसा घर होगा जहां टैल्कम पाउडर का डिब्बा न मिले। यह इसकी व्यापक उपयोगिता प्रकट करता है।

वास्तविकता

बहुत से लोग चेहरे के अलावा नहाने के बाद टैल्कम पाउडर का डिब्बा उठाकर सीधे छाती और पीठ पर छिड़ककर लगाते हैं। इस दौरान पाउडर डस्ट के सूक्ष्म कण सांस के जरिए फेफड़ों में पहुंच जाते हैं और एलर्जिक रिएक्शन पैदा कर सकते हैं। जब लंबे समय तक नियमित पाउडर छिड़कने का सिलसिला चलता रहता है, तो इससे फेफड़ों को भारी नुकसान होने का खतरा बढ़ जाता है।

पाउडर लगाने में सावधानी रखें

उन लोगों को टैल्कम पाउडर इस्तेमाल करते समय विशेष सावधानी रखनी चाहिए, जिन्हें धूम्रपान करने की आदत हो, दमे की शिकायत हो, पुरानी ब्रॉन्काइटिस से पीड़ित हों, या फिर फेफड़ों के अन्य रोग हों, क्योंकि असावधानीपूर्वक पाउडर के इस्तेमाल से ये तकलीफें बढ़ सकती हैं। इसके अलावा टैल्कम पाउडर के नियमित प्रयोग से त्वचा के रोम छिद्रों के बंद हो जाने के कारण पसीना व विजातीय तत्वों के शरीर से बाहर निकलने में बाधा पहुंचती है। परिणामस्वरूप त्वचा की विभिन्न बीमारियों के होने की संभावना बढ़ जाती है। शरीर की बदबू दूर करने के लिए आजकल डिओडोरेंट टेल्कम पाउडर भी मिलने लगे हैं तथा घमोरियों की तकलीफ मिटाने के लिए विभिन्न रसायनों से युक्त विशेष 'प्रिक्लीहीट पाउडर' का चलन भी काफी बढ़ गया है, जिसके दुष्प्रभाव से 'डर्मेटाइटिस' त्वचा

रोग होने का खतरा रहता है। अतः यह मानना गलत है कि टैल्कम पाउडर लगाने से स्वास्थ्य को कोई नुकसान नहीं होता।

70. *लिपस्टिक लगाते रहने से होंठों व शरीर को कोई हानि नहीं होती?*

ग़लतफ़हमी का आधार

सौंदर्य प्रसाधनों में आजकल होंठों को रंगने के लिए लिपस्टिक का प्रचलन सर्वाधिक होने लगा है। इनका उपयोग शहरों की आधुनिक महिलाएं ही नहीं करतीं, बल्कि ठेठ ग्रामीण इलाकों की अनपढ़ महिलाएं भी हाट-बाजार से सस्ती लिपस्टिक का धड़ल्ले से इस्तेमाल करने लगी हैं। इसका उद्देश्य स्वयं को सर्वाधिक सुंदर प्रदर्शित करने की भावना मात्र होती है। यही वजह है कि फैशनपरस्त कामकाजी महिलाएं तो अपने पर्स में लिपस्टिक लेकर चलती हैं और दिन में कई-कई बार उसका प्रयोग करती हैं।

वास्तविकता

उल्लेखनीय है कि होंठों को गुलाबी बनाने के लिए लिपस्टिकों में अधिकतर इओसिन (Eosin) नामक रंग डाला जाता है। साथ ही लैनोनिन भी मिलाया जाता है। इसके अलावा विभिन्न शेड्स पैदा करने के लिए अनेक प्रकार के रसायनयुक्त रंगों का प्रयोग किया जाता है। कुछ प्राणियों का रक्त भी मिलाने की जानकारी मिली है।

अधिक लिपस्टिक प्रयोग से हानियां

नियमित रूप से लिपस्टिक का प्रयोग करने वाली महिलाओं के होंठों का स्वाभाविक रंग नष्ट हो जाता है। इसके अलावा एलर्जी के कारण होंठों की त्वचा में जलन, सूखापन, दरारें पड़ना, पपड़ी जमना, सूजना, रिसना, खुजली होना, सरसराहट जैसे अनेक दुष्परिणाम देखने को मिलते है। यहां तक कि अनेक महिलाओं के होंठ स्थाई रूप से काले पड़ जाते हैं। लिपस्टिक जब होंठों के माध्यम से शरीर के अंदर पहुंचती है, तो

अनेक प्रकार की बीमारियां पैदा करती है। कई वर्षों तक निरंतर लिपस्टिक प्रयोग करने वाली महिलाओं को कैंसर जैसा घातक रोग होने का भी खतरा रहता है।

लिपस्टिक प्रयोग में सावधानियां

यदि लिपस्टिक लगाना जरूरी हो, तो मॉइश्चराइजर युक्त लिपस्टिक का ही प्रयोग करें, क्योंकि इसमें विटामिन ई ऑइल मिलाया जाता है, जिससे होंठ मुलायम बनते हैं और नुकसान की संभावना कम होती है। ज्यादा पुरानी लिपस्टिक का इस्तेमाल न करें। सोते समय होंठों पर शुद्ध घी लगाने से फटे होंठ नरम व नाजुक हो जाते हैं। इसके अलावा रूखे और फटे होंठों पर मलाई, पेट्रोलियम जैली या वेसलीन भी लगाना लाभप्रद होता है। होंठों में स्वाभाविक लाली लाने के लिए विटामिन बी, सी तथा ई युक्त आहार का अधिक सेवन करें। क्योंकि विटामिन बी की कमी से होंठों के फटने, सी से रंग का काला होने और ई की कमी से रेखाओं का उभरने की परेशानियां होती हैं। यों तो होंठों को लाल, गुलाबी बनाने के लिए पान के पत्ते पर हलका चूना और थोड़ा कत्था लगाकर पीस लें और उसे लेप रूप में लगाएं। इच्छित लाभ मिलेगा।

71. *कृत्रिम रेशों से बने वस्त्र पहनने पर कोई दुष्प्रभाव नहीं पड़ता?*

वस्त्रों का उपयोग केवल शरीर ढकने के लिए ही नहीं होता, बल्कि इनका मुख्य कार्य सर्दी, गर्मी और बरसात के प्रभाव से शरीर की रक्षा करना होता है। शारीरिक सौंदर्य में वृद्धि कर आकर्षक व्यक्तित्व बनाने में कपड़ों के महत्त्व से हम सब भली-भांति परिचित हैं। इसके अलावा कपड़े हमारे स्वास्थ्य पर अच्छा-बुरा प्रभाव भी डालते हैं।

कृत्रिम रेशों के वस्त्र नुकसानदेह

वैज्ञानिकों का दावा है कि कृत्रिम रेशों से बने कपड़े सूती कपड़ों की अपेक्षा अधिक ज्वलनशील और अधिक असुरक्षित होते हैं। टेरीलीन,

पोलिएस्टर, नॉयलोन आदि के वस्त्र दिखने में भले ही आकर्षक, सुंदर और टिकाऊ हों, लेकिन वे मानसिक तनाव, अनियमित हृदय गति और उच्च रक्तचाप से ग्रस्त रोगियों के लिए नुकसानदेह होते हैं।

हृदय को विशेष नुकसान पहुंचाते हैं कृत्रिम रेशे के वस्त्र

पाकिस्तान के हृदय रोग विशेषज्ञ डॉ. ए. रसीद सेयल के मतानुसार संश्लेषित रेशों से बने वस्त्रों को धारण करना, दिल के दौरे का कारण बन सकता है। हृदय के लिए हानिकारक होने के कारण हृदय रोगियों को इन्हें धारण नहीं करना चाहिए। डॉ. सेयल ने एक शिशु के संबंध में चिकित्सा के दौरान पाया कि उसका ई.सी.जी., एक्स-रे व अन्य जांचें सामान्य होने के बाद भी हृदय की अनियमितता का कोई कारण समझ में नहीं आया, तो उन्होंने शिशु के संश्लेषित रेशों से बने वस्त्र उतार दिए। जैसे ही शिशु के वस्त्र उतारे वैसे ही उसकी हृदय गति बिल्कुल ठीक तथा नियमित हो गई। इससे प्रेरित होकर ही डॉ. सेयल ने 100 से अधिक हृदय रोगियों पर 'कृत्रिम रेशों से बने वस्त्रों का शरीर पर प्रभाव' विषय पर अध्ययन किया। अध्ययन के दौरान यह भी पता चला कि कृत्रिम रेशों से बने वस्त्रों को नियमित पहनने वालों में मानसिक तनाव, उत्तेजना, गुस्सा, प्रतिरोध आदि की भावनाएं प्रबल होती हैं।

त्वचा के लिए हानिकारक डेनिम

कैलीफोर्निया विश्वविद्यालय के विशेषज्ञों द्वारा किए गए अनुसंधानों से पता चला है कि 'डेनिम' कपड़ा, जिससे प्राय: जींस तैयार की जाती है, हमारी त्वचा के लिए हानिकारक है और इससे खुजली की शिकायत पैदा हो सकती है।

कृत्रिम रेशों के वस्त्रों से चर्म रोग व एलर्जी होने का खतरा सबसे अधिक होता है, क्योंकि पसीने से रंध्रों की सुरक्षा के लिए हवा व प्रकाश की आवश्यकता होती है और इन कपड़ों से वे पूरी नहीं होतीं। जो लोग हर मौसम में गरम नायलोन के मोजे पैरों में पहनते रहते हैं, उनके पैरों की गर्मी बढ़कर दिमाग तक पहुंच जाती है। इसके अलावा पैरों में त्वचा की बीमारियां जैसे खुजली, एग्ज़िमा आदि की शिकायतें भी पैदा हो जाती हैं। जो पुरुष नायलोन, टेरीलीन, पोलिएस्टर की अंडरवियर, बनियान तथा स्त्रियां पेटीकोट, पेंटी, ब्रा आदि पहनती रहती हैं, उन्हें भी त्वचा की उपरोक्त तकलीफें हो सकती हैं।

स्वस्थ और प्रसन्न रखते हैं सूती वस्त्र

आयुर्वेद मतानुसार नए एवं निर्मल वस्त्र (सूती/कॉटन) पहनना स्पर्श व मन को अच्छा लगता है और ये आयु तथा कांति को बढ़ाने वाले होते हैं। इन्हें पहनने से मन प्रसन्न रहता है एवं आनंद की प्राप्ति होती है। ये त्वचा विकारों को नष्ट करते हैं। नए वस्त्र वशीकरण भी होते हैं। हमें वस्त्रों का चुनाव करते समय मौसम का भी विशेष ध्यान रखना चाहिए। यदि कृत्रिम रेशों के वस्त्र पहनने ही पड़ें, तो आंतरिक वस्त्र कॉटन के पहनकर ऊपर से ही इन्हें पहनें अन्यथा त्वचा के सीधे संपर्क से ये त्वचा रोगों का कारण बन सकते हैं।

72. सेंट, परफ्यूम, स्प्रे के इस्तेमाल से हमें कोई नुकसान नहीं पहुंचता?

प्रसन्नता देती है सुगंध

सुगंध से हमें चित्त के आनंद की अनुभूति होती है और कामोत्तेजना बढ़ाने में भी इसका महत्त्वपूर्ण योगदान होता है। इसके लिए प्राचीनकाल से गुलाब, चमेली, केवड़ा, खस आदि से निर्मित सेंट प्रयोग में लिए जाते रहे हैं, जो अब अत्यंत महंगे मिलते हैं।

कृत्रिम सुगंध का प्रचलन

आजकल प्राकृतिक पदार्थों से प्राप्त सुगंध की ही तरह कृत्रिम, रासायनिक और संश्लेषित सेंट, परफ्यूम, स्प्रे आदि का प्रयोग इतना बढ़ गया है कि हर मौकों पर इनका इस्तेमाल किया जाने लगा है। ये असली सेंट से काफी सस्ते होते हैं, जो स्वास्थ्यकर तो नहीं, पर मन को भम्रित जरूर करते हैं।

सेंट-परफ्यूम में निहित पदार्थ

सेंट, परफ्यूम, स्प्रे देशी हो या विदेशी इनमें आमतौर पर एसीटोन, इथेनाल, बेंजाइल एसीटेट, इथाइल एसीटेट, बेंजेल्डीहाइड, मेथिलीन क्लोराइड, कैंफर, वीटा मर्सिनीन, मिथाइलीन क्लोराइड, लाइमोनिन, वीटा फिनाइल अल्कोहल आदि रसायनों का प्रयोग किया जाता है। इनका उपयोग अब

धड़ल्ले से साबुन, लोशन, तेल, शेविंग क्रीम, बाडी डिओडोरेंट्स, टायलेट सोप्स, सौंदर्य प्रसाधनों में करना आम हो गया है, क्योंकि इनसे शरीर से उत्सर्जित दुर्गंध को छिपाया या मिटाया जा सकता है।

फेरोमोन का आकर्षण

अमेरिका में किए गए अनुसंधान से पता चला है कि पुरुष उन महिलाओं की तरफ ज्यादा आकर्षित होते हैं, जिन्होंने अपने शरीर पर फेरोमोन लगाया हो। यह एक कृत्रिम रसायन है। सेनफ्रांसिस्को स्टेट यूनिवर्सिटी के अनुसंधानकर्त्ताओं ने पाया कि फेरोमोन ऐसे चुंबक की तरह काम करता है, जिसके आकर्षण में पुरुष बंध जाते हैं। यह पुरुषों के मस्तिष्क के हायर कार्टिकल रीजंस तक नाक में स्थित आलफेक्ट्री सेंसरों के माध्यम से मिलता है।

सस्ते परफ्यूम गंभीर हानि पहुंचा सकते हैं

उल्लेखनीय है कि कुछ एक प्रतिष्ठित कंपनियों को छोड़कर अधिकांश सस्ते दामों में मिलने वाले सेंट, परफ्यूम, स्प्रे घटिया रसायनों के असंतुलित मिश्रण से तैयार किए जाते हैं। ऐसे प्रोडक्ट्स का इस्तेमाल जो लोग नियमित रूप से करते हैं, उनके स्वास्थ्य को हानि पहुंचने का पूर्ण खतरा होता है। इनके रसायन व अल्कोहल से त्वचा के ऊतक प्रभावित होते हैं। 10 से 15 प्रतिशत लोग इन रासायनिक द्रव्यों के प्रति एलर्जिक भी होते हैं। इनसे त्वचा पर जलन, खुजली, दाने उभरना, सिर दर्द, जुकाम, सर्दी, छींकें आना, श्वास की तकलीफ, बेचैनी, उलटी, घबराहट, हाथ-पैर में दर्द, आंखों में जलन जैसे लक्षण पैदा होते हैं। अतः यह सोचना कि सेंट, परफ्यूम, स्प्रे के इस्तेमाल से हमें कोई नुकसान नहीं पहुंचता सर्वथा ग़लत है।

73. *मांग में सिंदूर लगाना सुहाग का प्रतीक है, उससे और कोई लाभ नहीं?*

हमारे देश में कुंकुम के अलावा मांग में सिंदूर भरना हिंदू धर्म की परंपरा के अनुसार सुहागिन स्त्री होने का प्रतीक माना जाता है। विवाह के अवसर पर एक संस्कार के रूप में वर, वधू की मांग में सिंदूर भरता है। इसके

पश्चात् विवाहित स्त्री अपने पति की दीर्घायु की कामना करते हुए जीवन-भर मांग में सिंदूर लगाए रखती है। दुर्भाग्यवश यदि पति की मृत्यु हो जाए, तो ऐसी स्त्री मांग में सिंदूर भरना छोड़ देती है। मांग में सिंदूर भरना जहां स्त्री के सौंदर्य में चार चांद लगा देता है, वहीं यह सौभाग्य का प्रधान लक्षण समझा जाता है।

अनेक लाभ है सिंदूर लगाने के

सिंदूर में पारा जैसी अलभ्य धातु अधिक मात्रा में होती है, क्योंकि यह पारे का लाल ऑक्साइड होता है, जो पोषक तत्व होने के कारण शरीर पर विशेष प्रभाव डालता है। यह चेहरे पर जल्द झुर्रियां नहीं पड़ने देता। इससे स्त्री शरीर में स्थित वैद्युतिक उत्तेजना ही नियंत्रित नहीं होती, बल्कि यह मर्मस्थान को बाहरी बुरे प्रभावों से भी बचाता है। जिस स्थान पर सिंदूर लगाया जाता है, वह स्थान मर्म के ठीक ऊपर होता है। पुरुष की अपेक्षा यह भाग स्त्री में ज्यादा नाजुक होता है। अत: शास्त्रकारों ने उसकी सुरक्षा हेतु ही मांग में सिंदूर भरने का प्रावधान किया।

घटिया सिंदूर हानिकर हो सकता है

आजकल बाजार में मिलने वाला सस्ता सिंदूर साधारणतया लेड ऑक्साइड से बनाया जाता है, जो एक विषैली धातु है। इसे मांग में निरंतर भरते रहने से सिर की त्वचा को नुकसान पहुंचता है, बाल टूटकर झड़ने लगते हैं, यहां तक कि जल्दी सफेद होने लगते हैं। रोमकूपों के माध्यम से यह रसायन मस्तिष्क के भीतर जाकर अनिद्रा, सिर दर्द, विस्मरण, उदासी, रक्त अल्पता जैसी अनेक तकलीफें पैदा करता है। गर्भावस्था में तो गर्भस्थ शिशु भी इसके दुष्प्रभाव से प्रभावित हो सकता है। अत: घटिया सिंदूर के प्रयोग से बचें।

74. ठंडे पानी में नहाने, भीगने, ठंडी हवा लगने से सर्दी-जुकाम हो जाता है?

सर्दी-जुकाम का मुख्य कारण गलत खान-पान

यह धारणा सच्चाई के विपरीत है। अधिकतर सर्दी-जुकाम मिथ्या खान-पान और गलत विहार के कारण पैदा होता है। आवश्यकता से अधिक

प्रोटीन, शर्करा, श्वेतसार अथवा चिकनाई सेवन करने, कई तरह से खाद्य पदार्थों को एक साथ खाने, जल्दी-जल्दी ठीक तरह से चबाए बिना भोजन निगलना, उत्तेजना, क्रोध, चिंता, तनाव में भोजन करना, भोजन संबंधी अनियमितता से कब्ज, अजीर्ण, आदि उदर विकारों से भी सर्दी-जुकाम होता है। यदि खाए हुए पदार्थों को हमारा पाचन तंत्र पचा न सके, तो वह पाचन तंत्र में सड़ने लगता है और जो विष उत्पन्न होता है, वह रक्त में मिलकर सारे शरीर में प्रदाह पैदा करता है। परिणामस्वरूप उस प्रदाह का कुछ हिस्सा श्लैष्मिक कला को प्रभावित करता है, जिससे बना अधिक श्लेष्मा सर्दी-जुकाम के द्वारा निकलता है।

और भी कारण हैं सर्दी-जुकाम होने के

मल, मूत्रादि के वेग को रोकना, अति स्त्री प्रसंग करना, धूल तथा धुएं का नाक के नथुनों में जाना, रात में अधिक जागरण, एकाएक पसीना बंद होना, श्वास रोग, पाचन शक्ति के विकार, नासा रोग, शीतल जल पीने, बर्फ का सेवन, सायनस इंफेक्शन, श्वास नली की सूजन, श्वसन तंत्र का वायरल इंफेक्शन जैसे कारण भी सर्दी-जुकाम होने के लिए जिम्मेदार माने गए हैं।

सर्दी-गर्मी में पनपता है जुकाम का वाइरस

उल्लेखनीय है कि सर्दी के मौसम में ठंडक, ठंडी हवा लगने, ठंडे पानी में नहाने या भीगने से सर्दी-जुकाम नहीं होता। इतना अवश्य है कि ठंडे वातावरण में रहने वालों को ठंडे मौसम में ज्यादा सर्दी का अनुभव होता है। ऐसे में शरीर को कृत्रिम गर्मी पहुंचाने के चक्कर में हमारा नासिका मार्ग सूख जाता है, तो इस बीच सर्दी के जिम्मेदार 'राइनो वायरस' को सूखेपन की उपस्थिति में शरीर के अंदर घुसने का मौका मिल जाता है, जिसका परिणाम सर्दी-जुकाम के रूप में प्रकट होता है।

ठंडे पानी से नहाने के पहले शरीर में दो-चार मिनट तौलिया रगड़कर या तेल मालिश करके अच्छी तरह गर्मी पहुंचा दी जाए, तो स्नान का लाभ दोगुना हो जाता है, क्योंकि जैसे ही ठंडा पानी ठंडे शरीर पर डाला जाता है, तो तत्काल ही उस भाग में सिकुड़न आकर रक्त अंदर की ओर गति करता है, लेकिन शीघ्र ही प्रतिक्रिया बतौर उस रिक्त स्थान की पूर्ति करने के लिए रक्त त्वचा की ओर वापस लौटता है, तो परिणामस्वरूप रक्त संचार के तेज होने से हमें गर्मी का एहसास होता है।

ठंडे पानी से स्नान सेहत को वरदान

ब्रिटेन की साइंस एंड टेक्नोलॉजी न्यू ा के अनुसार लंदन में हुए एक अनुसंधान से ज्ञात हुआ है कि ठंडे पानी से स्नान करना सेहत के लिए वरदान है। यदि ठंडे पानी से नियमित रूप से स्नान किया जाए, तो इससे शरीर में श्वेत रक्तकणों की संख्या में वृद्धि होती है, जो हमारे शरीर की बीमारियों से लड़ते हैं। इसके स्नान से रक्त को पतला करने वाले एंजाइम्स की मात्रा में वृद्धि होती है, जिससे ब्लड सर्कुलेशन ठीक रहता है। खून पतला होने से हार्ट अटैक और लकवा की शिकायत नहीं होती। स्त्री-पुरुष के सेक्स हार्मोंस बढ़ने से यौन क्षमताओं में वृद्धि होती है। बुढ़ापा जल्दी नहीं आता।

ब्रिटिश इन्साइक्लोपीडिया ऑफ मेडिकल प्रैक्टिस के अनुसार शीतल जल से स्नान करने से शरीर का विपाक (मेटाबालिज्म) 80 प्रतिशत तक बढ़ जाता है। डॉ. लैडरमैन के मतानुसार हृदय को स्वस्थ रखने के लिए नियमित स्नान के समान दूसरा कोई उपचार नहीं। ठंडे पानी के स्नान से स्नायु सबल होते हैं। श्वसन क्रिया दीर्घ होती है और आंतों की गति बढ़ जाती है। इसके अलावा जीवनीशक्ति की वृद्धि के साथ-साथ रोग से मुकाबला करने की इम्यून शक्ति बढ़ती है। अतः मन से यह गलत धारणा निकाल दें कि ठंडे पानी से नहाने, भीगने, ठंडी हवा लगने मात्र से सर्दी-जुकाम हो जाता है।

75. पीलिया के रोगी को पीली चीजें नहीं खानी चाहिए?

यह मिथ्या भ्रम है कि पीलिया के रोगी को पीले रंग की चीजें खाने को नहीं देनी चाहिएं, क्योंकि ऐसा करने से यह रोग और भी बढ़ जाता है। यही वजह है कि हलदी पीलिया रोग में विष तुल्य मानी जाती है। लोगों में यह भी गलत मान्यता प्रचलित है कि जिस घर में पीलिया का रोगी हो, उस घर में खाना बनाते समय छौंक (बघार) नहीं लगाना चाहिए, क्योंकि ऐसा करने से हलदी का असर रोगी की आंखों में पहुंच जाता

है। खाने के अलावा पीलिया के रोगी को पीले कपड़े न पहनने देना, पीले बिस्तर पर न सोने देना जैसे निर्देशों का भी पालन कराया जाता है। क्योंकि मान्यता ऐसी है कि रोगी की आंखों में पीले कपड़ों की छाया के असर से रोग बढ़ जाता है। ये सब बातें निराधार व मनगढ़ंत हैं, क्योंकि भोजन के रंग से शरीर के रंग का कोई संबंध नहीं होता। नहीं तो हरी साग-सब्जियां खाने से हमारे शरीर के रंग में भी हरापन आ जाना चाहिए।

क्यों होता है पीलिया

उल्लेखनीय है कि जब शरीर में खून की लाल रक्त-कणिकाएं अपना जीवन पूरा कर नष्ट होना शुरू होती हैं, तब बिलिर्यूबिन नामक पीला तत्व बनता है, जिसे यकृत मल-मूत्र के द्वारा शरीर से बाहर निकाल देता है। किसी कारणवश यदि इसकी मात्रा खून में मिलकर बढ़ने लगती है, तब व्यक्ति को पीलिया रोग हो जाता है। इसके तीन प्रमुख कारण माने गए हैं, जिसमें पहला—किसी भी रोग के कारण रक्त का टूटना। दूसरा—पित्त नली में किसी प्रकार की रुकावट और तीसरा—यकृत में कोई संक्रमण या किसी दवा के दुष्परिणाम से उत्पन्न हुई क्षति। ज्यादातर पीलिया का रोग यकृत में वायरस के संक्रमण से पैदा होता है और सबसे पहले आंखों में पीलापन आना इसकी पहचान होती है।

पीलिया रोग में क्या खाएं, क्या न खाएं

पीलिया में क्षतिग्रस्त यकृत की कोशिकाओं को ठीक करने के लिए भोजन में पर्याप्त मात्रा में प्रोटीन का सेवन करना जरूरी होता है। अतः पीलिया के रोगी को 'दाल तो पीली है' जानकर उससे वंचित न करें। रोग में यह नुकसान नहीं फायदा ही करती है, क्योंकि दाल प्रोटीन का एक अच्छा स्रोत होती है। इसके अलावा यकृत की कार्य क्षमता को बढ़ाने वाले कार्बोहाइड्रेट जैसे अरवी, शकरकंद, आलू, जिमिकंद, चावल व मीठी चीजें, गन्ने का रस पर्याप्त मात्रा में देना चाहिए। फलों का रस भी इस रोग में लाभप्रद होता है। रोगी को शराब, ज्यादा मिर्च-मसालेदार, चटपटी, तीखी, तेल-घी में तली गरिष्ठ चीजें खाने से परहेज कर पूर्ण आराम करना चाहिए।

ध्यान रखें

ध्यान रखें कि पीलिया का रोग अपनी मियाद पूरी करके ही ठीक होता है। परहेज न करके जादू-टोने, झाड़-फूंक पर निर्भर रहकर रोग को और

न बढ़ाएं। आंखों और शरीर का पीलापन रोग ठीक होने पर अपने आप गायब हो जाता है। खाने और पहनने के रंगों से इसका कोई संबंध नहीं होता।

76. शरीर को कंबल या रजाई से ढकने से बुखार जल्दी उतर जाता है?

क्यों होता है बुखार

हमारे मस्तिष्क में स्थित ताप नियंत्रण केंद्र में गड़बड़ी पैदा होने से शरीर की गर्मी का अचानक बढ़ जाना बुखार कहलाता है। यह सामान्य तौर पर हानिकारक कीटाणुओं के संक्रमण से होता है। बुखार के दौरान हमारे शरीर की विभिन्न जैविक क्रियाएं तेजी से होने लगती हैं। परिणामस्वरूप रक्त कोशिकाएं, एंजाइम्स और हार्मोंस के उत्पन्न होने की दर तेज हो जाती है और ये सभी बुखार के कीटाणुओं को नष्ट करने के लिए एकजुट हो जाते हैं। वास्तव में देखा जाए, तो बुखार बीमारी के कीटाणुओं को नष्ट करने में हमारी मदद करने के लिए ही पैदा होता है।

कंबल आदि ओढ़ना गलत

आमतौर पर देखा जाता है कि जब घर में किसी को बुखार आ जाता है, तो मरीज के कमरे की सारी खिड़कियां और दरवाजे बंद करके उसकी सेवा करने वाले उसे कंबल या रजाई ओढ़ाकर पूरी तरह से ढक देते हैं, ताकि इससे जल्दी ही पसीना आकर बुखार उतर जाए। मरीज को इस प्रकार ढकना उस समय और भी तर्कसंगत लगता है, जब बुखार के साथ-साथ ठंड की अनुभूति हो रही हो। लेकिन ऐसा करना सर्वथा गलत होता है, क्योंकि शरीर का तापमान कम करने के लिए बुखार के दौरान मरीज के शरीर की अतिरिक्त गर्मी बाहर निकलकर बाहरी वातावरण की ठंडक को ग्रहण करने का प्रयास करती है। ऐसे में मरीज का ढका शरीर उसकी अतिरिक्त गर्मी को कम होने का मौका नहीं देता, जिससे शरीर को बाहरी वातावरण की ठंडक ग्रहण करने से वंचित रहना पड़ता है।

रोगी तक खुली हवा आने दें

बुखार से जल्द छुटकारा पाने के लिए अच्छा तो यह होगा कि कमरे की खिड़कियां और दरवाजे खोलकर रखे जाएं, ताकि बाहर से शुद्ध और ठंडी हवा कमरे में आती रहे और अशुद्ध व गर्म हवा की निकासी बराबर होती रहे। आवश्यक हो, तो गर्मी के दिनों में पंखे या कूलर का भी इस्तेमाल करना चाहिए। मरीज को पहनने के लिए हलके, ढीले सूती वस्त्र दें, ताकि हवा का आना-जाना जारी रहे और वे पसीना भी सोख लें।

तेज बुखार में पानी की पट्टी रखें

जब बुखार बहुत ज्यादा बढ़ जाए, तो मरीज के सिर-माथे पर ठंडे पानी में भीगी पट्टियां रखें। इससे बढ़े हुए बुखार को कम होने में मदद मिलेगी। इसके अलावा ठंडे पानी में भिगोया, हलका निचोड़े हुए तौलिए से सारे बदन को भी पोंछते रहना अधिक लाभदायक होता है।

77. ज्यादा मीठी चीजें खाते रहने से मधुमेह का रोग हो जाता है?

तनाव दूर करता है मीठा

शुभ अवसरों पर मुंह मीठा कराने की प्रथा के कारण ही हमारे देश में तीज-त्योहारों, शादी-ब्याह, पार्टियों आदि में मिठाइयां खिलाई जाती हैं। वैज्ञानिकों के मतानुसार मिठाई खाने के बाद मूड अच्छा होने और खुशी प्रकट करने की वजह उसमें मिली चीनी है, क्योंकि यह 'स्ट्रेस हार्मोंस' के स्तर को कम कर देती है। सेनफ्रांसिस्को स्थित यूनिवर्सिटी ऑफ कैलीफोर्निया की न्यूरोसाइंटिस्ट एलिजाबेथ बेल के प्रयोगों से यह ज्ञात हुआ है कि चीनी न केवल तनाव को कम करती है, बल्कि शरीर के तापमान को भी संतुलित बनाए रखती है।

डिप्रेसन से बचाता है मीठा

सदर्न अलाबामा यूनिवर्सिटी की प्रसिद्ध साइकोलॉजिस्ट डॉ. लैरी क्राइस्टेंसन का कहना है कि किसी डिप्रेस्ड व्यक्ति को यदि उसकी मनपसंद कोई

मीठी चीज खिला दी जाए, तो थोड़ी देर के बाद वह बेहतर महसूस करता है। उसका मूड खुशनुमा हो जाता है, परंतु कुछ समय के बाद फिर उस पर डिप्रेशन हावी हो जाता है। उल्लेखनीय है कि मीठी चीजों के सेवन से शरीर में एंडोर्फिन नामक हार्मोन का स्तर अस्थाई रूप से एकाएक बढ़ जाने के कारण मूड खुशनुमा बन जाता है।

मधुमेह का मूल कारण इंसुलिन

यह एक मिथ्या भ्रम ही है कि ज्यादा मीठी चीजें खाते रहने से मधुमेह का रोग हो जाता है, क्योंकि शरीर में स्थित पैंक्रियाज ग्रंथि से उत्पन्न इंसुलिन नामक हार्मोन हमारे द्वारा सेवन की गई चीनी को ऊर्जा में परिवर्तित कर देता है। लेकिन जब किसी कारण से इंसुलिन का बनना बंद हो जाता है, तो चीनी रक्त में बढ़ने लगती है और उसके ऊर्जा में परिवर्तित न होने से, मूत्र के माध्यम से बाहर निकलने लगती है। इससे मधुमेह रोग पैदा हो जाता है।

अनेक कारण हैं इंसुलिन न बनने के

इंसुलिन का न बनना जैसे प्रमुख कारण के अलावा मधुमेह अनेक कारणों से हो सकता है, उनमें वंशानुगत कारण, शारीरिक परिश्रम या व्यायाम के बजाय आरामतलब जिंदगी गुजारना, बैठकर अधिक समय तक कार्य करना, चिंता व मानसिक तनाव से हमेशा घिरे रहना, अधिक दिमागी काम करना, विलासी रहन-सहन, ज्यादा चर्बीयुक्त खाद्य पदार्थों का सेवन करना, अधिक मोटापा, रोजाना की खुराक में अधिक भोजन लेना, अधिक शराब पीना, संक्रामक रोग के दुष्परिणाम आदि के बाद होते हैं।

मीठा खाएं तो मेहनत भी करें

यह सच है कि मधुमेह रोग होने की संभावना अधिक कैलोरी युक्त भोजन खाते रहने से बढ़ जाती है। अत: जो लोग ज्यादा मीठी चीजें खाते रहते हैं, उन्हें अधिक परिश्रम, व्यायाम भी करते रहना चाहिए और बैठकर आरामतलब जिंदगी गुजारने से बचना चाहिए। जिनके शरीर से इंसुलिन हार्मोंस पर्याप्त मात्रा में नहीं बन पा रहा हो, उन्हें भी मीठी चीजों का अधिक सेवन नहीं करना चाहिए।

78. मिट्टी खाने से पथरी बन जाती है?

यह मिथ्या भ्रम ही है कि मिट्टी खाने से बच्चों के गुर्दे में पथरी बन जाती है। हां, इतना जरूर है कि मिट्टी खाने की आदत बराबर बनी रहे, तो बच्चों के शरीर में अनेक प्रकार के कीटाणु पहुंचकर विभिन्न बीमारियों को जन्म देते हैं।

अनेक रोगों की जड़ है मिट्टी खाना

मिट्टी पचती नहीं है। इसलिए स्रोतों का अवरोध कर देती है और पाचक रस का शोषण कर रूक्षता पैदा कर देती है, जिससे अपच, उदर वृद्धि, पेट बढ़ा, फूला हुआ, उस पर नीली-पीली नसें उभर आना, पेट दर्द बना रहना, कभी कब्ज होना, उलटी, दस्त व बुखार आना, यकृत का विकृत होना, कुपोषण के कारण शरीर का दुबला पतला कृश हो जाना, जीभ पर मैल का जमा होना, मानसिक विकास ठीक न होना, सिर दर्द की शिकायत बनी रहना, बच्चे का पढ़ाई में पिछड़ना, पीलिया, भूख न लगना, शौच ठीक न आना, शौच में मिट्टी निकलना, थका-थका रहना, निद्रावस्था में चौंकना, स्वभाव में चिड़चिड़ापन, नेत्र, गाल, पैर, नाभि तथा लिंग में शोथ आ जाना जैसे उपद्रव पैदा हो जाते हैं।

मिट्टी खून की कमी पैदा करती है

उल्लेखनीय है कि आहार में मौजूद लौह तत्व को मिट्टी शोषित कर लेती है, जिसके कारण रक्त में हीमोग्लोबिन की कमी होकर रक्ताल्पता (अनीमिया) की तकलीफ पैदा हो जाती है। आयुर्वेद के मतानुसार कषैली मिट्टी खाने से वात, खारी मिट्टी से पित्त और मधुर मिट्टी खाने से कफ कुपित होता है। यदि पका केला शहद के साथ मिलाकर खिलाया जाए तो पेट से मिट्टी निकल जाती है।

पथरी पेशाब में विकार होने से बनती है

गुर्दा (किडनी) या मूत्र मार्ग (यूरिनरी ट्रेक्ट) में पथरियों का निर्माण पेशाब में पाए जाने वाले रासायनिक तत्वों जैसे—यूरिक एसिड, कैल्शियम, फास्फोरस और ऑक्सलिक एसिड से होता है। ये तत्व आपस में मिलकर

बालू की तरह ठोस शक्ल धारण कर मटर के दानों तथा धीरे-धीरे चिड़िया के अंडों जैसा आकार धारण करके पेशाब में रुकावट पैदा करते हैं और रोगी को असह्य तकलीफ पहुंचाते हैं। इसी प्रकार पित्ताशय में पथरी का निर्माण पित्त में मौजूद तत्वों का तालमेल बिगड़ने पर होता है। यानी जब पित्त में कोलेस्ट्रोल और पित्त तत्वों का संतुलन बिगड़ जाता है, तो वह जमकर धीरे-धीरे पथरी का रूप धारण कर लेता है।

79. इंजेक्शन लगवाने से रोग जल्दी ठीक होता है?

ग़लतफ़हमी का आधार

किसी भी जनरल प्रैक्टिशनर के दवाखाने में आपने देखा होगा कि अधिकांश मरीज अपनी बांह या पुट्ठे सहलाते हुए या बच्चे इंजेक्शन लगवाने के बाद रोते हुए बाहर निकलते दिखाई देते हैं। इसका कारण यह है कि लोगों में धारणा फैली हुई है कि जब तक उसे इंजेक्शन के माध्यम से इलाज नहीं मिल जाता, तब तक वह ठीक नहीं होगा। इसका असर अचूक व तुरंत होता है, जबकि मुंह से खाई गई दवाएं जल्दी असर नहीं करतीं। यही वजह है कि मरीज खुद ही डॉक्टर से इंजेक्शन लगाने का आग्रह करते हैं।

यही धारणा ग्लूकोज की बोतल के बारे में है

गांव-कसबों में तो इंजेक्शन के अलावा अधिकांश रोगों के इलाज में ग्लूकोज बॉटल चढ़वाने का चलन काफी बढ़ गया है। लोगों की मान्यता है कि इससे शरीर की कमजोरी तुरंत दूर हो जाती है और रोग में जल्दी फायदा होता है।

वास्तविकता

वास्तविकता तो यह है कि 90 प्रतिशत से अधिक मरीजों में इंजेक्शन या ग्लूकोज या सेलाइन बॉटल की जरूरत नहीं होती, वे मुंह द्वारा सेवन की गई दवाओं से ही स्वस्थ हो जाते हैं।

इंजेक्शन लगवाना कब जरूरी?

कुछ बीमारियां या परिस्थितियां ऐसी भी होती हैं, जिनमें इंजेक्शन लगाना जरूरी होता है। जैसे मरीज का बेहोशी की हालत में होना, कुछ भी खा-पी न सकना, लगातार उल्टियां या दस्त लगना, रोग की तीव्र अवस्था में, अधिक पीड़ा से रोगी का तड़पना, गंभीर बीमारियां और इंजेक्शनों के रूप में ही दवाओं का प्रभावी होना आदि। अत: ऐसे में इंजेक्शन लगवाने से परहेज करना उचित न होगा।

इंजेक्शन जरूरी होने पर ही लगवाना चाहिए

आपकी इंजेक्शन लगवाने की जिद से अनेक समस्याएं, यहां तक कि बीमारियां भी खड़ी हो सकती हैं। कई बार रिएक्शन की भयंकरता से सदमे के कारण जान चली जाती है। अनुभवहीन व्यक्ति के कोई महत्त्वपूर्ण तंत्रिका (नर्व) पर इंजेक्शन लगाने से हुई क्षति से लकवा तक होने का खतरा रहता है। सही तरह से सूई का जीवाणुरहित (स्टरलाइज निडिल) न होना—एड्स, यकृत शोथ, पीलिया आदि बीमारियों का संक्रमण फैला सकता है। सूई लगी मांसपेशियों में सूजन, खुजली, रक्तवाहिनियों में खून जमना, गठान, संक्रमण से फोड़ा (एबसिस), मवाद (पस) पड़ना जैसी तकलीफें भी इंजेक्शन लगवाने से हो सकती हैं।

घातक हो सकती है लापरवाही

ग्लूकोज या सेलाइन लगाने से कंपकंपी के साथ ठंड लगना (राइगर्स), प्रतिक्रिया होना एक आम समस्या है। रक्तवाहिकाओं में इंजेक्शन की सिरिंज से हवा की मात्रा पहुंच कर 'एयर इंबेलिज्म' का खतरा पैदा हो सकता है, जिससे जान भी जा सकती है। उच्च रक्तचाप, हृदय रोगों जैसे कंजेस्टिव कार्डियक फेल्योर (सी.सी.एफ.) आदि में नॉर्मल सेलाइन देने से शरीर में पानी की मात्रा बढ़कर गंभीर स्थिति पैदा हो सकती है। अनेक दुष्परिणामों को ध्यान में रखते हुए भलाई इसी में है कि आम लोगों को हर बीमारी में इंजेक्शन लगवाने की प्रवृत्ति छोड़ देनी चाहिए। अब तो अधिकांश बीमारियों की दवाएं मुंह से आसानी से सेवन की जा सकती हैं, जिनका प्रभाव भी इंजेक्शन की तरह ही शीघ्र होता है। अत: अनिवार्य उपचार हेतु ही इंजेक्शन लगवाएं, शौकिया नहीं।

80. चुंबन प्रेम प्रकट करने का तरीका है, इससे कोई हानि नहीं होती?

इसमें कोई संदेह नहीं कि चुंबन प्यार के प्रदर्शन का प्रतीक माना जाता है। प्रेम की सरल, सहज और सरस अभिव्यक्ति चुंबन के माध्यम से प्रकट करना एक सामान्य बात है। पश्चिमी देशों में तो शुभकामनाएं देते समय, भेंट करते समय, विदाई के समय और बधाई के समय चुंबन करना आम रिवाज है, परंतु हमारे समाज में खुलेआम स्त्री-पुरुष का चुंबन लेना और उसका सार्वजनिक प्रदर्शन करना परंपराओं, संस्कृति के विरुद्ध माना गया है। वैसे प्राचीन काल से माता-पिता द्वारा अपने बच्चों को प्यार से चुंबन लेने की प्रथा को बुरा नहीं माना जाता।

सावधान रहें किसिंग डि ाीज से

पति-पत्नी, प्रेमी-प्रेमिका द्वारा लिया गया चुंबन काम-वासना को बढ़ाने वाला होता है। इससे वे स्पर्शसुख प्राप्त कर उन्मादित और आनंदित होते हैं। वैज्ञानिकों के मतानुसार होंठों के नीचे सीबेसियल ग्लैंड ऐसे जैव रसायन पैदा करती हैं, जो चुंबन की प्रतिक्रिया के तहत एक दूसरे को संभोग के लिए प्रेरित करते हैं। चुंबन के दौरान विभिन्न वायरस और बैक्टीरिया का आदान-प्रदान होता है, जिसमें एक वायरस 'एपस्टीन-बार' होता है, जो ग्लैंडुलर फीवर का कारण बनता है। इसे किसिंग डि ाीज भी कहते हैं।

घातक बीमारियों का संक्रमण हो सकता है चुंबन से

चुंबन के दौरान एक-दूसरे के लार और थूक का आदान-प्रदान होने और एक से अधिक व्यक्तियों से चुंबन करने के दुष्परिणामस्वरूप क्षय (टी.बी.), डिप्थीरिया, पीलिया, पायरिया, सिफलिस, फ्लू, खसरा, कुकर खांसी आदि बीमारियां बड़ी आसानी से एक दूसरे के शरीर में पहुंच जाती हैं। चुंबन से दंत छिद्र (कैविटी) बनने का खतरा स्ट्रेप्टोकोकस बैक्टीरिया के माध्यम से हो सकता है।

अधिक चुंबन से हो सकती है मोनोन्युक्लिओसिस

15 से 25 वर्ष की उम्र के युवक-युवतियों को अत्यधिक चुंबन लेने, अधिक समय तक चुंबनमग्न रहने और गुप्त अंगों का चुंबन लेने से चुंबन

की घातक बीमारी 'मोनोन्यूक्लिओसिस' भी हो सकती है। इसमें गला बैठकर तेज बुखार चढ़ता है और कभी-कभी त्वचा भी फट जाती है। साथ ही बहुत अधिक थकान मालूम पड़ती है।

हृदय रोगियों को नुकसानदायक, किंतु मोटे लोगों को लाभकर है चुंबन

जॉन ए. गिबन के मतानुसार चुंबन से हमारे शरीर में पिट्यूटरी ग्लैंड से एड्रिनोसर्टिकोट्सीफिक नामक पदार्थ उत्पन्न होता है, जो एड्रेनल ग्लैंड को उत्तेजित करता है, जिससे अनेक प्रकार के रासायनिक द्रव्य पैदा होते हैं। उल्लेखनीय है कि चुंबन से क्षण भर में ही समस्त शरीर प्रभावित होकर रक्तसंचार बढ़ जाता है और पूरा शरीर झनझना उठता है। हृदय की सामान्य धड़कन 72 प्रति मिनट से बढ़कर 150 प्रति मिनट तक हो जाती है। परिणामस्वरूम सामान्य स्तर का ब्लड प्रेशर 120 से बढ़कर 180 तक पहुंच जाता है। बढ़े ब्लड प्रेशर से और फेफड़ों की तेज श्वास क्रिया चलने के कारण ऑक्सीजन और कार्बन डाइऑक्साइड के आदान-प्रदान से शरीर की अतिरिक्त चर्बी कम होने लगती है। अतः मोटे लोगों के लिए तो चुंबन लाभदायक हो सकता है, लेकिन हृदय रोग विशेषज्ञों का मानना है कि इससे हृदय पर अतिरिक्त बोझ पड़ता है, जो स्वास्थ्य के लिए हानिकारक होता है। इसका मतलब यह नहीं कि चुंबन लिया ही न जाए। चुंबन न लेने से मानसिक तनाव एवं बोरियत के कारण कई प्रकार की अन्य बीमारियों का भी खतरा पैदा हो सकता है। अतः स्वच्छता का ध्यान रखते हुए और संक्रमण से बचाव करते हुए, संयम और विवेक बरतते हुए चुंबन का आनंद लें।

81. *अनियमित मासिक धर्म होने से स्त्री के स्वास्थ्य पर कोई विपरीत प्रभाव नहीं पड़ता?*

मासिक धर्म का चक्र

किशोरावस्था प्रारंभ होने के साथ ही स्त्री योनि से जो स्राव होता है, उसे मासिक धर्म कहते हैं। सामान्य तौर पर हर स्त्री में मासिक धर्म का एक

चक्र औसतन 24-25 से 28-30 दिनों के बीच हो सकता है। जिस दिन से मासिक धर्म शुरू होता है, उस दिन से लेकर दोबारा इसके शुरू होने तक की अवधि मासिक धर्म कहलाता है, जो आमतौर पर 2-3 से 6-7 दिनों तक जारी रहता है। यही मासिक धर्म जब अपने नियत समय पर न आकर कभी जल्दी तो कभी देर से हो, तो उसे अनियमित मासिक धर्म कहा जाता है। यह एक-दो दिन आगे पीछे हो तो कोई फर्क नहीं पड़ता। लेकिन कभी 20 दिन में, तो कभी 40 दिन में मासिक धर्म हो तो अवश्य चिंता की बात होगी।

नारी की पहचान है मासिक धर्म

उल्लेखनीय है कि प्रत्येक स्त्री के लिए मासिक धर्म एक अत्यंत महत्त्वपूर्ण प्राकृतिक क्रिया है, क्योंकि उसके स्वास्थ्य, सौंदर्य, शक्ति व संतान सुख का इससे घनिष्ठ संबंध होता है। स्त्री जीवन पर भी इसके नियमित या अनियमित होने का बहुत प्रभाव पड़ता है।

मासिक धर्म में अनियमितता के कारण

एक शोध से पता चला है कि 10 में से एक स्त्री अनियमित मासिक धर्म की समस्या से ग्रस्त होती है। मासिक धर्म का अनियमित आना हर पल तनाव के साथ ही किसी अंदरूनी गड़बड़ी का लक्षण या किसी रोग का कारण भी हो सकता है। खून की कमी (एनीमिया), थायरॉयड हार्मोन की अधिकता या असंतुलित होना, रजोनिवृत्ति की उम्र में पहुंचने पर, प्रसव के उपरांत शिशु को दूध पिलाने से या पहली बार मासिक धर्म शुरू होने के बाद 2-3 माह बाद आना आदि होते हैं।

मासिक धर्म की गड़बड़ी से मधुमेह की आशंका

बोस्टन स्थित ब्रिघम एंड वूमेंस हॉस्पिटल एवं हार्वर्ड स्कूल ऑफ मेडिसिन के शोधकर्ताओं ने एक लाख से अधिक महिलाओं पर शोध कर पाया कि अनियमित मासिक धर्म से पीड़ित महिलाओं में नियमित मासिक धर्म वाली महिलाओं की तुलना में मधुमेह होने का दुगुने से भी अधिक खतरा रहता है। इस खतरे से निपटने के लिए महिलाओं को अपने वजन में कमी या उसे संतुलित रखने के लिए नियमित रूप से 30 मिनट तक व्यायाम करना जरूरी है।

हड्डियां भी कमजोर हो सकती हैं

मिन्नेपोलिस स्थित यूनिवर्सिटी ऑफ मिन्नेसोटा स्कूल ऑफ पब्लिक हेल्थ के शोधकर्ताओं के मतानुसार जिन महिलाओं का मासिक धर्म अनियमित रहता है, उनके शरीर में एस्ट्रोजेन और प्रोजेस्टेरॉन हार्मोन का स्तर कम होने का खतरा अधिक रहता है। इस कारण उनकी हड्डियों की मजबूती कम होकर कूल्हे की हड्डी का टूटना (हिप फ्रेक्चर) हड्डियों के कमजोर होने की निशानी है, जिसे चिकित्सा विज्ञान की भाषा में औस्टियोपोरोसिस के नाम से जाना जाता है। उल्लेखनीय है कि ये दो हार्मोन हड्डियों की मजबूती बनाए रखने के लिए बहुत जरूरी होते हैं। अतः अनियमित मासिक धर्म के मामले में लापरवाही न बरतें। डॉक्टर से अपना पूर्ण परीक्षण करवाएं।

82. शराब के सेवन से महिलाओं में सेक्स क्रियाशीलता बढ़ती है?

ग़लतफ़हमी का आधार

शराब के नशे में जब स्त्री उन्मुक्त होकर निर्लज्ज व्यवहार करने लगती है, तब पुरुष यह समझता है कि शराब के प्रभाव से उसकी सेक्स क्रियाशीलता बढ़ गई है। आजकल के अनेक आधुनिक परिवारों में पति शराब पीकर ऐय्याशी करते हैं। अपने पति का साथ देने और उनकी खुशी की खातिर पत्नी को भी मजबूरन शराब पीनी पड़ती है, ताकि उसका पति उसके पल्लू में बंधा रहे, उसे छोड़कर कहीं चला न जाए। जो पत्नी इसका विरोध करती है, तो पति के हाथों क्रूरतापूर्वक पिटती है। ऐसी पत्नी शौकिया शराब पीती नहीं, बल्कि जबरन पीने को मजबूर होती है।

कुछ महिलाओं का मानना है कि जब पुरुष शराब पी सकते हैं, तो हम क्यों नहीं पी सकते? चूंकि संभोग क्रिया में दोनों की बराबर सक्रियता होना जरूरी होता है, तभी दोनों को संतुष्टि और तृप्ति मिलती है। अतः जब महिलाएं हर क्षेत्र में मर्दों के साथ कंधे से कंधा मिलाकर चल रही हैं, तो शराब-कबाब के दौर में वे पीछे क्यों रहें। इसीलिए मर्दों की बराबरी करने की चाह के कारण भी महिलाएं शराब पीने लगी हैं।

शराब से कैंसर व गर्भपात की आशंका

अमेरिका में किए गए एक अध्ययन के अनुसार जो महिलाएं सप्ताह में तीन बार शराब पीती हैं, उनमें अन्य महिलाओं के मुकाबले स्तन कैंसर होने की संभावनाएं डेढ़ गुना अधिक होती है। शराबी महिलाओं में लगातार गर्भपात और प्राथमिक अवस्था में गर्भ गिरने की घटनाएं ज्यादा होती हैं। कम मात्रा में शराब पीने वाली महिलाओं में भी पहले के तीन महीनों में गर्भपात की 15 प्रतिशत तक संभावना होती है। शराब में लिप्त रहने वाली महिलाओं के बच्चों में जन्मजात असामान्य विकृतियां पैदा होने की संभावनाएं 35 प्रतिशत होती हैं।

गर्भाशय के रोग और अपंग संतान देती है शराब

अध्ययनों से यह भी ज्ञात हुआ है कि शराब पीने वाली महिलाओं में मासिक धर्म संबंधी गड़बड़ियां, गर्भ धारण, प्रजनन संबंधी, बांझपन, प्रसूति समस्याएं, गर्भाशय संबंधी अनेक रोग अधिक बढ़ जाते हैं। उम्र से पहले बुढ़ापा तथा समय से पहले रजोनिवृत्ति आ जाती है। शराब से न केवल उनका जीवन अस्त-व्यस्त हो जाता है, बल्कि उनमें काम निष्क्रियता भी आ जाती है और संभोग के दौरान चर्मोत्कर्ष पर न पहुंच पाने की शिकायत भी पैदा हो जाती है। इसके कारण भावी पीढ़ी को अनेक शारीरिक व मानसिक विषमताएं विरासत में मिलती हैं। जो मां-बाप शराब का सेवन करते हैं, उनके बच्चों में हृदय की अनेक बीमारियां बचपन से ही पनप जाती हैं। अतएव क्षणिक आनंद की अनुभूति बढ़ाने के चक्कर में शराब रूपी जहर का सेवन न करें।

83. स्त्री की संतुष्टि के लिए शिश्न का बड़ा और मोटा होना जरूरी है?

पुरुष की यह धारणा भ्रम मात्र है। शिश्न के आकार-प्रकार का वैवाहिक जीवन पर कोई असर नहीं होता। किसी भी आकार के शिश्न से स्त्री को चरमतृप्ति की सीमा का एहसास कराया जा सकता है। यदि पुरुष

संभोग की तकनीकों को भली प्रकार से जानता हो, तो छोटा, पतला शिश्न रहते हुए भी सफल यौन संबंध स्थापित कर सकता है।

5 से.मी. की लंबाई संतुष्ट कर सकती है

जिस तरह प्रत्येक पुरुष चेहरे की शक्ल-सूरत, रंग-रूप, नाक, आंख और माथे की चौड़ाई अलग-अलग होती है, ठीक वैसे ही शिश्न की लंबाई, मोटाई और सेक्स उत्तेजना प्रत्येक पुरुष में अलग-अलग होती है। यदि किसी पुरुष के शिश्न की लंबाई उत्तेजित अवस्था में 2 इंच यानी 5 सेंटीमीटर से ज्यादा है, तो वह संभोग के मामले में पूरी तरह सफल हो सकता है। उसे चिंतित होने की जरूरत नहीं, क्योंकि स्त्री की योनि का अधिकतम 15 सेंटीमीटर तक का हिस्सा ही यौन सक्रिय होता है, जबकि प्रारंभ का 5 सेंटीमीटर हिस्सा ही सबसे ज्यादा अतिसंवेदनशील स्नायु के सिरों से युक्त होता है। शेष 10 सेंटीमीटर हिस्सा कम संवेदनशील होता है। इसलिए 5 सेंटीमीटर लंबाई युक्त शिश्न से भी स्त्री को पूरी तरह संतुष्ट किया जा सकता है।

शिश्न की बनावट

उल्लेखनीय है कि पुरुष का शिश्न रबड़ जैसी 3 नलियों से मिलकर बना होता है। इसमें 2 नलियां ऊपर की तरफ और तीसरी नली नीचे की ओर रहती है। तीसरी नली के माध्यम से होकर पेशाब बाहर निकलती है। सामान्य अवस्था में खाली रहने के कारण ही शिश्न लटका हुआ सुस्त व छोटे आकार का होता है, लेकिन जब उत्तेजना पाकर संभोग के लिए तैयार होता है, तो इन तीनों नलियों में खून भरकर तनाव पैदा होता है, जिससे इसकी लंबाई, मोटाई बढ़कर शिश्न में कठोरता आती है। औसतन रूप से शिश्न की उत्थान अवस्था में लंबाई 4 से 7 इंच और स्त्री की योनि की गहराई 3 से 6 इंच तक पाई जाती है। शिश्न की औसतन मोटाई 1½ इंच से 3½ इंच तक की होती है। इसी प्रकार योनि मुख भी 1½ से 3½ इंच तक होता है। कुंआरी लड़कियों का योनि मुख जहां सकरा होता है, वहीं विवाहित स्त्री का संभोग के बाद थोड़ा सा फैल जाता है। प्रसव के बाद तो काफी फैल जाता है। किसी-किसी स्त्री का तो 3 से 5 इंच का हो जाता है। लेकिन पुरुष का शिश्न एक बार पूर्ण विकसित होने के बाद हर अवस्था में उतना ही बड़ा बना रहता है। शांत अवस्था

और उत्तेजित अवस्था में कुछ समय के लिए आकार-प्रकार में बदलाव अवश्य आता है।

शिश्न का कार्य अंदर वीर्यपात करना

शिश्न का महत्त्वपूर्ण कार्य योनि में गहराई तक जाकर वीर्यपात करना और योनि में घर्षण कर स्त्री को संतोष प्रदान करते हुए स्वयं भी आनंद की अनुभूति प्राप्त करना होता है। सफल संभोग के लिए यह जरूरी है कि शिश्न सही समय पर दृढ़ता और कठोरता से उत्थित हो। चूंकि शिश्न की सुपारी के अग्र भाग में अनेक संवेदनशील तंत्रिकाओं का जाल होता है, जिससे आनंद की अनुभूति होती है। ठीक इसी प्रकार की संवेदनशील तंत्रिकाएं स्त्री की योनि के शुरुआती भाग पर पाई जाती हैं और ठीक उसके ऊपर संवेदनशील भगनासा पाई जाती है, जिससे रगड़ पाकर स्त्री को असीम सुख मिलता है।

स्त्री को संभोग के समय शिश्न का आकार पता ही नहीं चलता

चूंकि स्त्री यौन अंग की दीवारें आपस में काफी मिली हुई होती हैं, इसलिए पुरुष का शिश्न चाहे जितना भी पतला क्यों न हो योनि की दीवारों के अंदर जाकर रगड़ तो पैदा कर ही सकता है, जिससे यौनानंद मिलता है। कई सेक्स आसन ऐसे हैं, जिनका सहारा लेकर छोटे शिश्न वाले पुरुष भी अपनी पत्नी की योनि में गहराई तक प्रवेश कराकर पूर्ण संतुष्टि पा सकते हैं। उल्लेखनीय है कि संभोग क्रिया के दौरान अकसर स्त्री को पता ही नहीं चलता कि पुरुष का शिश्न पतला और छोटा है।

लंबे-मोटे शिश्न से मानसिक संतुष्टि होती है शारीरिक नहीं

जिन पुरुषों का शिश्न सामान्य से अधिक बड़ा और मोटा होता है, जब वे जल्दबाजी में ऐसे शिश्न को योनि में बिना चिकने द्रव छूटे जबरन प्रवेश कराते हैं, तो स्त्री को बहुत तकलीफ होती है। सूखी योनि वाली स्त्री ऐसे शिश्न को पाकर अकसर दर्द के मारे तड़फ उठती है और संभोग कराने में डरती है। यहां तक की संभोग से मिलने वाले आनंद से भी बचना ही अधिक पसंद करती है। ध्यान रखें कि बड़ा शिश्न स्त्री को मात्र मानसिक संतोष देता है, शारीरिक संतुष्टि में तो कष्टप्रद ही होता है।

84. संभोग की अवधि कुछ मिनटों की न होकर लंबे समय की होती है?

ग़लतफ़हमी का आधार

यह सर्वथा गलत धारणा है। बढ़ा-चढ़ाकर अपनी मरदानगी के किस्से सुनाना कुछ युवा लोगों का शौक होता है। इसका असर सुनने वालों पर यह पड़ता है कि उनमें ग़लतफ़हमी पैदा हो जाती है कि संभोग का समय (रतिकाल) काफी लंबा होता है।

वास्तविकता

सच्चाई तो यह है कि अधिकांश पुरुष योनि में शिश्न के धक्के शुरू होने के बाद आधे मिनट में ही स्खलित हो जाते हैं, तो कुछ पुरुष एक मिनट तक टिकते हैं और कुछ अधिक से अधिक दो मिनट तक। इस प्रकार देखें, तो ज्यादातर मामलों में पुरुष का वीर्यपात संभोग शुरू करने के 2 मिनट की अवधि में ही हो जाता है, क्योंकि वीर्य जल्दी ही गिरा करता है। इस कार्य में 15, 20 या 30 मिनट का समय नहीं लगता। कोई भी पुरुष इतने समय तक योनि में शिश्न का घर्षण नहीं कर सकता। डींग हाकने वाले भले ही कहें कि वे आधे घंटे तक संभोगरत रहते हैं। यह वाकई में सौ फीसदी डींग ही समझना चाहिए। इसमें सत्य लेशमात्र भी नहीं होता।

संभोग काल मानसिक स्थिति पर निर्भर

उल्लेखनीय है कि संभोग की अवधि के संबंध में ऐसा कोई निश्चित नियम नहीं है, जो हर पुरुष के लिए एक हो। विभिन्न पुरुषों में यह अवधि भिन्न-भिन्न होती है, क्योंकि पुरुष का वीर्य जल्दी गिरे या देर से, इसके अनेक कारण होते हैं। उन्हीं कारणों के अनुसार आज जिस पुरुष का वीर्य आधे मिनट से भी कम समय में निकल जाता है, वही पुरुष कल को डेढ़ मिनट तक योनि में शिश्न से घर्षण कर सकता है। फिर उसे पुरुष की कमजोरी कैसे माना जा सकता है?

बीमारी नहीं है शीघ्रपतन

यों तो संभोग क्रिया में वीर्य के जल्द निकल जाने को शीघ्रपतन की बीमारी कहते हैं, जो हर पुरुष को हुआ करती है। वास्तव में यह बीमारी नहीं हैं, बल्कि नितांत स्वाभाविक, शारीरिक और मानसिक प्रतिक्रिया मात्र है। शीघ्रपतन का कष्ट कभी स्थाई नहीं होता। यह अनुकूल मानसिक बल मिलते ही दूर हो जाता है।

संभोग की अवधि बढ़ा सकते हैं आप

जो पुरुष अपनी स्नायविक उत्तेजना का नियंत्रण कर संभोग तकनीक में माहिर होते हैं, वे आधे घंटे से लेकर एक घंटे तक संभोग क्रिया को जारी रखते हैं। इसके लिए वे अपने पर संयम रखते हैं और संभोग में जल्दबाजी से काम नहीं लेते। तभी ऐसा कर पाना उनके लिए संभव हो पाता है। संभोग के दौरान रुक-रुककर घर्षण करना और जब लगे कि वीर्यपात होने का समय निकट आ गया है उस समय क्रिया को रोककर कुछ समय अपना ध्यान प्यार भरी बातों में लगाकर उसे बंटाने से संभोग की अवधि बढ़ सकती है।

आनंद के कारण समय अधिक लगा महसूस होता है

वैसे तो संभोग हर व्यक्ति के लिए परम आनंददायक होता है और इसमें वह इतना लीन हो जाता है कि उसे अपना अस्तित्व तक याद नहीं रहता। इसीलिए संभोगकाल स्वभावत: लंबा प्रतीत होता है। लोग एक मिनट की अवधि को 5 मिनट की समझ लेते हैं, क्योंकि घड़ी की ओर एकटक एक मिनट का समय सेकंड की सुई से लगातार देखा जाए, तो महसूस होगा कि पूरा मिनट होने में काफी समय लगता है। अत: मन से यह भ्रम निकाल दें, कि संभोग की अवधि काफी लंबी होती है।

85. मासिक धर्म के दौरान संभोग से परहेज करना चाहिए?

यह धारणा हमारे देश में अधिक प्रचलित इसलिए है, क्योंकि हमारी मान्यताओं के अनुसार ऋतुमयी स्त्री को सर्वथा अस्पर्श्य माना जाता रहा

है। यही कारण है कि उसे देवताओं का स्पर्श, पूजापाठ, मंदिर, तीर्थ-स्थल, व्रत उपवास करना, अचार, पापड़ छूना, भोजन बनाना, पीने के पानी को छूना, शृंगार करना, पति के साथ सोना यहां तक कि किसी व्यक्ति को छूना तक मना किया गया है। ऐसी मान्यताओं के चलते मासिक धर्म के दिनों में संभोग करना पाप समझा जाता है।

मासिक धर्म के दौरान स्त्री को अशुद्ध मानने और उसे दैनिक कार्यों से मना करने का कोई वैज्ञानिक आधार नहीं है। आधुनिक सेक्स वैज्ञानिकों का कहना है कि गर्भावस्था की भांति मासिक धर्म के दिनों में भी संभोग किया जा सकता है, क्योंकि इन दिनों स्त्री अत्यधिक कामुक हो जाती है, जिससे संभोग कराने की अत्यंत तीव्र अभिलाषा जागृत होने से उसे संतुष्ट करना चाहिए।

दूसरी ओर पुरुषों में यह मान्यता प्रचलित है कि मासिक धर्म के दौरान संभोग करने से उन्हें गुप्त रोग लग सकते हैं। सिफलिस, गनोरिया, पेशाब में जलन, शिश्न मुंड की खुजली जैसी तकलीफें हो सकती हैं। मासिक धर्म में निकलने वाला योनि का स्राव दूषित होता है, जिससे संक्रमण बहुत जल्दी फैलता है। इस कारण मासिक धर्म के दिनों में पुरुष संभोग से दूर रहना ही पसंद करते हैं।

उल्लेखनीय है कि मासिक धर्म के दिनों में स्त्री पर आलस्य और स्नायविक तनाव का बोझ अधिक होता है। स्वभाव चिड़चिड़ा और शरीर भारी रहने लगता है। इसके अलावा सिर दर्द, पेट दर्द, पाचन क्रिया की गड़बड़ी, जनन अंगों का फूलना, कामोत्तेजना के कारण अधिक रक्तस्राव की परेशानी, संभोग से अधिक रक्तस्राव होने की चिंता के कारण भी स्त्री इन दिनों संभोग कराने से डरती है और उससे बचना ही चाहती है। ऐसी परिस्थितियों में यदि दंपती 4-5 दिन संभोग न करें, तो दोनों को ही राहत मिलेगी। फिर भी यदि कामेच्छा अधिक हो, स्त्री-पुरुष पूर्ण स्वस्थ हों, स्त्री का स्राव संतुलित और पूर्ण निरापद हो, सफाई का पूर्ण ध्यान रखा गया हो, तो पुरुष कंडोम का प्रयोग कर संभोग करके अपनी कामेच्छा पूरी कर ले या स्त्री अपनी संतुष्टि करा ले, तो यह अनुचित नहीं कहा जा सकता।

86. 10वें दिन से 17वें दिन तक की अवधि गर्भाधान के लिए ज्यादा अनुकूल होती है?

आमतौर से ज्यादातर लोग यही जानते और मानते हैं कि मासिक धर्म प्रारंभ होने के दिन से 10वें और 17वें दिन तक की अवधि गर्भधारण के लिए सबसे ज्यादा अनुकूल होती है। इसी कारण संतान चाहने वाले दंपति आयुर्वेद के मतानुसार जब पुत्र पैदा करने की इच्छा हो, तो मासिक धर्म होने के दिन से 4, 6, 8, 10, 12, 14 और 16वीं रात्रि को और जब कन्या उत्पन्न करनी हो, तो मासिक धर्म होने के दिन से 5, 7, 9, 11, 13 और 15वीं रात्रि को गर्भधारण करने के उद्देश्य से संभोग करते हैं। इस मान्यता का आधार इसलिए बना कि समरात्रि (युग्म) तिथियों में वीर्य की प्रबलता और विषम (अयुग्म) तिथियों में रज की प्रबलता होती है। लेकिन गर्भधारण के बारे में निश्चित रूप से भविष्यवाणी कर पाना असंभव-सा है। इस मामले में ईश्वर का कानून चलता है। 10वें और 17वें दिन तक की अवधि के अलावा भी गर्भधारण की संभावनाएं इससे भी कहीं ज्यादा दूसरा मासिक धर्म आने के पूर्व तक अर्थात् पूरे 28 दिन बनी रहती हैं।

गर्भधारण के बारे में धारणा

आम धारणा यह है कि मासिक धर्म के पहले और बाद के 8-10 दिन ऐसे होते हैं, जिनमें स्त्री की डिंबनलिका में शुक्राणु से संयोग करने के लिए डिंब उपस्थित नहीं होता। किंतु अलग-अलग महिलाओं में यह समय अलग-अलग है। डिंब अकसर मासिक धर्म शुरू होने के 3 दिन बाद निकलता है। कभी-कभी 5 या 6 दिन के बाद, तो कभी-कभी 10 से 15 दिनों बाद भी डिंब निकलता है। इसी वजह से डिंब की उपस्थिति में गर्भ कभी भी ठहर सकता है, क्योंकि शुक्राणु दो दिन तक और स्त्री डिंब एक दिन तक जीवित रह सकता है। इसीलिए परिवार नियोजन के उद्देश्य से अपनाए जाने वाले पीरियड 'सुरक्षित काल' में फ्री संभोग करना पूर्ण सफल उपाय नहीं माना जाता।

अलग-अलग दिनों में गर्भधारण

अमेरिका के नेशनल इंस्टीट्यूट ऑफ एन्वायरमेंटल हेल्थ साइंसेस के शोधकर्ताओं द्वारा किए गए अध्ययन में 25-35 उम्र की ऐसी 213 स्वस्थ महिलाओं का चुनाव किया, जो गर्भधारण की कोशिश कर रही थीं। नतीजों से ज्ञात हुआ कि उनमें से सिर्फ 30 प्रतिशत महिलाएं ही उन 6 खास दिनों में गर्भधारण कर सकीं। जबकि 70 प्रतिशत महिलाओं ने मासिक धर्म के शुरुआती चौथे दिन या फिर मासिक धर्म के अंतिम 28वें दिन गर्भधारण किया। जिन्हें ठीक 28वें दिन मासिक धर्म आ जाता था, उन महिलाओं के गर्भधारण में भी बहुत सारी भिन्नताएं पाई गईं। अतः उनका कहना है कि सामान्य स्वास्थ्य रखने वाले दंपती को सिर्फ केलेंडर देखकर संभोग करने से गर्भधारण करने की इच्छा पूरी ही हो, संभव नहीं है। जिन्हें संतान पाने की इच्छा हो, वे दंपती बिना किसी गर्भनिरोधक साधन को अपनाए हफ्ते में 2-3 बार नियमित रूप से संभोग जरूर करते रहें।

87. गर्भावस्था में कुछ भी काम न करके सिर्फ आराम करना चाहिए?

ग़लतफ़हमी का आधार

यह धारणा मिथ्या है। इस मान्यता का प्रचलन इसलिए है कि आम लोगों के मन में यह भय फैला हुआ है कि गर्भावस्था में कोई शारीरिक मेहनत या कसरत करने से गर्भपात हो सकता है। इसी भय के कारण गर्भवती महिलाएं पूरा-पूरा दिन बिस्तर पर पड़ी रहकर आराम करती रहती हैं। कोई भी शारीरिक मेहनत का काम करने से बचती हैं, जिसका परिणाम यह होता है कि उनको प्रसव के समय काफी तकलीफ उठानी पड़ती है। दिन पर दिन बढ़ते सीजेरियन डिलिवरी के मामले काफी हद तक महिलाओं की गर्भावस्था में पूर्ण आराम करने की आदत को ही दर्शाते हैं।

कामकाजी महिलाओं के शिशु अधिक स्वस्थ

अमेरिकन जर्नल ऑफ ऑब्सट्रेटिक्स एंड गायनेकोलोजी में प्रकाशित एक

खोजपूर्ण लेख के अनुसार जिन महिलाओं ने अपनी गर्भावस्था के दौरान न तो कसरत की और न ही घर का कामकाज किया, बस सिर्फ आराम ही आराम किया, उनकी तुलना में जिन महिलाओं ने अपनी गर्भावस्था के दूसरे से नौवें महीने तक घूमने-फिरने, चलने या वेट लिफ्टिंग जैसी वेट बेयरिंग कसरतें कीं, उनके नवजात शिशु ज्यादा स्वस्थ पैदा हुए।

गर्भावस्था में व्यायाम का अच्छा प्रभाव

विभिन्न अध्ययनों से ज्ञात हुआ है कि गर्भावस्था में जो महिलाएं नियमित रूप से व्यायाम करती हैं, उनका मूड अच्छा रहता है और उन्हें गर्भावस्था के दौरान मधुमेह होने का खतरा भी कम होता है। गर्भावस्था के पूरे 9 महीने तक व्यायाम करते रहने से गर्भवती का हृदय गर्भधारण करने से पहले वाली स्थिति से भी अधिक स्वस्थ रहता है। इसके अलावा उनका हृदय मजबूत बनता है तथा ज्यादा सक्रिय रहने से प्रसव आसानी से बिना अधिक तकलीफ के हो जाता है।

गर्भावस्था में लाभकारी व्यायाम

गर्भावस्था में पैदल चलना, टहलना, लो इंपैक्ट एरोबिक्स, तैराकी, संभल कर आराम से सीढ़ियां चढ़ना-उतरना अच्छे व्यायाम माने गए हैं। इसके अलावा प्रसव के आखिरी दिनों तक घर के काम-काज करते रहना लाभदायक होता है।

भारी व्यायामों से बचें

ध्यान रखें कि गर्भावस्था में जोगिंग जैसे हाई इंपैक्ट वाले व्यायाम नहीं करने चाहिए। जिन व्यायामों में पेट पर दबाव पड़ता है, वे भी नहीं करने चाहिए। किसी भी करने योग्य व्यायाम से कोई भी तकलीफ महसूस हो, तो, तुरंत व्यायाम रोकर अपने डॉक्टर से संपर्क करना चाहिए। चूंकि हर गर्भवती महिला का मामला अलग तरह का होता है। अत: गर्भावस्था में किए जाने वाले व्यायामों को शुरू करने से पहले अपने डॉक्टर की सलाह जरूर ले लें।

प्रसव के बाद भी हलके व्यायाम लाभकर

उल्लेखनीय है कि जो गर्भवती महिलाएं प्रसव के बाद भी व्यायाम जारी रखती हैं, उनकी जमा अतिरिक्त चर्बी नष्ट होकर मोटापा घटता है। काया सुडौल बनकर, चेहरे की उदासी दूर होती है और रौनक लौट आती है।

88. संतान उत्पन्न न होने में केवल स्त्री ही दोषी होती है?

यह सर्वथा गलत धारणा है। हमारे पुरुष प्रधान समाज में यदि किसी दंपती के यहां संतान नहीं हो पा रही है, तो लोगबाग उसका सारा दोष स्त्री को देकर उसे बांझ करार करने से नहीं चूकते, जबकि कई बार इसमें पुरुष भी दोषी होता है। यह एक विडम्बना ही है कि जब कोई विवाहित स्त्री अपने बांझपन की वजह से बच्चे को जन्म देने में असमर्थ होती है, तो आस-पड़ोस, रिश्तेदार-नातेदार, ससुराल वाले सभी उसे ताने मारते हैं, कोसते हैं, जलील करते हैं, शुभ कामों में उसे अशुभ मानते हैं, लेकिन जब कोई पुरुष अपनी नपुंसकता के दोष, सेक्स ज्ञान की अज्ञानता, शुक्राणुओं की कमी, शुक्राणुओं का शक्तिशाली न होना आदि कारणों से अपनी पत्नी को गर्भवती बनाने में असमर्थ रहता है, तो कोई भी उसको कुछ कहने की हिम्मत नहीं करता।

संतान न होने में पति-पत्नी दोनों जिम्मेदार

संतान न होने में पति-पत्नी दोनों समान रूप से जिम्मेदार होते हैं। चिकित्सा शास्त्र में हुए अनुसंधानों से ज्ञात हुआ है कि संतान न होने की स्थिति में 30 प्रतिशत पति, 30 प्रतिशत पत्नी और 30 प्रतिशत दोनों संयुक्त रूप से जिम्मेदार होते हैं तथा 10 प्रतिशत कारणों की जानकारी अभी तक अज्ञात है।

पुरुषों में अनेक कारण हो सकते हैं गर्भ न ठहरा सकने के

पुरुषों में संभोग की विधि की अनभिज्ञता, वीर्य में शुक्राणुओं की कमी या बिलकुल न होना, शुक्राणुओं की असामान्य बनावट, रचना विकृति या शक्तिशाली न होना, उनमें तेजी से गति करने की ताकत न होना, अंडकोष पर कभी लगी चोट के कारण शुक्राणु का उत्पादन न होना, शुक्र वाहक नली का संक्रमण के कारण बंद होना, जन्मजात दोष के कारण शुक्र का अभाव होना, बचपन में स्माल पाक्स, हर्निया, हाइड्रोसिल जैसे रोग होना आदि दोष प्रमुखता से पाए जाते हैं।

महिलाओं में गर्भ न ठहरने के प्रमुख कारण

महिलाओं में 36 से 44 प्रतिशत में फैलोपियन ट्यूब में खराबी, संक्रमण से रुकावट, 26 से 44 प्रतिशत में अंडाणु का समय पर निर्मित न होना, 1 से 10 प्रतिशत गर्भाशय में सूजन, 1 से 3 प्रतिशत असामान्य हार्मोन थायराइड ग्रंथि की कम या अधिक क्रियाशीलता से थायराक्सिन हार्मोन का स्राव बाधित होना, अचानक प्रोलेक्टीन हार्मोन का स्राव बढ़ना, अधिक मोटापा, मानसिक रोग, मानसिक तनाव, जननांगों का संक्रमण, योनि मार्ग की गड़बड़ी, नींद की गोलियां खाना, बार-बार गर्भपात होना, गर्भाशय मुख का अत्यंत छोटा होना, मनोवैज्ञानिक प्रभाव, टी.वी., अंडाशय से अंडाणु न निकलना, एनीमिया, मधुमेह आदि कारणों या दोषों से संतान पैदा नहीं होती।

उल्लेखनीय है कि अंडाशय की सक्रियता और अंडाणु का निर्माण गोनैडोट्रापीन हर्मोन के स्राव पर निर्भर करता है, जिसका स्राव पिट्यूटरी ग्रंथि के द्वारा होता है। इन स्रावों में असामान्यता, गड़बड़ी या कमी होने से अंडाशय की सक्रियता, अंडाणु का निर्माण तथा मासिक स्राव की सारी प्रक्रियाएं गड़बड़ा जाती हैं। कार्पस प्यूटियम हार्मोन के स्राव की कमी या बंद हो जाने पर मासिक स्राव में कमी आ जाती है या बिलकुल ही बंद हो जाता है। परिणामस्वरूप निषेचित अंडाणु गर्भधारण नहीं कर पाता।

औसतन 10 फीसदी महिलाओं को गर्भधारण की समस्या

आमतौर पर विवाह के पश्चात् जब पति-पत्नी निरंतर सहवास करते हुए और परिवार नियोजन का कोई साधन न अपनाते हुए जीवन व्यतीत करते हैं, तो 80 प्रतिशत महिलाएं एक साल के अंदर ही गर्भवती हो जाती हैं और 10 प्रतिशत दूसरे वर्ष में। केवल 10 प्रतिशत महिलाएं मासिक धर्म की गड़बड़ी, योनि संक्रमण के रोग, गर्भाशय में सूजन आदि कारणों से गर्भधारण नहीं कर पातीं। पति-पत्नी के पूर्ण तंदुरुस्त होने पर भी कभी-कभी अज्ञात कारणों से गर्भाधान नहीं होता। अतः घबराने की जरूरत नहीं है। अब चिकित्सा विज्ञान ने इतनी प्रगति कर ली है कि संतानहीन दंपतियों के लिए संतान प्राप्ति के अनेक आधुनिक तरीके निकल आए हैं। आमतौर पर जिन दोषों के कारण संतान नहीं हो रही हो, उसे दूर करने पर संतान हो जाती है। इसके अलावा कृत्रिम गर्भाधान कराने, टेस्ट ट्यूब बेबी पैदा करने की तकनीकें भी निकल आई हैं।

89. गर्भ निरोधक गोलियां खाना हानिकारक है?

कुछ लोग यही जानते और मानते हैं कि परिवार नियोजन के लिए गर्भ निरोधक गोलियां खाना हानिकारक होता है। यह धारणा गलत है। भारत में 8 करोड़ से भी अधिक महिलाएं इनका उपयोग कर रही हैं, क्योंकि उनके लिए ये गोलियां नियमित रूप से खाना एक सरल व सुविधाजनक उपाय है। इनके सेवन से महिलाओं को गर्भ निरोध के अलावा अनेक बीमारियों में भी लाभ मिलता है।

गर्भ निरोधक गोलियों की कार्यप्रणाली

गर्भ निरोधक गोलियां कृत्रिम हार्मोन एस्ट्रोजिन व प्रोजेस्ट्रोन तथा आयरन से बनाई जाती हैं। इनका कार्य शरीर में जाकर गर्भ ठहर जाने का धोखा देना होता है, ताकि डिंबमोचन न हो। ये डिंब निर्माण की क्रिया को रोक देती हैं। इसके अलावा डिंब का निषेचन रोकना, निषेचित डिंब को गर्भाशय में स्थिर न होने देना, निषेचित एवं गर्भाशय में स्थापित डिंब की आगे की वृद्धि ही समाप्त कर देना भी इनका कार्य है। हाल ही में इन गोलियों में प्रोजेस्ट्रोन के सदृश्य नए योग नोरेथिस्टेरोन, लेवोनोरगेस्टेरेल, इथिनिलेस्ट्रेडिओल, डेसोगेस्टेल, मेड्रोक्सीप्रोगेस्टेरोन आदि मिलाए जाने लगे हैं, जिसकी अल्प मात्रा से ही रक्तस्राव व डिंब की उत्पत्ति रुकती है।

अनेक रोगों में भी लाभकर हैं गर्भ निरोधक गोलियां

नए वैज्ञानिक शोधों ने इन धारणाओं को गलत सिद्ध कर दिया है कि गर्भ निरोधक गोलियां हानिकारक होती हैं, क्योंकि इन गोलियों के नियमित सेवन से अंडाशय और जननतंत्र के कैंसर का बचाव होता है। इसके अलावा मासिक धर्म संबंधी अनेक प्रकार के रोगों से मुक्ति मिल जाती है। जैसे मासिक धर्म शुरू होने से पहले, समय पर व बाद में होने वाली पीड़ा न होना, अनियमित मासिक धर्म का नियमित रूप से हर 28वें दिन आना, गर्भ न ठहर जाए, उसका मानसिक तनाव, भय दूर होना, इनकी मदद से विशेष प्रतिकूल परिस्थितियों में मासिक धर्म को इच्छानुसार कुछ दिन आगे बढ़ाने की सुविधा मिलना, मासिक धर्म में अधिक रक्तस्राव का नियंत्रित होना आदि।

अभी तक गर्भ निरोधक गोलियां सिर्फ संतति निरोध के लिए ही सेवन की जाती थीं, लेकिन अब इनके सेवन से असामान्य या अत्यधिक गर्भाशय रक्तस्राव (यूटेराइन ब्लीडिंग) को रोकने, गर्भाशय कैंसर, पेड़ू में सूजन वाले रोग, गर्भाशय अंतः प्रदाह, विकार युक्त गर्भ (एक्टोपिक प्रिग्नेंसी) से बचाव, गर्भाशय की रसौलियां (फायब्रॉइड), स्तन कैंसर, स्तन रोग, बांझपन, हार्मोन असंतुलन, गर्भाशयी झिल्ली का गर्भाशय गुहा के बाहर पनपना (एंडोमीट्रियोसिस), डिंबग्रंथि का कैंसर, अनियमित मासिक धर्म का आना जैसी बीमारियों में भी बखूबी लाभ उठाया जा सकता है।

चिकित्सक की सलाह से ही लें गर्भ निरोधक गोलियां

चूंकि गर्भ निरोधक गोलियां सभी महिलाओं को रास नहीं आतीं, इसीलिए इन्हें बेधड़क अपनी मर्जी से खाने की मनाही की जाती है। दुष्प्रभावों से बचने और इनका भरपूर लाभ उठाने के लिए इनका सेवन डॉक्टरी परामर्श व परीक्षण के उपरांत ही करना चाहिए। गोलियां सेवन करने की इच्छुक स्त्री की उम्र, बीमारी की उपस्थिति, बीमारी का पूर्व इतिहास आदि को ध्यान में रखकर ही डॉक्टर यह गोलियां खाने की इजाजत देंगे और प्रारंभ में होने वाली मामूली तकलीफों की जानकारी भी वह देंगे, ताकि आप घबराकर इनका सेवन न छोड़ दें।

90. कंडोम का प्रयोग करने से सेक्स रोगों के होने की संभावना खत्म हो जाती है?

सच्चाई इसके विपरीत है, क्योंकि कंडोम के प्रयोग करने से सेक्स रोगों का खतरा कम जरूर हो जाता है, लेकिन गारंटी से पूरी तरह खत्म होने का दावा नहीं किया जा सकता। यही वजह है कि संक्रामक गुप्त रोगों से ग्रस्त व्यक्ति से पूर्ण सुरक्षित यौन संबंध रखना आज तक संभव नहीं हो पाया है।

कंडोम की खोज रोगों से बचाव के लिए हुई

उल्लेखनीय है कि प्रारंभ में कंडोम की ईजाद मुख्य रूप से यौन संपर्क से फैलने वाली बीमारियों (Sexually Transmitted Diseases), जिसे संक्षिप्त में STD कहा जाता है, जो पहले वेनेरियल डिसीसेज (Veneral Diseases) V.D. के नाम से जानी जाती थी, से बचाव के लिए की गई थी। फिर समय-समय पर किए गए अनेक परिवर्तनों का परिणाम यह हुआ कि आजकल अत्यंत पतले रबर के बने इलेक्ट्रोनिक तरीके से जांचे-परखे अनेक ब्रांड के लेटेक्स कंडोम बाजार में उपलब्ध हैं।

पुरुष कंडोम काफी हद तक सुरक्षित है

कंडोम पहनने से शिश्न पूर्ण रूप से ढक जाता है और उस पर एक प्रकार का सुरक्षात्मक आवरण चढ़ जाने से वह अनेक सेक्स रोगों के संक्रमण से बच जाता है। प्रयोगों से ज्ञात हुआ है कि कंडोम सिफलिस, गनोरिया, एड्स को रोकने में काफी प्रभावशाली साबित हुआ है। इलेक्ट्रोनिक माइक्रोस्कोप से जांचे-परखे लेटेक्स कंडोम से न तो वायरस और न ही बैक्टीरिया के जीवाणु प्रवेश कर पाते हैं। शुक्राणु से 25 गुना छोटे एड्स के वायरस भी क ंडोम की झिल्ली को पार नहीं कर पाते हैं, फिर भी विभिन्न शोधों से ज्ञात हुआ है कि एड्स रोकने में कडोमों की असफलता का 17 प्रतिशत रहा है।

महिला कंडोम अधिक कारगर

थाइलैंड में पुरुष और महिला कंडोम के इस्तेमाल के बारे में एक तुलनात्मक अध्ययन करने पर ज्ञात हुआ है कि महिला कंडोम यौन संक्रमण से होने वाली बीमारियों को रोकने में पुरुषों के कंडोम के मुकाबले कहीं अधिक सफल और कारगर है। इस अध्ययन के अनुसार महिला कंडोम यौन संक्रमित बीमारियों की रोकथाम में पुरुष कंडोम के मुकाबले 34 फीसदी अधिक कारगर है। महिला कंडोम के इस्तेमाल से असुरक्षित सेक्स के मामले 25 फीसदी कम हो जाते हैं। अब तक 16 विकासशील देशों में 40 लाख से अधिक महिला कंडोम की बिक्री हो चुकी है। महिला कंडोम पोलीयूरेथिन से बना होता है, यह लेटेक्स जिससे पुरुषों के कंडोम बनते हैं की तुलना में 40 फीसदी अधिक मजबूत होता है। महिलाओं के स्वास्थ्य के क्षेत्र में कार्यरत फीमेल हेल्थ इंटरनेशनल के अध्ययनों के अनुसार महिलाएं अपने लिए विशेष तौर पर बनाए गए कंडोम को पसंद करती हैं और अन्य महिलाओं को भी इनका इस्तेमाल करने की सलाह देती हैं।

91. गर्भावस्था में संभोग करना छोड़ देना चाहिए?

यह धारणा मिथ्या है। इस मान्यता का प्रचलन इसलिए रहा है कि प्राचीन काल में हमारा धर्म, संस्कृति गर्भवती के साथ संभोग करने की अनुमति बिलकुल नहीं देता था, अब समय के साथ वैज्ञानिक जानकारी उपलब्ध होने पर डॉक्टरों ने कुछ छूट अवश्य दे दी है, क्योंकि आज के युग के पति के पास न इतना संयम है और न धैर्य, जिससे वह पत्नी के गर्भवती होते ही 9 महीनों के लिए संभोग करना एकदम छोड़ दे।

गर्भावस्था में संभोग सहजता से करें

गर्भावस्था में संभोग न करने का विचार लोगों के मन में मात्र इस भय से अधिक आता है कि कहीं इससे गर्भपात न हो जाए। सेक्सोलाजिस्टों का कहना है कि गर्भावस्था में संभोग पूर्णतया छोड़ना जरूरी नहीं है। जरूरत इस बात की है कि गर्भावस्था में योनि का संकुचन-प्रसारण अधिक बढ़ जाता है, इसलिए इसमें जल्दबाजी नहीं करनी चाहिए। संभोग एक सीमा में हो, क्रीड़ा आक्रामक न हो, सेक्स संबंध आराम से बिल्कुल सरल ढंग का हो, पेट पर अधिक दबाव न पड़े, शिश्न का प्रवेश अधिक गहराई तक न किया जाए, अधिक घर्षण और विविध आसनों का प्रयोग न हो, संभोग की तकनीक में विशेष आसनों के जरिए परिवर्तन किया जाए तथा मां और गर्भस्थ शिशु की पूरी जांच-पड़ताल करके निश्चय किया जाए कि सब कुछ सामान्य स्थिति में हो, तो संभोग किया जा सकता है। चिकित्सकीय जांच के आधार पर सावधानी बरतते हुए पूरे 9 माह तक संभोग करने में कोई समस्या खड़ी नहीं होती। इसके अलावा आपसी सामंजस्य, सहानुभूति और प्रेम पूर्वक किया गया व्यवहार सभी खतरों को दूर कर देता है।

गर्भावस्था में संभोग चाहती है नारी

अमेरिका के डॉक्टर फोर्ड एवं बीच का कहना है कि अमेरिकन समाज में बहुसंख्यक दंपती गर्भ की संपूर्ण या अधिकतम अवधि में संभोग करते हैं। उल्लेखनीय है कि गर्भावस्था में स्त्री की संभोग इच्छा बहुत बढ़ जाती है। वह अपनी योनि के मार्ग में बड़ी खुजली महसूस करती है, जिस कारण शिश्न घर्षण की इच्छा होती है। अत: उसकी इच्छा की पूर्ति अवश्य करनी चाहिए, अन्यथा भविष्य में पैदा होने वाला शिशु आगे जाकर विलासी बनता है।

पहले तीन माह में विशेष सावधानी बरतें

चिकित्सकीय अनुभव यह बतलाते हैं कि गर्भावस्था के प्रथम 3 माहों में गर्भपात का सबसे अधिक खतरा रहता है। जिन स्त्रियों को पूर्व में गर्भपात या असमय प्रसव होने की प्रवृत्ति रही हो, उन्हें संभोग से परहेज कर उचित देख-रेख व चिकित्सा करानी चाहिए।

इन परिस्थितियों में संभोग न करें

गर्भावस्था कि वे विशेष परिस्थितियां जिनमें डॉक्टर भी संभोग करने की मनाही करते हैं-जब प्लासेंटा नीचे आ गया हो, योनि से रक्तस्राव हो रहा हो, बार-बार गर्भपात होने की शिकायत हो, प्रसव पूर्व प्रसव वेदना का खतरा हो, झिल्ली में दरार हो चुकी हो, संभोग क्रिया में दर्द हो, योनि मे कोई संक्रमण हो, त्वचा का रोग हर्पिस हुआ हो तो स्त्री रोग विशेषज्ञ (गायनोकोलाजिस्ट) से परामर्श अवश्य लें।

किसी परिस्थितिवश यदि कुछ समय संभोग से परहेज करना आवश्यक हो जाए, तो पत्नी से प्रेम प्रदर्शन हेतु स्पर्श, आलिंगन व चुंबन जारी रखें। उसे खुश रखें। इच्छित चीजें खिलाएं। उससे मुंह न मोड़ें।

92. बड़ी उम्र में मां बनने से कोई फर्क नहीं पड़ता?

चालीस के बाद आपरेशन की आशंका

यह मिथ्या भ्रम है, क्योंकि सच्चाई इसके विपरीत है। अमेरिका में हुए अध्ययनों से ज्ञात हुआ है कि जो महिलाएं 40 वर्ष की उम्र के बाद गर्भ धारण करती हैं, उनके सामने बहुत सी जटिल समस्याएं खड़ी हो जाती हैं, क्योंकि इस उम्र की महिलाओं का प्रसव आमतौर पर शल्यक्रिया (सीजीरियन डिलिवरी) से ही होता है, जबकि 20 से 30 वर्ष के उम्र की महिलाओं का स्वाभाविक सामान्य प्रसव (नॉर्मल डिलिवरी) ही होती है। लगभग 20 प्रतिशत ऐसी महिलाओं को किसी जटिलता के पैदा होने पर ही सीजीरियन करना पड़ता है। इस अध्ययन की रिपोर्ट आबस्ट्रेटिक्स एंड गाइनोकोलॉजी नामक जर्नल में प्रकाशित हुई है।

गर्भ धारण कैंसर से रक्षा करता है

नानावटी हॉस्पिटल, मुंबई के कैंसर सर्जन डॉ. सुदीप सरकार के मतानुसार अधिक आयु में विवाह करने वाली या गर्भ धारण करने वाली महिलाओं को स्तन कैंसर की संभावना का प्रमुख कारण गर्भाशय से लंबे समय तक निकलने वाला एस्ट्रोजन नामक हार्मोन है, क्योंकि यह महिलाओं में कैंसर की संभावना को बढ़ाता है। इस हार्मोन के दुष्प्रभाव को प्रोजेस्ट्रान नामक हार्मोन संतुलित करता है। उल्लेखनीय है कि महिलाओं के शरीर में प्रोजेस्ट्रान हार्मोन का निर्माण गर्भ धारण करने से होता है। यह हार्मोन एस्ट्रोजन के कारण उत्पन्न होने वाले कैंसर से महिलाओं की रक्षा करता है।

बड़ी उम्र में गर्भ धारण से अनेक बीमारियों की आशंका

कैलीफोर्निया यूनिवर्सिटी के डॉ. विलियम गिलबर्ट के विचार से 40 वर्ष की उम्र के बाद की महिलाओं के प्रसव का समय लंबा होता है और उन्हें जटिलताएं भी ज्यादा होती हैं। प्रौढ़ महिलाओं की गर्भावस्था के साथ क जोखिम आनुवंशिक बीमारियों से ग्रस्त शिशु को जन्म देना भी जुड़ा होता है। डाउन सिंड्रोम एक ऐसा ही खतरा है। जहां 20 वर्ष के पश्चात् मां बनने वाली 2000 स्त्रियों में से एक में ही इसकी संभावना होती है, वहीं 45 वर्ष के बाद यह खतरा 30 महिलाओं में से एक में हो जाता है। ज्यादा उम्र की इन महिलाओं में एक और भी समस्या हो सकती है। वह यह कि जेनेटिक सूचना देने वाले व्यक्तिगत क्रोमोसोम खो जाते हैं
और इसका असर होने वाले बच्चे पर पड़ता है। सामान्य तौर पर क्रोमोसोम की क्षति गर्भावस्था के प्रारंभिक दौर में गर्भपात में परिणत होती है। इसके अलावा उच्च रक्तचाप से ग्रस्त प्रौढ़ महिलाओं के गर्भ धारण करने से घातक रूप में प्रीइक्लैंपसिया हो सकता है, जो कि हृदय, गुर्दे और दिमाग को नुकसान पहुंचाता है।

बच्चे को मधुमेह का खतरा

ब्रिस्टल के साउथमीड अस्पताल में डॉ. एडबिन गले के अध्ययनों के अनुसार जो महिला जितनी अधिक उम्र में गर्भ धारण करती है, उसके बच्चे को मधुमेह होने का खतरा उतना ही ज्यादा होता है। गर्भ धारण करने की उम्र पांच साल बढ़ने से बच्चे को मधुमेह होने का खतरा 25 प्रतिशत बढ़ जाता है।

इस प्रकार 45 वर्ष की महिलाओं से जन्मे बच्चे की युवावस्था में मधुमेह का खतरा 20 वर्ष की मां के बच्चों की तुलना में तीन गुना ज्यादा होता है। उल्लेखनीय है कि इस अध्ययन में आक्सफोर्ड के 1375 परिवारों को शामिल किया गया था, जिसमें एक या अधिक बच्चे गंभीर मधुमेह से पीड़ित थे।

और भी अनेक बीमारियों की आशंका

अनेक डॉक्टरों ने ऐसा भी पाया है कि जो महिलाएं 40 वर्ष की उम्र के बाद मां बनती हैं, उनके बच्चे के मंदबुद्धि होने की संभावनाएं बहुत ज्यादा होती हैं। इसके अलावा ढलती उम्र में गर्भ धारण करने के कुछ खतरे और भी होते हैं, जिनमें गर्भपात, उच्च रक्तचाप, मिर्गी के दौरे पड़ना, मोटापा, गर्भाशय में गांठ पड़ना, गर्भाशय में फाइब्रोइड्स का विकास होना, पेशाब में एल्बयुमिन आना, मां की जान को प्रसव के दौरान अधिक खतरा होना, प्रसव पीड़ा का लंबे समय तक अनवरत बने रहना आदि प्रमुख हैं। अतः मां बनने की आदर्श आयु 20 से 30 वर्ष के बीच ही सबसे अधिक उपयुक्त मानी गई है, इस आयु में स्त्री गर्भ धारण करे, तो उसे कम से कम बीमारियों का सामना करना पड़ेगा।

93. *सिंथेटिक, नॉयलोन, फोमयुक्त ब्रा पहनने से स्तनों को कोई नुकसान नहीं होता?*

हानिकारक हैं सिंथेटिक ब्रा

यह सर्वथा गलत है, क्योंकि सच्चाई इसके विपरीत है। आम परिवारों की महिलाएं सूती और सस्ते कपड़ों से बनी ब्रा पहनती हैं, जो हलकी व शीतल होती हैं। इनसे स्तनों का तापक्रम नहीं बढ़ता, जबकि संपन्न परिवारों की फैशनपरस्त आधुनिकाएं अत्यधिक मूल्यवान, गरम, मोटी, फोमयुक्त,अधिक कसी हुई व नायलोन आदि कृत्रिम रेशों से निर्मित ब्रा पहनना अपनी शान समझती हैं। उन्हें इनके पहनने में कोई दोष नजर नहीं आता, जबकि इनसे स्तन का कैंसर होने की आशंका बढ़ जाती है

ब्रा के प्रति आकर्षण स्वाभाविक

प्रत्येक स्त्री में अपने वक्ष को सुंदर आकार-प्रकार में देखने-दिखाने की बलवती इच्छा हर आयु में होती है। यही कारण है कि अपने स्तनों में उभार लाने, उनमें कसाव बनाए रखने तथा उनको सुडौल आकार में प्रदर्शित करने के लिए अब प्रत्येक वर्ग की महिलाएं ब्रा का प्रयोग करती हैं। इसी वजह से आजकल बाजारों में कई तरह की मनमोहक डिजाइनों और रंगों में सिंथेटिक ब्रा धड़ल्ले से बिक रही हैं। कई युवतियां वक्ष के कृत्रिम उभार के लिए फोम की ब्रा पहनकर अपने अविकसित स्तनों की कमी को पूरा करती हैं।

17 वर्ष की उम्र के बाद ब्रा पहनाएं

सोवियत संघ के वैज्ञानिकों ने माताओं को चेतावनी दी है कि वे अपनी पुत्रियों को वक्ष का विकास प्रारंभ होते ही ब्रा न पहनने दें। बढ़ रहे वक्ष पर ब्रा के बंधन से बाद में उनमें शिशुओं के लिए दूध की कमी हो सकती है। माताओं को वैज्ञानिकों ने यह सलाह दी है कि वे अपनी पुत्रियों को 17 वर्ष की आयु तक ब्रा पहनने की अनुमति न दें।

तंग ब्रा से स्तन कैंसर और त्वचा रोगों का खतरा

ब्रा और स्त्री स्वास्थ्य विषय पर शोध करने वाले सिडनी रास सिंगर का कहना है कि 24 घंटे तंग ब्रा पहनने वाली महिलाओं में से तीन चौथाई को स्तन का कैंसर होने का खतरा रहता है, मगर जो महिलाएं 12 घंटे ही तंग ब्रा पहनती हैं, उनमें से हर सात महिलाओं में से एक को तो यह बीमारी होने का खतरा बना रहता है। नवीनतम वैज्ञानिक खोजों के अनुसार अत्यधिक कसी, मोटी, फोम युक्त और कृत्रिम रेशों से बनी सिंथेटिक ब्रा स्तनों के स्वास्थ्य के लिए नुकसानदेह होती है, क्योंकि इनसे स्तनों को हवा नहीं मिलती। स्तनों का स्थानीय तापक्रम अधिक बढ़ जाने और लगातार तापक्रम के अधिक बने रहने से स्तन कैंसर होने की संभावनाएं बढ़ जाती हैं। इसके अलावा स्तनों से पसीना बाहर न निकल पाने के कारण सिंथेटिक धागों से 'कांटेक्ट डर्मेटाइटिस' जैसा एलर्जिक रोग हो जाता है। इससे स्तन की त्वचा पर लाली, खुजली, फुंसियां होकर पानी तक रिसने लगता है। कभी-कभी दाद भी हो जाता है।

सिंथेटिक ब्रा से स्तन का तापमान बढ़ जाता है

दक्षिण कैलीफोर्निया के डॉक्टर जॉन एम. डगलस ने अपने शोध कार्य में स्तन कैंसर और स्तन तापक्रम पर काफी प्रकाश डाला है। उनके अध्ययन का निष्कर्ष यह निकला है कि स्तन का तापक्रम ब्रा पहनने के 30 सेकेंड बाद ही बढ़ गया जब-जब भी नायलोन की ब्रा पहनी गई। परीक्षणों में यह पाया गया कि बड़े और ब्रा से घिरे हुए स्तन छोटे स्तनों की अपेक्षा अधिक गरम थे। उनका यह भी कहना है कि संन्यासी महिलाएं (नन) अपने स्तनों पर काला कपड़ा बांधती हैं, जिससे उनका तापमान अधिक बढ़ जाता है। यही कारण है कि उनको स्तनों का कैंसर अधिक होता है।

सूती ब्रा ही स्वास्थ्य के लिए उत्तम

हमारे देश के गर्म वातावरण के अनुसार सूती (कॉटन) या लाइका की बनी सफेद रंग की ब्रा पहनना ही स्तनों के स्वास्थ्य के लिए उत्तम होगा। ये गर्मी से उत्पन्न पसीने को आसानी से सोख लेती हैं और इनके द्वारा स्तनों को बराबर हवा मिलती रहती है। इसके अलावा महिलाओं को ऐसी ब्रा चुननी चाहिए, जो उनके स्तनों के आकार के अनुरूप हों, पूरा स्तन उसमें आराम से आ जाए, उनमें कसावट या असुविधा महसूस न हो और इतनी ढीली भी न हों कि उनमें स्तन हिलते रहें। छोटे स्तनों वाली महिलाओं को फोम लगी पैडवाली ब्रा के स्थान पर डबल लाइन या फिर मोटे कॉटन के कपड़े की बनी ब्रा पहननी चाहिएं। और लगातार तापक्रम के अधिक बने रहने से स्तन कैंसर होने की संभावनाएं बढ़ जाती हैं। इसके अलावा स्तनों से पसीनाबाहर न निकल पाने के कारण सिंथेटिक धागों से 'कांटेक्ट डर्मेटाइटिस' जैसा एलर्जिक रोग हो जाता है। इससे स्तन की त्वचा पर लाली, खुजली, फु ंसियां होकर पानी तक रिसने लगता है। कभी-कभी दाद भी हो जाता है।

94. हृदय रोगियों को संभोग से परहेज करना चाहिए ?

ग़लतफ़हमी का आधार

यह मिथ्या भ्रम है। हार्ट अटैक व अन्य हृदय रोगों से निवृत्त रोगी को अकसर उससे मिलने-जुलने वाले परिचित, मित्र, रिश्ते-नातेदार संभोग के प्रति इतना भयभीत कर देते हैं कि उसमें अस्थाई नपुंसकता आ जाती

संभोग के जोश में धड़कनें बढ़ना स्वाभाविक

उल्लेखनीय है कि सभी हृदय रोगियों के लिए संभोग करना खतरनाक नहीं होता, भले ही इससे अस्थाई तौर पर दिल की धड़कन बढ़ जाती हो, सांस तेज चलने लगती हो या रक्तचाप ही क्यों न बढ़ जाता हो। संभोग के दौरान रक्त संचार बढ़ने से ही जोश आता है, स्फूर्ति मिलती है, शिश्न में कठोरता आती है, तब कहीं जाकर वह संभोग करने लायक बनता है।

सीने में दर्द नहीं है तो संभोग कर सकते हैं

सामान्यतया यदि हृदय रोगी के साथ कोई अन्य जटिल शारीरिक या मानसिक समस्या न हो तो वह दिल के दौरे के 8 सप्ताह बाद से संभोग करना शुरू कर सकता है। कभी-कभी विशेष परिस्थितियों में 6 महीने या इससे भी अधिक समय तक संभोग करने की मनाही की जाती है। ऐसे रोगियों को जिन्हें संभोग करने के बाद सीने में दर्द होने लगे, सांसें छोटी हो जाएं, थकान का अनुभव होने लगे, तो उन्हें और अधिक विश्राम करने की आवश्यकता होती है, ताकि वे थोड़ी और शक्ति अर्जित कर लें। फिर अपने दिल की क्षमता का सही ज्ञान प्राप्त करने के लिए स्ट्रेस टेस्ट करा लें। इससे जब यह पता चल जाए कि टेस्ट नेगेटिव है, तो व्यक्ति सामान्य सेक्स जीवन जी सकता है।

तनाव, शराब या चोरी-छिपे संभोग हानिकारक

यूं तो नियमित व्यायाम, एस्प्रिन और बीटा ब्लाकर्स औषधियों के सेवन के बाद हार्ट अटैक का खतरा काफी कम हो जाता है, लेकिन यदि आप संभोग से पूर्व शराब और गरिष्ठ भोजन करेंगे, तनाव में रहकर अपरिचित जगह में प्रेमिका के साथ रंगरलियां मनाएंगे, चोरी-छिपे पर-स्त्री से संभोग करेंगे, तो आपके हृदय की धड़कनें काफी बढ़ जाएंगी और हृदय पर अधिक बोझ पड़ेगा, जिससे हार्ट अटैक का खतरा अवश्य बढ़ जाएगा। अत: इनसे बचना ही बेहतर होगा।

ध्यान रखें कि संभोग के दौरान या बाद में यदि सीने में दर्द का अनुभव हो, तो तुरंत ही अपने डॉक्टर द्वारा लिखी मात्रा में (5 से 10 मिलीग्राम) नाइट्रोग्लीसरीन की गोली जैसे सोर्बिट्रेट जीभ के नीचे लेकर चूसना न भूलें। इसे हमेशा अपनी जेब में ही रखना चाहिए, क्योंकि हृदय रोगियों के लिए यह एक जीवनदायिनी औषधि है। इसके उचित समय पर सेवन न करने से मौत भी हो सकती है।

95. एड्स रोगी व्यक्ति के स्पर्श, उसके कपड़े, बर्तन आदि के संपर्क या चुंबन आदि से फैलता है?

यह गलत धारणा है, क्योंकि सच्चाई इसके विपरीत है। एड्स के वायरस एच.आई.वी. से ग्रस्त व्यक्ति को छूने से, उससे हाथ मिलाने, उसके शरीर को छू जाने, उसके साथ खेलने, काम करने, साथ-साथ खाना खाने, उसके कपड़े, बर्तनों का इस्तेमाल करने, उसके द्वारा पकाए खाने को खाने से यह बीमारी नहीं लगती। हलके चुंबन, मच्छरों या अन्य कीड़ों के काटने, स्वीमिंग पूल या शौचालय में जाने, बाथरूम में नहाने से भी एक दूसरे को इंफेक्शन नहीं लगता।

चार तरह से फैलता है एड्स

एड्स का वायरस 4 तरीकों से एक व्यक्ति से दूसरे व्यक्ति में फैलता

है—

1. बगैर हिफ़ाजत (कंडोम के बिना) किसी ऐसे व्यक्ति के साथ यौन संपर्क करना, जिसे एच.आई.वी. पॉजिटिव (एड्स) हो।
2. किसी ऐसे व्यक्ति का खून लेने से जिसे एड्स हो।
3. एड्स के रोगी को लगाए इंजेक्शन की निडिल से इंजेक्शन लगवाना।
4. एड्स पीड़ित माता की संतान को पैदाइश के दौरान या उसके तुरंत बाद। संक्रमण से युक्त बच्चा पैदा होने का प्रतिशत 35 से 40 तक होता है। उल्लेखनीय है कि यौन रोग संक्रमण से इस वायरस के फैलने का प्रतिशत 70 से 80 तक होता है, जबकि असुरक्षित रक्तदान से 7–8 प्रतिशत लोग संक्रमित होते हैं। एक से दो प्रतिशत लोग समलैंगिक (गुदामैथुन) संबंधों के कारण भी संक्रमित होते हैं।

महिला अधिक होती हैं एड्स की शिकार

आमतौर पर एड्स का खतरा ज्यादातर 15 से 40 वर्ष की उम्र के लोगों में होता है। क्योंकि इसी उम्र में ज्यादा संभोग सुख प्राप्त करने की लालसा होती है, जिसकी वजह से एक से ज्यादा व्यक्ति से सेक्स संबंध बनाए जाते हैं। दुनिया भर के आंकड़ों के मुताबिक एड्स के शिकार होने वाले लोगों में महिलाओं की संख्या पुरुषों से ज्यादा होती है, क्योंकि महिलाओं की योनि की दीवार पर शिश्न से घर्षण होने के कारण जलन होने से यहां पर टी-लिंफोसाइट्स ज्यादा संख्या में मौजूद होते हैं, जो कि एड्स वायरस के लिए शरीर में घुसने का रास्ता आसान बना देते हैं।

किसी तरह हमारे शरीर में जब एड्स का वायरस घुसने में कामयाब हो जाता है, तो सबसे पहले टी-लिंफोसाइट (टी-सेल) में घुसने के बाद वायरस अपना घर बना लेता है और पूरी जिंदगी वहीं रहता है। धीरे-धीरे वहां से निकल-निकलकर एड्स वायरस नए टी-सेलों में अपना घर बना लेते हैं और यह सिलसिला जारी रहता है। जब किसी व्यक्ति में टी-सेल्स की संख्या 200 से कम हो जाती है, तो वह पूरे तौर पर एड्स का केस हो जाता है। एड्स के पूरे लक्षण 5 से 10 वर्ष के बाद तक उभर सकते हैं।

96. हार्मोंस का सेवन करने से कैंसर हो जाने का खतरा होता है?

यह धारणा पूर्णतया सत्य नहीं है। यूं तो हमारे शरीर में अधिकांश हार्मोन्स अंत:स्रावी ग्रंथियों द्वारा बनाए जाते हैं, जो अपने विशिष्ट प्रभावों के कारण मिल-जुलकर जीवन की गतिविधियों के संचालन में ताल-मेल बिठाते हैं। जब हार्मोन आवश्यकता से अधिक या कम निकलते हैं, तो व्यक्ति का रूपाकार बिगाड़कर, अनेक प्रकार की विकृतियों और बीमारियों को जन्म देते हैं।

हार्मोंस की अधिकता हानिकारक

शरीर में जब हार्मोन की कमी हो जाती है, तो उसे दूर करने के लिए 70 के दशक में 'हार्मोन रिप्लेसमेंट थैरेपी' की शुरुआत की गई। बहुत सी प्रौढ़ महिलाओं ने एस्ट्रोजन और प्रोजेस्ट्रोन हार्मोंस को औषधि के रूप में अपनाया तो उनके चेहरे खिल उठे, चेहरे की झुर्रियां समाप्त हो गईं। मांसपेशियों में कसाव आ गया, सुस्त महिलाएं स्मार्ट हो गईं, जीवन को भार समझने के बजाय वे जिंदगी का मजा लेने लगीं। रजोनिवृत्ति के सारे लक्षण दूर होकर जीवन की खुशियां फिर से लौट आईं। लेकिन इनका उपयोग लगातार 10 वर्षों से अधिक समय तक करने वाली महिलाओं में गर्भाशय और वक्ष के कैंसर होने की संभावनाएं भी बढ़ जाती हैं।

कृत्रिम हार्मोन जटिल रासायनिक पदार्थ होते हैं। अत: इनका उपयोग मामूली दवाओं की तरह नहीं करना चाहिए। ये विशेष अंगों जैसे वक्ष, गर्भाशय, डिंब को विकसित करते हैं और प्रतिकूल परिस्थितियों में इन अंगों की कोशिकाओं की अप्राकृतिक रूप से वृद्धि भी करने लगते हैं, जो भविष्य में कैंसर रोग का कारण बन सकते हैं। यही सिद्धांत अनेक प्रकार के हार्मोंस के आंतरिक सेवन पर लागू होता है। आरेल हार्मोंस बेहद सावधानी के साथ डॉक्टर की देख-रेख में सीमित समय के लिए ही सेवन करना चाहिए, क्योंकि अपनी मर्जी से अनिश्चित काल तक सेवन किए गए हार्मोंस से गंभीर किस्म के खतरे खड़े हो सकते हैं, उनमें से एक कैंसर भी हो सकता है।

97. शोर-शराबे के माहौल में रहने से स्वास्थ्य पर कोई विपरीत प्रभाव नहीं पड़ता?

ग़लतफ़हमी का आधार

यह धारणा मिथ्या है, क्योंकि सच्चाई इसके विपरीत है। शोर के बारे में आम ग़लतफ़हमी यह है कि एक निश्चित समय के बाद हमारे कान उसको सुनने के आदी हो जाते हैं, जिससे ऐसा महसूस होता है कि शोर-शराबे का माहौल हमें कोई नुकसान नहीं पहुंचाता। शोर चाहे किसी भी स्थिति में हो, मानव स्वास्थ्य के लिए हानिकारक है। शोर से नींद में जो बाधा उत्पन्न होती है, उससे काफी हानि होती है। शोर से न केवल कानों, बल्कि मस्तिष्क, केंद्रीय तंत्रिका तंत्र तथा आमाशय पर भी बुरा प्रभाव पड़ता है।

नुकसानदायक है शोर का वातावरण

आटोवा यूनिवर्सिटी में श्रवण विज्ञान के प्रोफेसर चेटल लेरोचे ने बताया कि शोर कोहरे की तरह हमारे चारों ओर फैला है। शोर जो नुकसान पहुंचाता है, शुरू में हम उसे समझ नहीं पाते और इसके कारण कान को अपूरणीय क्षति होती है। इससे सुनने की क्षमता कम होने लगती है। शोधकर्त्ताओं का कहना है कि शोर का रक्तसंचार, शयन, हृदय तथा मानसिक व शारीरिक कार्यप्रणाली पर भी सीधा असर होता है। पहले बहरेपन को बुढ़ापे की निशानी माना जाता था, लेकिन अब शोर के कारण जवान व्यक्ति भी कम सुनने लगे हैं और यह संभावना व्यक्त की जा रही है कि अगामी एक-दो दशकों तक शोर से निपटने के कोई कारगर उपाय नहीं ढूंढ़े गए, तो लोग चश्मे की तरह ही श्रवण यंत्र लगाए नजर आएंगे।

कान के लिए ध्वनि का स्तर

उल्लेखनीय है कि हम सामान्य रूप से जिस ध्वनि में बात करते हैं, उसकी तीव्रता 30 से 50 डेसीबल के बीच होती है। 45 डेसीबल का शोर सहनीय माना जाता है। कान पर ध्वनि का कुप्रभाव 80 डेसीबल से ही शुरू हो जाता है। 120 डेसीबल की ध्वनि से कान के पर्दे फट

सकते हैं, आदमी बहरा हो सकता है। वैज्ञानिकों के अनुसार सुरक्षा की दृष्टि से मनुष्य को 115 डेसीबल में 15 मिनट, 110 डेसीबल में आधा घंटा, 105 डेसीबल में एक घंटा, 100 डेसीबल में दो घंटे, 95 डेसीबल में चार घंटे और 90 डेसीबल में आठ घंटे से ज्यादा समय व्यतीत नहीं करना चाहिए।

38 प्रतिशत लोग ध्वनि प्रदूषण के शिकार

हमारे देश में 18 से 30 प्रतिशत लोग ध्वनि-प्रदूषण से प्रभावित होते हैं। महानगरों में जहां 36 प्रतिशत लोग इससे प्रभावित पाए जाते हैं, वहीं औद्योगिक इलाकों में रहने वाले 38 प्रतिशत लोग ध्वनि-प्रदूषण से प्रभावित होते हैं। रियो डी जनिरो को विश्व का सर्वाधिक शोरगुल वाला शहर माना जाता है। यहां का ध्वनि प्रदूषण 120 डेसीबल है। दिल्ली, कोलकता, मुंबई का ध्वनि प्रदूषण भी 90 डेसीबल पार कर चुका है और शतक बनाने की तैयारी में है।

शोर के घातक प्रभाव

आस्ट्रिया के ध्वनि विज्ञानी डॉ. ग्रिफिथ का कथन है कि शोरमय वातावरण में रहने वाले लोग अपेक्षाकृत जल्दी बूढ़े हो जाते हैं। शोर का सबसे बुरा प्रभाव बच्चों पर पड़ता है। इसके प्रभाव से वे पढ़ाई में कम ध्यान लगाते हैं और उनकी याददाश्त कमजोर हो जाती है। शोर-शराबे वाले इलाकों में रहने वाले 60 प्रतिशत छात्र पढ़ाई में ध्यान पूरी तरह से नहीं दे पाते हैं। 40 प्रतिशत बहरेपन के शिकार हो जाते हैं तथा उनको सिर दर्द तथा चिड़चिड़ाहट की शिकायत हो जाती है।

अनेक बीमारियों का जनक है शोर

शोर की अधिकता के प्रभाव से मनुष्य में तनाव बढ़ता है, रक्तचाप में वृद्धि होती है, मिरगी के रोगियों को अधिक दौरे पड़ते हैं, सिर दर्द पैदा होना, भूख मर जाना, अनिद्रा की तकलीफ होना, हृदय गति बढ़ना, स्वभाव में चिड़चिड़ापन, गर्भवती महिलाओं द्वारा अविकसित शिशुओं को जन्म देना, पागलपन, मानसिक बीमारियां, पसीना आना, रक्त में कोलेस्ट्रोल बढ़ना, थकावट महसूस होना, दिल की धड़कन बढ़ना, घबराहट, स्मरण-शक्ति कम होना, कानों में घंटियां बजने की आवाजें सुनाई देना, शरीर में झुर्रियां पड़ना, अल्सर की शिकायत, मासिक धर्म का समय से पहले

आना, मांसपेशियां संकुचित होना, रक्त में कोलेस्ट्रोल बढ़ना, बहरापन, हृदय रोग, दमा, अम्लपित्त, चक्कर आना आदि ऐसी ही तकलीफें हैं, जिनकी जड़ में ध्वनि प्रदूषण होता है।

अच्छे स्वास्थ्य के लिए शोर से बचें

वातावरण का शोर-शराबा शरीर और मन, दोनों को विक्षुब्ध करता है। अतः इसे नियंत्रण करने के लिए हर स्तर पर उपयुक्त उपायों को अपनाया जाना चाहिए।

98. अंगुली कट जाने पर उसे चूसना या मिट्टी डाल लेनी चाहिए?

ग़लतफ़हमी का आधार

यह मिथ्या धारणा है। आम जीवन में हम देखते हैं कि कोई काम करते समय किसी की अंगुली में चोट लग जाती है, तो वह तुरंत ही अपनी अंगुली को मुंह में लेकर चूसने लगता है। गांवों के माहौल में तो लोगबाग चोट पर तुरंत मिट्टी डाल देते हैं। इसकी प्रेरणा अकसर हमारी फिल्मों में दिखाए जाने वाले दृश्यों से अधिक मिलती है, जिसमें फिल्मी हीरो-हीरोइन एक दूसरे की अंगुली में चोट लगने या कांटा चुभने पर वे अंगुली को मुंह में लेकर चूसने लगते हैं। ऐसा करने के पीछे यह धारणा होती है कि चोट में तुरंत राहत मिल जाती है और खून बहना भी बंद हो जाता है।

खतरनाक हो सकता है कटी अंगुली चूसना

उल्लेखनीय है कि अंगुली की चोट में ये उपाय अपनाना चिकित्सा विज्ञान के दृष्टिकोण से खतरनाक साबित हो सकता है, क्योंकि हमारे मुंह के लार में अनेक प्रकार के कीटाणु होते हैं। लार के कीटाणु कटे हुए स्थान से खून के माध्यम से पीड़ित व्यक्ति के शरीर में प्रवेश कर सकते हैं और बीमारी का कारण हो सकते हैं। आजकल की जानलेवा एड्स की बीमारी इस माध्यम से आसानी से फैल सकती है।

कटे पर मिट्टी से टिटनेस का खतरा

जख्म पर मिट्टी डालना भी कम खतरनाक नहीं होता। इससे धनुर्वात (टिटनेस) की जानलेवा बीमारी हो सकती है। इसके अलावा मिट्टी में अनेक बीमारियां पैदा करने वाले जीवाणु व सूक्ष्म कीटाणु भी उपस्थित हो सकते हैं, जिनके प्रभाव से अनेक बीमारियों का संक्रमण हो सकता है। अत: अंगुली के घाव को चूसना, उस पर मिट्टी डालना जैसे कार्य न करें। घाव पर एंटीसेप्टिक लोशन, क्रीम लगाएं। जरूरत हो तो ड्रेसिंग करवाएं। लोहे से लगी चोट हो, तो इन उपायों के अलावा टिटनेस का इंजेक्शन भी लगवाएं। चोट को मामूली समझना खतरनाक हो सकता है।

99. मानसिक तनाव से स्वास्थ्य पर कोई बुरा प्रभाव नहीं पड़ता?

ग़लतफ़हमी का आधार

यह सर्वथा गलत धारणा है, क्योंकि सच्चाई इसके विपरीत है। आजकल की भागमभाग भरी जिंदगी में मानसिक तनाव इतना आम हो गया है कि हमें इसके दुष्परिणामों के बारे में सोचने का भी वक्त नहीं है। यही कारण है कि हमें इसके दोष नजर नहीं आते। दैनिक जीवन में भूख और प्यास की तरह ही हर व्यक्ति मानसिक तनाव का अनुभव करता है। यह उसके जीवन का एक हिस्सा ही बन गया है। अब ऐसे व्यक्ति की कल्पना करना असंभव है, जो मानसिक तनाव का अनुभव न करता हो।

तनाव से घटती है प्रतिरोधक क्षमता

डॉ. हरबर्ट के अध्ययन के अनुसार मानसिक तनाव श्वेत रक्त कणों के संचालन, शरीर में प्रतिपिंडों के निर्माण तथा रोग प्रतिरक्षण कार्यों को प्रभावित करता है। तनावग्रस्त व्यक्ति में श्वेत रक्तकणों की वृद्धि और सेल की प्राकृतिक मारक क्षमता में अधिक गिरावट आती है। जितनी लंबी अवधि तक व्यक्ति तनावग्रस्त रहता है, उतनी ही अधिक श्वेत रक्तकणों की संख्या में कमी आती है।

लंबे समय तक तनाव घातक

उल्लेखनीय है कि किसी भी प्रकार का तनाव तभी उत्पन्न होता है, जब किन्हीं दो परस्पर विरोधी शक्तियों के बीच द्वंद्व अथवा संघर्ष होता है। हमारे मन को दो भिन्न प्रकार की इच्छाएं, आवेश या प्रवृत्तियां परस्पर विरोधी दिशाओं में खींचें, तो मानसिक तनाव पैदा होगा। फिर यदि मानसिक तनाव क्षणिक व साधारण है, तो हमारे शरीर में होने वाले परिवर्तन भी क्षणिक होंगे, लेकिन यदि मानसिक तनाव असामान्य और स्थायी है, तो उनसे होने वाले शारीरिक, मानसिक परिवर्तन भी हानिकारक व स्थायी होंगे।

सिर दर्द तनाव की देन

डॉक्टरों के मतानुसार आधे सिर का दर्द जिसे माइग्रेन कहते हैं, का हमला उन लोगों पर ज्यादा होता है, जो स्वयं की स्थिति और अपने आसपास की परिस्थितियों में बहुत अधिक असंतुष्ट व दुखी रहते हैं। सिर दर्द की शिकायत करने वाले लगभग 90 प्रतिशत रोगी केवल मानसिक तनाव के कारण इससे पीड़ित होते हैं। अनुसंधानों से ज्ञात हुआ है कि महिलाओं को पुरुषों की तुलना में तीन गुना अधिक मानसिक तनाव की शिकायत होती हैं।

तनाव से पैदा होते हैं अनेक रोग

मानसिक तनाव बढ़ जाने से नींद नहीं आती, दिल की धड़कनें बढ़ जाती हैं, थकान महसूस होती है, सिर दर्द, माइग्रेन, हृदय पीड़ा, कब्जियत, अल्सर, उच्च रक्तचाप, मधुमेह, अवसाद, दमा, हार्ट अटैक की शिकायत बढ़ जाती है, भोजन हजम नहीं होता, चिड़चिड़ापन, पसीना अधिक आना, पेट के रोग, त्वचा भद्दी, बदरंग, मटमैली, खुश्क, झाइंयांयुक्त, झुर्रियोंदार बनना, बाल समय से पूर्व सफेद होना, झड़ना, गंजापन की शिकायत, आंखों के चारों ओर काले घेरे, झुर्रियां पड़ना, अस्वाभाविक खीजपूर्ण व्यवहार, मानसिक रोग जैसी तकलीफें होने की पूरी आशंका होती है। इनको अनदेखा करना खतरनाक और घातक हो सकता है।

मानसिक तनाव की अचूक दवा यौन संतुष्टि

यौन मनोविज्ञान के विश्व प्रसिद्ध विद्वान फ्रायड ने स्पष्ट कहा है कि यौन संबंध स्त्री-पुरुष दोनों को ही तन और मन से हलका कर देता है अर्थात्

किसी प्रकार का तनाव नहीं रहने देता। अतः अपने यौन संबंधों को हमेशा सहज और स्वाभाविक बनाए रखने से मानसिक तनाव बिलकुल गायब हो जाता है। यह मनोवैज्ञानिक सत्य है।

व्यायाम और आशावादी सोच तनाव से मुक्त करती है

मानसिक तनाव दूर करने के लिए व्यायाम करें, घूमने जाएं, पार्क में टहलें, हर हाल में मस्त रहें, परेशानियों को प्राथमिकता के आधार पर एक-एक कर दूर करें, नियमित और संयमित जीवनशैली अपनाएं, अपने को व्यस्त रखें, शवासन करें, जरा-जरा सी बात में क्रोध में न आकर उसे नजरअंदाज करना सीखें, संगीत सुनें, मनोरंजक कार्यक्रम देखें, पुस्तक पढ़ें, आशावादी दृष्टिकोण अपनाएं, अपने शौक के लिए समय निकालें और उसे पूरा करें, असफलताओं को सोच-सोचकर विचलित न हों, रचनात्मक विचार रखें, दूसरों से बड़ी-बड़ी आशाएं न बांधें।

100. *होली के रंगों से हमें कोई नुकसान नहीं होता?*

ग़लतफ़हमी का आधार

आम लोगों में धारणा है कि होली में एक-दूसरे को लगाए जाने वाले रंग हमें कोई नुकसान नहीं पहुंचाते। इन्हें नहा-धोकर दूर करने मात्र से स्वास्थ्य पर कोई विपरीत प्रभाव नहीं पड़ता।

वास्तविकता

पहले होली पर प्राकृतिक रंगों का इस्तेमाल किया जाता था, लेकिन अब इनका स्थान कृत्रिम, यानी रासायनिक रंगों ने ले लिया है, जिनके कारण त्वचा रोग या आंखों में खराबी होने का खतरा हो जाता है। और भी जटिल बीमारियां हो सकती हैं, पर साल में एक बार रंग खेलने से इसकी संभावनाएं कितनी हो सकती हैं, आप ही सोचिए!

उल्लेखनीय है कि अब सभी रंग रसायन और धातुओं के मिश्रण से बनाए जाते हैं, जिनमें अम्ल, क्षार, माइका, सिलिका आदि प्रमुख होते हैं। इसके अलावा खड़िया, स्टार्च खाने का नमक वग़ैरह भी मिलाए जाते

हैं। सूखे रंग और गुलाल में दो तरह के पदार्थ होते हैं, एक एस्बेस्टस या सिलिका धातु और दूसरा रंग देने वाला रसायन। ये दोनों ही मानव शरीर के लिए नुकसानदेह हैं। सिलिका धातु चमड़ी को सुखाकर उसे नुकसान पहुंचाती है, जबकि एस्बेस्टस शरीर के अवयवों में संचित होकर गंभीर रोग फैलाने में सहायक हो सकता है।

सबसे अधिक प्रमुखता से इस्तेमाल किया जाने वाला गुलाल प्राय: सोप स्टोन, रेत व राख जैसी सस्ती चीजों को रंगकर बनाया जाता है। इसमें पड़ा चमकीला-सा पदार्थ अभ्रक होता है, जो खुरदुरा होने के कारण जब जबरन त्वचा पर रगड़कर लगाया जाता है, तो उसके छिलने का खतरा रहता है। गुलाल में लेड आकसाइड, पोटेशियम डाइक्रोमेट, क्रोमियम, निकिल रसायन भी मिलाए जाते हैं। इस कारण ज़्यादा देर तक त्वचा व बालों में लगा रहने पर त्वचा एकदम खुश्क होकर फटने लगती है, क्योंकि इसके प्रभाव से त्वचा-कोशों को नुकसान पहुंचता है और बाल भी धोने के बाद रूखे व खुरदुरे लगने लगते हैं। इससे खुजली की शिकायत भी हो सकती है। गुलाल आंखों को भी नुकसान पहुंचाता है।

लाल रंग का पाउडर या पेंट बनाने के लिए इस्तेमाल किया गया मर्क्यूरी सल्फाइड होता है। नीले रंग को बनाने में मेथिलीन ब्लू का इस्तेमाल किया जाता है। हरे रंग में कॉपर सल्फेट मिला रहता है। बैंगनी रंग क्रोमियल आयोडाइड से बनता है, रुपहला (सिल्वर) रंग या पेंट एल्यूमीनियम ब्रोमाइड की सहायता से बना है। काला रंग लेड ऑक्साइड से बनता है। गुलाल को रंगदार बनाने में प्रयुक्त ये सभी रसायन शरीर में छोटे-बड़े कई रोगों का जन्म दे देते हैं।

आइल पेंट चेहरे पर पोतने से उसे बदरंग भी कर सकता है। कानों में रंग चला जाए, तो सुनने की क्षमता को स्थायी-अस्थायी नुकसान पहुंचा सकता है। रंगों के पेट में चले जाने पर अल्सर, गेस्ट्राइटिस आदि तकलीफ़ें होने की संभावना रहती है।

त्वचा के बचाव के लिए होली खेलने से पहले पूरे शरीर पर वैसलीन या कोल्ड क्रीम लगा लेनी चाहिए, ताकि त्वचा पर रंगों का सीधा प्रभाव न पड़े। इससे त्वचा पर जलन व खुश्की पैदा नहीं होगी। बालों पर कोई दुष्प्रभाव न पड़े, इसके लिए सिर पर बालों का तेल अधिक मात्रा में लगा लें, ताकि उसमें रूखापन व खुरदरापन महसूस न हो। इसके अलावा आंखों और मुंह में रंग न जाए, इसके प्रति पूर्ण सतर्क रहें।

101. वातानुकूलित (एयरकंडीशंड) वातावरण में रहने से स्वास्थ्य पर कोई विपरीत प्रभाव नहीं पड़ता?

ग़लतफ़हमी का आधार

आम लोगों में यह गलतफहमी है कि गर्मी के दिनों में जितना अधिक समय वातानुकूलित कमरों में रहा जाए, उतना ही अधिक स्वास्थ्यप्रद रहता है।

वास्तविकता

फ्रांसीसी मेडिकल रिसर्च ऐजेंसी द्वारा दी गई एक जानकारी के अनुसार वे लोग, जो वातानुकूलित (एयरकंडीशन्ड) कार्यालयों में काम करते हैं, उन लोगों की तुलना में जो प्राकृतिक रूप से हवादार भवनों में काम करते हैं, की अपेक्षा दोगुना ज्यादा सांस संबंधी बीमारी के शिकार बनते हैं। रिसर्च में यह बात भी प्रकट हुई है कि वातानुकूलित भवन में हवा का पुन: संचरण होता है, जो बैक्टीरिया और फंगस का वहन करता है, जिससे संक्रमण (इंफ़ेक्शन) फैलता है। बैक्टीरिया और फंगस की भरमार से सिरदर्द, थकान के साथ-साथ एकाग्रचित्त होने में काफी कठिनाइयां पैदा होती हैं।

व्यावसायिक एवं पर्यावरण औषधि विषय पर की गई एक पायलट स्टडी से पता चला है कि उच्च तीव्रताधारी पैराबैंगनी किरणों की मौजूदगी हमें उपरोक्त समस्याओं से दूर रखने में मददगार हो सकती है। इसके प्रभाव से कई तरह के हानिकारक अतिसूक्ष्म जीव समाप्त हो सकते हैं। परिणामस्वरूप थकान, सिरदर्द व एकाग्रचित्त न हो पाने की समस्याओं से छुटकारा मिल जाता है।

ब्रिटेन वासियों पर किए गए एक शोध से ज्ञात हुआ है कि वातानुकूलित दफ्तरों में काम करने वाले अधिकांश कर्मचारी काम करने के बाद स्वयं को थका हुआ और तनावग्रस्त महसूस करते हैं। आधुनिक जीवन शैली के परिणाम स्वरूप उत्पन्न यह तनाव काम के कारण नहीं होता।

उल्लेखनीय है कि बड़े-बड़े दफ्तरों के अनेक बंद कमरों में, यहां तक कि सम्पन्न घरों के एसी (एयरकंडीशन) लगे कमरों में रहने वाले व्यक्ति भी प्रकृति से दूर हो जाते हैं। उनके यहां तक सूरज की रोशनी और ताजी हवा आसानी से नहीं पहुंच पाती, जो सेहतमंद रहने के लिए जरूरी है।

102. *बच्चे को उछालने, झकझोरने या उलटा लटकाने से कोई नुकसान नहीं होता?*

ग़लतफ़हमी का आधार

आपने ऐसे अनेक माता-पिता को अवश्य देखा होगा, जो अपने बच्चे को प्यार के वशीभूत होकर हवा में उछालने या गुस्से में उसे झकझोरने या फिर उसे उलटा लटका कर करतब दिखाने में विशेष रस लेते हैं और ऐसा मानते हैं कि उनके ये कार्य प्यार, गुस्सा प्रकट करने के तरीके मात्र हैं। इससे बच्चे की सेहत पर कोई दुष्प्रभाव नहीं पड़ता।

वास्तविकता

इसमें कोई संदेह नहीं कि बच्चे को दोनों हाथों में दबाकर बड़े प्यार से ऊपर की ओर उछालने से वह हवा में झूलकर वापस फिर बांहों में आ जाता है और ऐसा करने से बच्चा बड़ा खुश तथा हंस-हंसकर किलकारी मारता नज़र आता है, तो हमें आनन्द की अनुभूति होती है। कभी-कभी गुस्से में आकर बच्चे को कंधों से पकड़कर हवा में झुलाते हैं, लटकाए रखकर अपना मनोरंजन भी करते हैं। ये सब कार्य देखने में मामूली लगते हैं, लेकिन छोटे बच्चों के जल्दी से विकसित हो रहे मस्तिष्क पर प्रतिकूल प्रभाव डालकर क्षति पहुंचा सकते हैं। यदि बच्चा हाथ से छूट कर गिर जाए, तो चोट भी लग सकती है। बच्चे में डर भी बैठ सकता है।

विट्सबर्ग यूनिवर्सिटी, अमेरिका में विकिरण विज्ञान के प्रोफेसर तथा बालरोग चिकित्सक डॉ. जॉन फफेंका के मतानुसार छोटे बच्चों का सिर

शरीर के अन्य अंगों से अपेक्षाकृत बड़ा होने के कारण और उसके गले की नसें नाजुक व कमजोर होने से, उसे हवा में उछालने, गुस्से में झकझोरने या एकाएक झटके से उलटा लटकाने की स्थिति में उसका सिर आगे-पीछे हिलने-डुलने लगता है, जिससे मस्तिष्क में अधिक मात्रा में आंतरिक रक्तस्राव होने का खतरा पैदा हो जाता है और मस्तिष्क के चारों तरफ झिल्ली बन जाने की संभावना रहती है। इससे बच्चे के मस्तिष्क पर प्रतिकूल प्रभाव पड़ने से कुछ क्षति भी पहुंच सकती है। यहां तक कि मानसिक विकास में बाधा पड़ने की संभावना हो जाती है। समय रहते इस बात का पता चल पाना अत्यंत कठिन होता है, क्योंकि बाहरी तौर पर इसका कोई दुष्प्रभाव दिखाई नहीं पड़ता। अत: इसका उपचार करने का अवसर नहीं मिलता।

103. आयुर्वेदिक दवाएं स्वास्थ्य के लिए हानिकारक नहीं होतीं?

ग़लतफ़हमी का आधार

लोगों में यह गलत धारणा है कि आयुर्वेदिक दवाएं शरीर पर कोई दुष्प्रभाव नहीं डालतीं और उनका इस्तेमाल करना एकदम सुरक्षित होता है, क्योंकि जड़ी-बूटियां प्राकृतिक होती हैं, इसलिए पूरी तरह सुरक्षित और असरदार होती हैं। यहां तक कि इसका प्रचार स्वयं आयुर्वेदिक दवाएं बनाने वाली कंपनियां भी अकसर करती रहती हैं।

वास्तविकता

इसमें कोई संदेह नहीं कि वनस्पतियों व जड़ी-बूटियों से बनाई गई बहुत सी आयुर्वेदिक दवाएं मनुष्य के शरीर को हानि नहीं पहुंचातीं और वे घातक रसायन, धातुओं, भस्मों से बनी दवाएं भी जो पूरी ईमानदारी से मेहनत के साथ आयुर्वेदिक सिद्धांतों को ध्यान में रखकर बनाई जाती हैं, भी खतरनाक नहीं होतीं, लेकिन आजकल प्राचीन आयुर्वेदिक ग्रंथों में बताई गई वास्तविक लंबी प्रक्रियाओं को ताक पर रखकर बनाई गई आयुर्वेदिक दवाएं धड़ल्ले से बेचकर अधिक लाभ कमाने की प्रतिस्पर्धा

चल पड़ी है। ऐसी दवाएं निश्चय ही दुष्प्रभावों से मुक्त नहीं होतीं। लाभ पहुंचाने की बजाए रोगी को नुकसान ही पहुंचाती हैं। अत: यह कहना और मानना कि आयुर्वेदिक दवाएं नुकसान नहीं पहुंचातीं और पूरी तरह सुरक्षित होती हैं, सर्वथा गलत है।

उल्लेखनीय है कि लगभग सभी प्रकार की जड़ी-बूटियों से व्यक्ति में एलर्जिक प्रतिक्रिया हो सकती है। बहुत-सी जड़ी-बूटियों के साइड इफेक्ट्स भी होते हैं, जो आमतौर पर वैद्यों को ज्ञात नहीं होते। किसी-किसी जड़ी बूटी का अधिक मात्रा में या लंबे समय तक किया गया सेवन खतरनाक साबित हो सकता है। उदाहरण के तौर पर सोमलता नामक जड़ी-बूटी का अधिक सेवन शरीर में गर्मी भड़कने, ब्रेन स्ट्रोक, हृदय की धड़कन बढ़ने, उच्च रक्तचाप के अलावा मौत का कारण भी बन सकता है। मुलहठी जैसी दैनिक जीवन में काम आने वाली जड़ी-बूटी का भी अधिक समय तक नियमित सेवन किया जाए, तो हमारे शरीर का पोटेशियम लेवल कम होकर पेशियों का कमजोर पड़ना और हृदय की धड़कनों का अनियमित हो जाना। जैसे दुष्परिणामों का कारण बनता है।

आयुर्वेदिक दवाओं में बहुलता से इस्तेमाल किया जाने वाला घातक पारा या पारद यदि लंबी प्रक्रिया द्वारा अच्छी तरह शोधित न किया जाए, तो सेवनकर्ता के लिए घातक सिद्ध हो सकता है। अनेक दवा निर्माता आसव के नाम पर अल्कोहल की अत्यधिक मात्रा वाली दवाएं तैयार करके बेचते हैं, ताकि शराबी लोग उसका इस्तेमाल नशे के रूप में कर सकें। मृत संजीवनी सुरा, कर्पूर आसव आदि का सेवन लोगबाग बीमारी में कम और नशे के रूप में अधिक करते हैं।

आयुर्वेद के प्रसिद्ध विशेषज्ञ प्रो. बी.एन. मिश्रा और बी.के. मोहंती के मतानुसार सैकड़ों दवाओं की प्रमुख घटक औषधि कज्जली स्तनधारी जीवों के लिए अधिक मात्रा में लेना जानलेवा सिद्ध हो सकती है। इसमें 49 प्रतिशत पारा और 40 प्रतिशत गंधक होता है। इस दवा का चूहों पर किया गया परीक्षण प्रकट करता है कि उनके रक्त, लार में तथा गुर्दे, मस्तिष्क, लीवर जैसे प्रमुख अंगों में पारे की अधिक मात्रा एकत्रित हो गई, जिससे उनकी कार्यक्षमता स्थायी तौर पर बिगड़ गई।

विभिन्न धातुओं की भस्में भी यदि पूर्ण प्रक्रिया द्वारा आयुर्वेद शास्त्रानुसार न बनाई जाएं, तो वे गुर्दों द्वारा बाहर न निकाल पाने के कारण शरीर को घातक नुकसान पहुंचाती हैं। सीसे या लेड की मात्रा भी

आयुर्वेदिक दवाओं में खतरनाक स्तर तक पाई गई हैं, जो जहर की तरह ही नुकसानदेह हैं। भाभा एटमिक रिसर्च सेंटर के वैज्ञानिकों ने गहन परीक्षण के दौरान पाया कि सामान्य खाद्य पदार्थों द्वारा शरीर में पहुंच रहे सीसे की अपेक्षा आयुर्वेदिक दवाओं के माध्यम से पहुंचने वाले सीसे की मात्रा 80 गुना अधिक थी। अत: आयुर्वेदिक दवाएं हानिरहित समझकर बिना परामर्श के अपनी मर्जी से सेवन करने से बचें।

104. शरीर के मोटापे से स्वास्थ्य पर कोई विपरीत प्रभाव नहीं पड़ता?

ग़लतफ़हमी का आधार
आम धारणा यह है कि शरीर का मोटापा यह प्रदर्शित करता है कि व्यक्ति खाते-पीते, संपन्न घर से ताल्लुक रखता है और वह स्वस्थ भी समझा जाता है।

वास्तविकता
वास्तविकता तो यह है कि ज्यादा मोटापा एक रोग ही नहीं, एक गंभीर समस्या है। मोटापे से पुरुष ही नहीं, बल्कि महिलाएं भी ज्यादा परेशान रहती हैं। डायबिटिक सेल्फ केयर फाउंडेशन, नई दिल्ली के अध्यक्ष डॉ. एम.सी. श्रीवास्तव के मतानुसार टेलीविजन, ग़लत रहन-सहन और अधिक मात्रा में फास्ट फूड के सेवन के कारण हर दसवां व्यक्ति मोटापे की बीमारी से ग्रस्त है। यहां तक कि बच्चे भी मोटापे के शिकार हो रहे हैं। इस प्रकार देश में मोटापा महारोग बनता चला जा रहा है।

अमेरिका के ब्रुखवेन नेशनल लेबोरेट्री के खान-पान तथा स्वास्थ्य विभाग के विशेषज्ञों की एक टीम ने गहन अध्ययन के बाद यह निष्कर्ष निकाला है कि मोटापे के लिए पेट नहीं, बल्कि दिमाग जिम्मेदार होता है। मोटापे पर जब चाहे नियंत्रण किया जा सकता है, लेकिन जरूरत इस बात की है कि पहले दिमाग को नियंत्रित किया जाए। टीम के एक डॉक्टर वोलकोन के मतानुसार मोटापे के लगातार बढ़ने के लिए फास्ट फूड पहले नंबर पर जिम्मेदार है।

इसमें कोई दो राय नहीं कि तमाम किस्म की बीमारियों की जड़ मोटापा होता है। यूनीवर्सिटी ऑफ टोरंटो के एक अध्ययन से पता चला है कि ओवर-वेट होने से दिमागी क्षमता घट सकती है, क्योंकि मोटापा बुद्धि को मोटा कर देता है। आस्ट्रेलिया के एडेलेड स्थित क्वीन एलिजाबेथ हॉस्पिटल के वैज्ञानिकों के मुताबिक मोटी और ज्यादा वजन वाली महिलाओं की तुलना में गर्भपात होने का खतरा 50 प्रतिशत ज्यादा रहता है। यूं भी मोटापा गर्भधारण करने में बाधक होता है।

डैना फ़ारबर कैंसर इंस्टीट्यूट के राबर्ट जे. मेयर के मुताबिक पुरुषों में मोटापे से कैंसर की संभावनाएं 52 प्रतिशत और महिलाओं में 62 प्रतिशत होती हैं, लेकिन इसका औसत भय पैदा करने वाला नहीं है। लोग जीवन-भर मोटे रहते हैं, पर उन्हें कैंसर जैसा घातक रोग नहीं होता।

डॉक्टरों के अनुसार मोटापे से उत्पन्न होने वाली जटिलताओं में सांस लेने में तकलीफ होना, सीढ़ियों पर या ऊंचाई पर चढ़ने पर शीघ्र ही सांस फूलने लगना, हृदय पर सदैव दबाव-सा बना रहना, हृदय रोग, मधुमेह की शिकायत, कार्य करने की क्षमता घटना, उच्च रक्तचाप की तकलीफ, स्त्रियों में मासिक स्राव का न होना, जिगर और गुर्दे का ठीक से काम न करना, दमा, कब्ज़, पथरी, हड्डियों के जोड़ों में दर्द, कमर दर्द, खर्राटे की शिकायत, अधिक पसीना आना, जांघों और टांगों की शिराएं फूलना, असंतुष्ट दांपत्य जीवन का रहना, मानसिक और सामाजिक परेशानियां, यकृत में वसा का बढ़ना, स्त्रियों में दाढ़ी एवं मूंछ उग आना आदि प्रमुख होती हैं। अतः मोटापे को मामूली न समझें। उसे कम करने का हर संभव प्रयास दीर्घ जीवन के लिए आवश्यक है।

105. *डायटिंग करने से स्वास्थ्य को कोई नुकसान नहीं होता?*

ग़लतफ़हमी का आधार

हम दुबली-पतली, छरहरी, स्लिम, स्मार्ट, आकर्षक फिगर युक्त महिलाओं, युवतियों को देखने के इतने आदी हो गए हैं कि इसे सुंदरता का प्रतीक

समझने लगे हैं। यही वजह है कि अधिकांश युवतियां डायटिंग की अंधी दौड़ में शामिल हो रही हैं, क्योंकि इसे वजन कम करने, मोटापा न चढ़ने देने का बहुत ही सरल और गैरखर्चीला तरीका माना जाता है।

वास्तविकता

वीमेंस हॉस्पिटल के मनोचिकित्सक डॉ. जितेन्द्र नागपाल के मतानुसार जब किशोर वर्ग अपनी भूख को दबाना शुरू करता है और बहुत ही कम खाना खाता है, तो धीरे-धीरे शरीर को भी उस भोजन की आदत पड़ जाती है। ऐसे लोग चूंकि दिमाग पर पूरी तरह से नियंत्रण कर लेते हैं, इसलिए भूख की इच्छा होते हुए भी उसे दबाने में कामयाब हो जाते हैं। इसे एनोरेक्सिया नखेजा कहते हैं। एक सर्वेक्षण के अनुसार 13 से 19 वर्ष की 15 से 20 प्रतिशत लड़कियों में इस बीमारी के लक्षण पाए गए हैं तथा लगभग 5 प्रतिशत लड़कियां पूरी तरह से इस बीमारी से पीड़ित हैं। इसके विपरीत जब किशोर पूरी तरह से डायटिंग शुरू कर देता है, तो कहीं-न-कहीं अपने दिमाग को नियंत्रित नहीं कर पाता। परिणाम स्वरूप वह भूख से ज्यादा खाना खा लेता है, लेकिन मोटापे का अहसास होते ही सारा खाना उलटी कर बाहर निकाल देता है, तो उसे बुलीमिया कहते हैं। इस बीमारी के शिकार लड़के और लड़कियां दोनों ही होते हैं। इसके लक्षण लगभग 20 प्रतिशत किशोरों में पाए गए हैं और 5 से 10 प्रतिशत किशोरों में यह बीमारी घर कर गई है।

क्या आप भी मॉडलों और अभिनेत्रियों की तरह दुबली-पतली दिखने के लिए अपने खाने में से बहुत-सी पोषक सामग्री कम कर रही हैं? ऐसा कर आप अपने स्वास्थ्य के साथ खिलवाड़ ही नहीं कर रही हैं, बल्कि अपने शरीर को भी दुर्बल बना रही हैं।

लंदन में किए गए एक सर्वेक्षण में 205 डॉक्टरों ने पाया कि किसी भी मॉडल द्वारा अपनी दुबली-पतली काया का राज़ खाने से गेहूं, चावल, दूध और उससे बनी चीजें निकालने की बात कहे जाने के बाद करीब 90 प्रतिशत महिलाएं भी अपने स्वास्थ्य को खतरे में डाल रही हैं। डॉक्टरों का मानना है कि खुद ही अपनी खुराक तय करने वाली महिलाओं को पोषण की कमी के साथ ही, हड्डियों के कमजोर होने की बीमारी आस्टोपोरोसिस और प्रतिरोधक क्षमता के भी कम होने का खतरा बढ़ जाता है।

गंभीर किस्म की डायटिंग करने से स्वास्थ्य पर जो खतरनाक प्रभाव पड़ते हैं, उनमें स्त्रियों का मासिक धर्म रुक जाना, उसमें अनियमितता पैदा होना, प्रजनन क्षमता पर बुरा असर पड़ना, हड्डियों में खोखलापन आना, नाखूनों का टूटना, बाल पतले पड़ने लगना, दांत और हड्डियां नर्म पड़ना, हृदय, जिगर और किडनी संबंधी समस्याएं पैदा होना, कब्ज की शिकायत, सांस में बदबू आना, पाचन संस्थान को नुकसान पहुंचना, नींद न आना, त्वचा का झुलसना, कमजोरी आदि प्रमुख हैं। इनमें से कुछ भी हो सकता है। एक से अधिक लक्षण भी पाए जा सकते हैं। अतः डायटिंग करें, तो प्राकृतिक नियमों के अनुसार या डॉक्टर की सलाह पर।

यूनीवर्सिटी ऑफ टेकसास आस्टिन व स्टेनफोर्ड यूनीवर्सिटी स्कूल ऑफ मेडिसिन के विशेषज्ञों द्वारा किए गए एक शोध से पता चला है कि डायटिंग से वजन स्थायी रूप से कम नहीं हो सकता, यानी जो लोग डायटिंग कुछ समय के लिए करते हैं और फिर कुछ समय बाद उसे छोड़ देते हैं, इस तरह डायटिंग करने से उन व्यक्तियों का वजन कुछ दिनों के लिए कम हो जाता है तथा बाद में फिर उतना ही हो जाता है।

डायटीशियनों का कहना है कि डायटिंग का मतलब बैलेंस फूड से है, न कि भूखे रहकर खुद को सजा देना। वजन कम करने का सबसे बेहतर उपाय यही है कि पौष्टिक खाद्य पदार्थों का सेवन संतुलित मात्रा में करें तथा गरिष्ठ, तले व मिर्च-मसालेदार खाद्य पदार्थों का सेवन बिल्कुल बंद कर दें। साथ ही व्यायाम, एक्सरसाइज को भी अपनी दिनचर्या में शामिल करें।

106. *कंप्यूटर पर लगातार यादा देर बैठने से सेहत पर फर्क नहीं होता?*

ग़लतफ़हमी का आधार

आज कंप्यूटर की इंटरनेट, ई-मेल व अन्य उपयोगिताओं ने सारे विश्व को जोड़कर प्रगति के नए आयाम प्रदान किए हैं, जिससे प्रभावित होकर अनेक कंप्यूटर प्रेमी 8-10 घंटे तक लगातार उससे चिपके रहते हैं और

ज्यादा-से-ज्यादा उपलब्धियां पाने के चक्कर में भूल जाते हैं कि यह कार्य अन्य ऑफिस के कार्यों की तरह आसान न होकर सेहत को नुकसान भी पहुंचा सकता है।

वास्तविकता

वैज्ञानिकों का कहना है कि कंप्यूटर का जरुरत से ज्यादा लगातार उपयोग सेहत के लिए खतरनाक हो सकता है। न्यूजीलैंड के मेडिकल रिसर्च इंस्टीट्यूट के वैज्ञानिकों का कहना है कि कंप्यूटर के सामने ज्यादा देर तक बैठकर काम करने वाले व्यक्ति के पैरों में गहराई पर स्थित नसों में रक्त के थक्के जम सकते हैं, जो कई मामले में जटिल साबित होते हैं।

कंप्यूटर के सामने बैठने से होने वाली इस बीमारी को ई-थ्राबोसिस नाम दिया गया है और इससे पहले इस तरह की बीमारी लंबी हवाई यात्रा करने वाले व्यक्तियों में देखी गई है और इसे डीपवेन थ्रांबोसिस कहा जाता था।

ब्रिटेन में हुए एक सर्वेक्षण में पता चला है कि कंप्यूटर की तेज रोशनी और रेडिएशन की वजह से तीसरे व्यक्ति को सिर दर्द, आंखों में दर्द और तनाव की शिकायतें हो रही हैं तथा माइग्रेन की बीमारी भी बढ़ रही है।

इसमें कोई संदेह नहीं कि कंप्यूटर पर लगातार कई घंटों तक काम करने वाले लोगों को स्क्रीन पर नज़र गड़ाए रखना पड़ता है, जिसकी वहज से आंखें थक जाती हैं। स्क्रीन से निकलने वाली रोशनी, रेडिएशन और विद्युत चुंबकीय आवेश आंखों को प्रभावित करता है। इसे डॉक्टरी भाषा में कंप्यूटर विजन सिंड्रोम (CVS) कहते हैं। पिछले दो सालों में सीवीएस के मामलों में लगभग 300 प्रतिशत की वृद्धि हुई है। सीवीएस के प्रमुख लक्षणों में थकान महसूस होना, सिर दर्द, आंखों में दबाव, खुजलाहट, लाली, पानी आना और चिड़चिड़ापन आते हैं। इसके अलावा आंखें कमजोर हो सकती हैं, जिसके कारण चश्मा लगाने की जरूरत भी पड़ सकती है।

कंप्यूटर की-बोर्ड के जरिए आपकी उंगलियां भी समस्या ग्रस्त हो सकती हैं। नई दिल्ली स्थित इंद्रप्रस्थ अपोलो हॉस्पिटल के सीनियर न्यूरो सर्जन डॉ. विजयशील कुमार का कहना है कि मध्यस्थ स्नायु मेडियन

नर्व और आंकुचनी नस फ्लेक्सर टेंडन को प्रभावित करने वाली कार्पल टनल सिंड्रोम (CTC) की बीमारी कंप्यूटर एवं इंटरनेट के बढ़ते इस्तेमाल के कारण तेजी से बढ़ रही है। हाथों में सुन्नपन, सनसनाहट अथवा झुनझुनी, छोटी-मोटी चीजों को पकड़ने में कमजोरी, हाथ को कंधे तक उठाने में दर्द और अंगूठे, तर्जनी एवं मध्यमा में संवेदना की कमी जैसे लक्षण इस बीमारी के संकेत हैं।

कंप्यूटर विजन सिंड्रोम की समस्याओं से बचने के लिए काम के दौरान थोड़ी-थोड़ी देर में पलकों को झपकाने की आदत डालना चाहिए। कंप्यूटर स्क्रीन को आंख के स्तर से 4 से 9 इंच तक नीचे रखना चाहिए। स्क्रीन की चमक (ब्राइटनेस) कमरे की रोशनी के हिसाब से एडजस्ट करके रखें। कंप्यूटर मॉनीटर पर चमकरोधी (एंटीरिफ्लेक्टिंग) ग्लास या शीट अवश्य लगवा लें।

107. केवल महिलाओं में रजोनिवृत्ति (मोनोपॉज) अवस्था आती है, पुरुषों में नहीं?

ग़लतफ़हमी का आधार
आम लोगों में यह ग़लतफ़हमी है कि रजोनिवृत्ति (Menopause) की अवस्था केवल महिलाओं में 40 से 50 वर्ष के बीच शुरू होती है और पुरुषों में ऐसी अवस्था का कोई अनुभव महसूस नहीं किया जाता।

वास्तविकता
वैज्ञानिकों का मानना है कि महिलाओं की तरह पुरुष भी रजोनिवृत्त होते हैं। जहां महिलाएं 40 से 50 वर्ष की उम्र के बीच रजोनिवृत्ति का अनुभव करती हैं, वहीं पुरुष 45 से 55 वर्ष की उम्र के बीच इसका अनुभव करते हैं। महिलाओं की रजोनिवृत्ति को 'मोनोपॉज' और पुरुषों की रजोनिवृत्ति को 'एडम' (एडोजन डेफिशिएंसी इन एजिंग मेन्स) के नाम से जाना जाता है। वैज्ञानिक एडम को एंड्रोपाज के नाम से जानते हैं। रजोनिवृत्ति होने पर महिलाओं में डिंब ग्रंथियों से निकलने वाले हार्मोन्स

इस्ट्रोजेन और प्रोजेस्ट्रोन तथा पुरुषों में अंडकोषों से निकलने वाला स्राव टेस्टोस्टेरोन हार्मोन की मात्रा में लगभग 50 प्रतिशत की कमी आ जाती है, जिससे स्वभाव और स्वास्थ्य दोनों में परिवर्तन आने लगता है।

महिलाओं में जहां मेनोपॉज के लक्षण के रूप में चिड़चिड़ापन, कमर दर्द, सेक्स संबंध के प्रति अनिच्छा जैसी भावनाएं तीव्रतर होती हैं, वहीं पुरुषों में एडम के लक्षण के रूप में बात-बात पर गुस्सा आना, चिड़चिड़ापन, तनाव, आलस्य, थकावट, किसी चीज में मन न लगना, पलायनवादी प्रवृत्ति, स्त्री सहवास की इच्छा में कमी या विरक्ति, अस्थि क्षय, मांसपेशियों के वजन तथा उसकी ताकत में कमी, चर्बी बढ़ना जैसे लक्षण प्रकट होते हैं।

लासएंजल्स स्थित कैलिफोर्निया यूनीवर्सिटी के वैज्ञानिकों ने अपने नवीनतम अध्ययनों में पाया कि सामान्य पुरुषों में टेस्टोस्टेरोन हार्मोन का स्तर 20 वर्ष की उम्र में सबसे अधिक होता है और तीन वर्ष बाद इसमें उतार आरंभ हो जाता है। इसके बाद शेष जीवन के दौरान प्रति वर्ष डेढ़ प्रतिशत की दर से गिरता है। 50 वर्ष की अवस्था तक पहुंचने पर रक्त में टेस्टोस्टेरोन हार्मोन का स्तर सामान्य से आधा हो जाता है।

दिल्ली स्थित एंड्रोलोजी सोसाइटी (डी ए एस) के अध्यक्ष डॉ. अजीत सक्सेना के मतानुसार पुरुष के टेस्टोस्टेरोन हार्मोन का पूरे शरीर पर असर पड़ता है। इसका निर्माण टेस्टीज और एड्रिनल ग्लैंड में होता है। इस हार्मोन से प्रोटीन के निर्माण में सहायता मिलती है और सामान्य यौन व्यवहार एवं यौन क्षमता के लिए यह आवश्यक होता है। उम्र बढ़ने के साथ-साथ इसके स्तर में गिरावट आने के कारण पुरुषों में महिलओं के समान कूल्हे के फ्रैक्चर की घटनाएं बढ़ जाती हैं। उल्लेखनीय है कि महिलाओं को कूल्हे में फ्रैक्चर की समस्या पुरुषों की तुलना में 5 से 10 साल बाद होती है।

पेनसिल्वेनिया के डॉ. यूजीन सिप्पने का मानना है कि बड़ी उम्र के पुरुषों में टेस्टोस्टेरोन हार्मोन की कमी को हारमोनल रिप्लेसमेंट थैरेपी (HRT) से पूरा किया जा सकता है, लेकिन इसके साथ-साथ उचित व्यायाम और अतिरिक्त संतुलित भोजन करना भी जरूरी है, तभी पूर्ण लाभ मिल सकता है।

108. तंग कपड़े पहनने से स्वास्थ्य पर कोई कुप्रभाव नहीं पड़ता?

ग़लतफ़हमी का आधार

आजकल अधिकांश युवक-युवतियां तंग चुस्त कपड़े पहन कर समझते हैं कि उनके व्यक्तित्व में निखार आ जाता है। फैशन के नाम पर पहने जाने वाले तंग कपड़े न केवल उत्तेजना फैलाते है बल्कि अंग प्रदर्शन का कार्य भी करते हैं। स्वास्थ्य पर उनका यह पहनावा विपरीत असर डालता है, उससे वे पूरी तरह अनभिज्ञ हैं।

डॉक्टरों के अनुसार जिस्म से रगड़ खाती ड्रेस मौत का कसता हुआ शिकंजा है। तंग ड्रेस रीढ़, कमर और टांगों को नाकारा बना सकता है। केवल लुक को प्राथमिकता देने वाले आजकल के फैशन डिज़ाइनर्स और स्टाइलिस्टों के दिमाग में यह बात नहीं आती कि पहनावा आराम दायक भी होना चाहिए।

बर्लिन के वैज्ञानिकों ने एक शोध से पता लगाया है कि तंग अंडरगारमेंट पहनना पुरुषों के लिए नुकसान दायक हो सकता है। इससे उनकी प्रजनन क्षमता पर बुरा असर पड़ता है, क्योंकि तंग जांघिए या अंडरगारमेंट पहनने से वृषणकोश या अंडकोश का तापमान लगभग एक डिग्री सेल्सियस तक बढ़ जाता है। यदि पुरुष तंग जांघिए पहनकर लंबे समय तक एक ही स्थान पर बैठता है, तो उत्पन्न होने वाली उष्मा साधारण जांघियों की अपेक्षा तीन गुना अधिक होती है।

मेलबोर्न के प्रजनन विशेषज्ञ डॉ. डेविड डी. क्रेटसर का कहना है कि यह सर्व विदित है कि अधिक गर्मी के कारण शुक्राणु बनने की क्षमता प्रभावित होती है जिससे कि प्रजनन में रुकावट पैदा होती है। डॉ. डेविड के अनुसार एक स्वस्थ पुरुष में भी गर्म अंडकोश प्रजनन क्षमता को प्रभावित कर सकती है, वहीं जिन पुरुषों का स्पर्म काउंट कम होता है, वे इस समस्या के चलते नपुंसकता के शिकार हो सकते हैं।

लंदन स्थित वल्फसन इंस्टीट्यूट ऑफ प्रिवेंटिव मेडिसिन के प्रो. जॉन डिकिन्सन के शोध के अनुसार युवतियों में संतानोत्पत्ति की क्षमता लगातार कम होने का कारण उनके तंग कपड़े पहनने की आदत है। चुस्त

कपड़े पहनने से शरीर में हवा नहीं लगती। इससे बेचैन महिलाओं में अल्सर, अपच, गैस्ट्रिक प्राब्लम्स और हर्निया जैसे रोगों को जन्म देती है। नायलोन की तंग 'ब्रा' पहनने से स्तन के कैंसर होने की संभावना काफी बढ़ जाती है।

109. हंसने से केवल मनोरंजन या टाइम पास होता है?

ग़लतफ़हमी का आधार

आमलोगों में यह धारणा है कि हंसने से केवल मनोरंजन या टाइम पास ही होता है और उसका हमारे स्वास्थ्य पर कोई असर नहीं होता।

वास्तविकता तो यह है कि दिल खोलकर हंसना मन और मस्तिष्क को सुकून देने के साथ ही साथ सेहत को भी फायदा पहुंचाता है जितना किसी महंगे से महंगे टॉनिक से भी नहीं होता। हंसी को स्वस्थ जीवन का आधार माना गया है। यही वजह है कि आजकल 'हंसते-हंसते चिकित्सा' यानी लाफिंग थैरेपी के चर्चे आम हो गए हैं। बड़े-बड़े शहरों में तो अब लोग इकट्ठे होकर हंसने के लिए 'लाफिंग क्लब' की स्थापना भी करने लगे हैं।

अमेरिका के इंस्टीट्यूट ऑफ ह्यूमन नालेज के प्रसिद्ध चिकित्सक डॉ. डेविड सोबेल के शोधानुसार ठहाके लगाने से न सिर्फ मूड अच्छा बनता है, बल्कि यह दिमाग से तनाव को दूर कर शरीर और मन दोनों को प्रफुल्लित कर देता है। हंसी-ठहाका तनावपूर्ण स्थितियों में एंटीडोट और इनर जागिंग का काम करती है। हंसी से चेहरे, कंधों, डायफ्राम और पेट का बढ़िया व्यायाम हो जाता है। हंसने से मानव शरीर में एंडोफिन्स नामक हार्मोन्स का स्राव होता है जो एक प्रकार से दर्द निवारक का कार्य करता है। हंसी रोगी को दो घंटे की नींद दे सकती है। यह हताशा, निराशा, काल्पनिक भय और चिंता जैसे अन्य कई प्रकार के नकारात्मक विचारों को आने से रोकती है और व्यक्ति का तन-मन स्वस्थ रहता है। इसके अलावा व्यक्ति अपने तनावों, कुंठाओं को भूलकर फीलगुड करने लगता है।

फ्रेक इ्रविग फ्लेचर के अनुसार हास्य थके हुए के लिए विश्राम है। हतोत्साहित के लिए दिन का प्रकाश और उदास के लिए धूप तथा कष्ट के लिए कुदरत का सर्वोत्तम प्रतिकार है। इस पर कुछ भी खर्च नहीं करना पड़ता, बल्कि बहुत कुछ प्राप्त हो जाता है।

मैरीलैंड विश्वविद्यालय चिकित्सा केन्द्र, बाल्टीमोर की रिसर्च टीम का कहना है कि ठहाके लगाने से धमनियां फैलती हैं और रक्त प्रवाह बढ़ता है। हमें अपनी रोजमर्रा की गतिविधियों में पंद्रह मिनट ठहाके लगाने के लिए रखना चाहिए। शोधकर्ताओं ने एक दिलचस्प प्रयोग किया। अल्ट्रासाउंड यंत्र की सहायता ली और कुछ लोगों को एक कामेडी फिल्म दिखाई। ये लोग हंसते-हंसते लोटपोट हो गए। अल्ट्रासाउंड यंत्र ने बताया कि फिल्म देखने के बाद करीब 45 मिनट तक इन लोगों की धमनियां फैलती रहीं और सामान्य से अधिक खून का प्रवाह होता रहा। फिर इन्हीं लोगों को युद्ध पर आधारित फिल्म के तनावपूर्ण दृश्य दिखाए गए। करीब 20 मिनट में धमनियां सिकुड़ गईं और रक्त प्रवाह कम हो गया। रक्त प्रवाह बढ़ने से यही संकेत मिलता है कि ठहाके लगाने से एंडोथीलियम (रक्त धमनी की भीतरी दीवार) को स्वस्थ रखने में मदद मिलती है। वैज्ञानिकों को हंसने का विज्ञान इतना अधिक पसंद आया कि जिलोटोलाजी नामक विज्ञान की एक नई शाखा ही अस्तित्व में आ चुकी है।

अन्त में.....

हम आशा करते हैं कि प्रस्तुत पुस्तक में आपको महिलाओं की स्वास्थ्य संबंधी सभी ग़लतफ़हमियों का समाधान मिल गया होगा। स्वास्थ्य संबंधी कुछ अन्य ग़लतफ़हमियों की जानकारी के लिए आप इस विषय पर हमारे यहाँ से प्रकाशित कोई दूसरी पुस्तक लेकर अपने ज्ञान में वृद्धि कर सकते हैं।

सामान्य स्वास्थ्य/सौंदर्य देखभाल

विविध पुस्तकें

बॉडी फिटनेस

परफेक्ट हेल्थ/आयुर्वेद

A Set of 4 Books

स्वास्थ्य सम्बन्धी/सामान्य बीमारियाँ

अन्य भाषाएं

(Telugu)   (Odia)   (Marathi)   (Bangla)

हमारी सभी पुस्तकें www.vspublishers.com पर उपलब्ध हैं

संक्षिप्त शब्दकोश

शैक्षिक पुस्तकें

अंग्रेजी शब्दकोश

हिन्दी शब्दकोश

विषय शब्दकोश

उपन्यास

हमारी सभी पुस्तकें www.vspublishers.com पर उपलब्ध हैं

www.ingramcontent.com/pod-product-compliance
Lightning Source LLC
Chambersburg PA
CBHW062218080426
42734CB00010B/1939
9789350576632